谨以此书奉献给

希望成就"股市赢家"梦想的投资者!

readers-club

北京读书人文化艺术有限公司
www.readers.com.cn
出 品

股市赢家

翻倍股操盘宝典

李海鸥 著

南海出版公司

图书在版编目（CIP）数据

股市赢家 / 李海鸥著. —— 海口：南海出版公司，2017.4

ISBN 978-7-5442-8692-3

Ⅰ.①股… Ⅱ.①李… Ⅲ.①股票交易 – 基本知识 – 中国 Ⅳ.①F832.51

中国版本图书馆CIP数据核字(2017)第033470号

股 市 赢 家

李海鸥 著

出　　版	南海出版公司　　（0898）66568511
	海口市海秀中路51号星华大厦五楼　　邮编 570206
出　　品	北京读书人文化艺术有限公司www.readers.com.cn
发　　行	北京经纬纵横图书发行有限公司
	电话 4000322010　　邮箱 dsr@readers.com.cn
经　　销	新华书店
责任编辑	聂　敏
装帧设计	朱　红
印　　刷	三河市中晟雅豪印务有限公司
开　　本	890毫米×1270毫米　1/32
印　　张	8
字　　数	186千
版　　次	2017年5月第1版
印　　次	2017年5月第1次印刷
书　　号	ISBN 978-7-5442-8692-3
定　　价	39.80元

版权所有，未经书面许可，不得转载、复制、翻印，违者必究。

目 录

序 言 1

第一章 股市赢家心法 **5**

    第一节 股市的魅力 7

    第二节 渴望稳赢 12

    第三节 有稳赢股市的法宝吗 14

    第四节 舍得 20

    第五节 财不入急门 31

    第六节 打铁还需自身硬 35

    第七节 从新手蜕变成高手之道 38

    第八节 赢在格局 52

    第九节 戒定慧 56

第二章 股市赢家操盘体系 **61**

    第一节 K线基础知识 65

第二节　K线经典形态学　　　　78
第三节　移动平均线（MA）　　　101
第四节　趋势理论　　　　　　　105
第五节　波浪理论　　　　　　　126
第六节　经典分时走势战法　　　132
第七节　MACD实战集锦　　　　146

第三章　股市赢家神股战法　　　159
第一节　稳赢股市的途径　　　　164
第二节　三种神股战法　　　　　173

第四章　程序化量化智能自动化交易系统　　205
第一节　缘起　　　　　　　　　207
第二节　应用　　　　　　　　　213
第三节　智能选股模式　　　　　223

附　录　　　　　　　　　　　　　229
附录1　2015年神龙系列　　　　229
附录2　牛市是散户的坟墓　　　238
附录3　美到极致是什么感觉　　242
附录4　世界顶尖交易大师秘籍　245

序　言

随着中国的重新崛起，我国当前已经成长为世界第二大经济体。在全面深化改革的背景下，中国经济从来没有像今天这样需要资本市场的支持。金融是现代经济的核心，充分利用资本市场和现代金融工具，实现资源的有效配置，促进经济转型、创新发展，服务国家核心战略，为实现中华民族伟大复兴的"中国梦"奠定了坚实的物质基础。在我国家庭资产配置中，现金和储蓄占据重要地位，家庭投资方式相对比较单一，投资储蓄倾向较高。此外，在有限的资产配置品种中，我国家庭更偏好股票这种较为熟悉的理财产品。在"以金融支持实体经济、为实体经济服务"这一根本宗旨的指引下，证券投资逐渐成为大众理财的投资方式之一。由于投资者的阅历、实战交易经验不同，导致交易心理和交易水平参差不齐。大多数的投资者对股市知识知之甚少，只是听说或者看到别人在股市赚快钱大钱，就加入进来。可是加入进来参与市场交易的投资者，很多都没有经过专业系统的培训，从而导致没有好的交易结果，投资最后以失败告终。当然，那些经过千锤百炼，坚持不懈，在交易过程中不断完善交易系统，提升自身人性修养的投资者，获取了巨大的财富。股市的涨涨跌跌，是亿万投资大众参与进来的投资活动，赢家的对立面是输家。尽管如此，还是不断有新的投资者跑步进场。事虽难，做则成；路虽难，行则至。因此，欲在股市投资中取得成功，将股市当作自己的投资方式，需要付出常人所不具备的努力，由此凸显了学习正确有效的投资方法的重要性。

股市不仅是一个巨大的资金池，还是一个财富转移的巨大轮盘。虽然入市前的情况各不相同，但是入市的目的大体一致。天下熙熙，皆为利来；天下攘攘，皆为利往。我相信没有谁进入股市是为了让自己亏钱的，谁不想让自己能够成就股市赢家的梦想呢？股民们都是为了能够在股市中赚钱，使资产保值增值，追求更为有效的财富管理，实现财务自由和身心自由。股市投资需要建立一套稳赢股市的操作系统，也就是指在长周期投资实践中具备多赚少赔特点的交易体系，每年都能持续盈利，才能将股市当作生生不息的财富源泉。我想，这大概是我们每个进入股市的投资者的梦想和原动力吧。

生于上世纪 70 年代的我，按照现在流行的排资论辈，我该算是第三代股民了。在历经了多轮的牛熊转换的同时，也让自己"为伊消得人憔悴"。目前股市的生力军八零后算第四代，九零后算是第五代。江山代有人才出，一代新人换旧人。八零后这第四代股民是经过 7 年熊市没有经历过牛市，也许在那 7 年的惨淡熊市氛围下，根本就没有开股票账户入市的念头。九零后算是第五代，正好赶上了 2014 年下半年至 2015 年上半年来的一波大牛市。站在 2014 年大牛市的起点，从入市时机的角度看，无疑他们是幸运的。开户股民激增，入市的积极性用"爆棚"来形容不为过。曾几度让 A 股行情交易"爆表"，前所未见，真是"虽千万人，吾往矣"。

在那个笔记本电脑还是奢侈品、上网只能通过电话拨号的90年代初期，散户大厅是股民唯一爱去的地方。我清楚记得身边的一个同事当时买了云南白药（000538）这只股票，总共是1000股，5元钱一股，不到半月的时间，他就赚了大约1000元，比他当时一个月的工资还多。而且买了就放在股市里边，也不影响其他工作，兑现、结算快捷。股票市场是有经验的人获得更多金钱、有金钱的人获得更多经验的地方！智慧决定财富，眼光决定财富！总之，感觉赚钱很方便也很简单，这极大地增加了我对炒股赚钱的兴趣。当时梦想着：一个人，带上笔记本电脑，坐在火车上，一路飞驰，一路风景，游览祖国的大好河山的同时，敲敲键盘就可以报销差旅费、生活费！那是多么自由自在惬意的生活啊，心，向往之……坦率地说，我就是怀着这样的初衷去开股票账户的。然而，进门容易入门难。这些年，偶尔也会赚钱，但由于缺乏资金管理和风险控制及稳定的盈利操盘模式，往往是赚赚亏亏，赚少赔多。即使如此，还是"衣带渐宽终不悔"。虽然跌跌撞撞，然而吸引我进入股市的那个梦想，一直支撑着我走下去……

《圣经》中有这样一段话："通向灭亡的门是宽敞的，路是宽阔的，所以走上这条路的人最多。但你们要从窄门进去。因为通往永生的门是窄小的，路是狭隘的，找到它的人很少。"在股市中交易，想要做到长期盈利没有捷径，成功绝不是容易的事，每个投资者都想尽快找到成功的路，实际上绝大部分人会迷失在路上。成功的路是漫长的，总是学习一点、实践一点、懂的一点、进步一点。十年磨一剑，我历经艰辛，一直走在漫漫的求学、实战交易、探索稳赢股市之道的路上。功夫不负有心人，受益的不仅仅是我自己，这些年我还帮助了很多学员实现了在股市中稳健持续盈利的目标。

年少的情怀总是美好的，人也因为有了梦想才有飞翔的动力。圆了这一个梦想，又会有新的梦想。新的梦想就是希望将这些年来我的成功经验与失败的教训当作一块基石，分享给有志于成为财务自由，身心健康、快乐、自由的成功投资人。自利利他，也因此机缘，我决心用毕生精力来帮助那些有志向的、需要帮助的投资者们。看到学员们通过训练得到成长，并能够独立操盘而长期稳赢股市，扭转了亏损的厄运，那是比我自己通过交易获得金钱还要开心快乐的莫大成就感。有缘阅读到这本书的投资者，请你们站在我的肩膀上，去其糟粕，吸取精华，尽可能地少经历一点磨难，少走弯路，更好更快地达到成功的彼岸！

所以，本书奉献给有志于成为股市赢家的投资者！

第一章
股市赢家心法

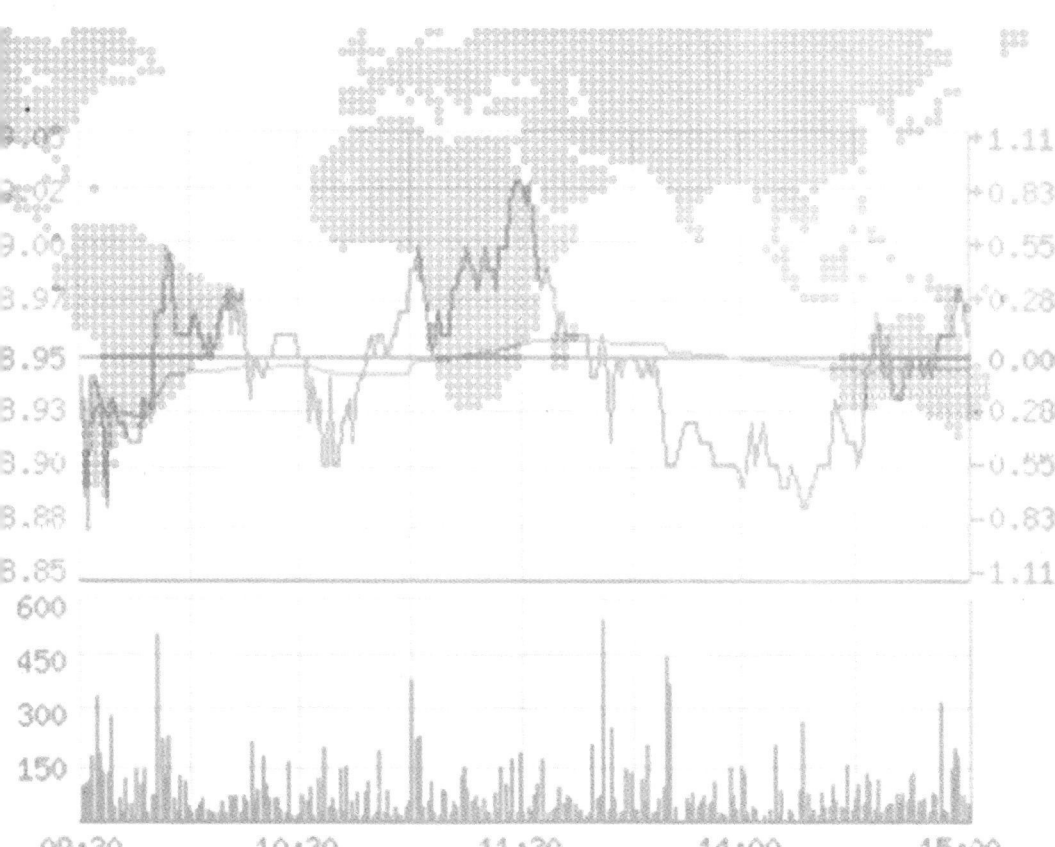

第一节　股市的魅力

有这么一个段子："如果你爱他，请送他去股市，因为那里是天堂；如果你恨他，请送他去股市，因为那里是地狱。"

股票的魅力就是这样，在股市里混久了，大盘和个股的大涨大跌、起起伏伏也就见多了，感觉股市是个非常有意思的地方。本金少就小打小闹，不担心买不到"货"，本金多点也不担心买了"货"卖不掉。成千上万的资金，在这个每天成交量换手几千亿甚至过万亿人民币的市场只是沧海一粟。俗话说："三百六十行，行行出状元。"股票投资这个行业，说它好的，大有人在。开了股票账户，就算是一个股民。不分肤色，不分阶层，男女老少皆可。对于个体投资者，进入股市的门槛很低，少则够买 100 股的本金就可以交易了。在当今互联网时代，股市投资已经非常普及，各种肤色的投资大众遍布世界各地。大多数投资者（包括业余的投资者）随时随地都可以完成交易清算，买卖自由，盈亏自负。仅仅用一部智能手机走到哪儿都可以完成千百万几十万乃至几万元钱的买卖交易，连扣税都是自动完成的，无论赚钱亏本，都需要缴税，每个股民都是典型的纳税模范户。不需要厂房，不需要额外雇工人，省却了很多麻烦，例如工商税务、生产、进销存、人事关系等实体企业所面临的烦扰。不需要经营店面，不需要朝九晚五奔波去单位打卡上下班，看别人的脸色行事。平时也不需要处理日常繁杂的事务，不需要去拜访客户，更不需要经常请客送礼、讨好他人，完全是一种"我的地盘我做主"的状态。是不是觉得这行业很省事、省心呢？此外，股市是一个生生不息的交易场所，流通性好，兑现快捷。波动性是股市的本质特征，有波动就有赢利的机会，甚至是赢大利的机会。说股市不好的人，也不在少数。赚钱时眉飞色舞，亏钱时则谈股色变。

股市如人生，股市如战场。股市的征战能够给我们以人生的启迪，这些有益的启示可以应用于我们的生活和工作中。在这个讲究大概率没有绝对确定性的股票市场里，什么奇迹都有可能发生！面对出人意料的阳包阴，前一天还在后悔的人恐怕又在庆幸自己慢人一步的后知后觉了。刚刚卖出了，还在庆幸卖了一个高点，不料后面的走势由刚才的高点变成了低点。低点、高点就是这样往复循环着……

一个资金微薄的人可以进入股市进行投资，有机会在股市成为身价百万、千万的"富爸爸"，实现时间自由、财务自由。这也是穷人变土豪的为数不多的捷径之一。君不见，一家企业上市，股东和高管一夜之间身价飙升，晋级亿万富豪之列……当然，有机会能够实现这个梦想跨越的人并非比比皆是。股市最大的魅力在于这种可能性是存在的，有梦想才会去追梦……

炒股可以培养人关心国家经济发展、了解社会各行各业发展最新动态的习惯。股民会更加关注时事，因为股市涨跌与国内外经济形势、周边环境等有着密不可分的联系，如道琼斯指数、燃油价格涨跌……你得看新闻，在观察中扩大知识面，增强判断力。通过在股市里获取持续性的财富，不但是实现自我价值的途径，而且股票投资还会提高个人的综合素质。它不仅需要高情商、高智商及高财商的人文素养，更是需要投资者树立"利他"的智慧。厚德载物，只赚属于与自己的能力相匹配的那份利润。卖出的股票后来涨了，要恭喜接你盘的对手盈利了；买进的股票亏钱了，要恭喜你的对手获利了结了。经常会遇到一些投资者对于自己卖出的股票继续大涨后而捶胸顿足，后悔卖出太早；对于买进的股票担心亏钱，稍有波动就慌不择路地割肉跑路，憎恨对手让自己亏钱。正所谓："德不配位 必有灾殃。"过重的患得患失的心理，对于股票投资行为只会制造更大的障碍。进入股市，初始目的很单纯，无外乎"赚快钱"。为什么股市能吸引人们前赴后继、乐此不疲呢？即便常年不赚钱，也打死不退，股市的魅力在于它能够以小搏大，总是存在大赚快赚的机会，并且相信自己一定能行，所以炒股的人多数自信。怎么理解呢？比如，投入10万元买了一只股票，就会出现两种情况：赚和赔。若赚了，那么10万有可能变成100万、1000万……若赔了，总相信自己会在后面的交易中连本带利地赚回来。

每一轮牛市都会催生出若干只翻十倍、几十倍、几百倍的股票。

暴风集团（300431）在2015年3月24日上市，截至2015年5月20日，区间涨幅3100%，叹为观止！一天时间里，从涨停到跌停，再从跌停到涨停，这样的"蹦极"刺激了多少人的感官？试想下，这样的以小搏大，获利、收益速度，夫复何求？这是实实在在的，看得见，是在我们身边发生的事。也正因为存在而没有拥有，似曾相识却又从指尖溜走，因此它愈发挑逗起投资人的欲望，并对股市充满期盼，希望自己在股市里活得精彩……真可谓是：看神股翻倍飞扬，引无数股民竞折腰。

案例回放

华贸物流（603128）在大势还处于熊市期间，2013年8月21日至9月6日的这一波上涨中，区间涨幅达到160%！

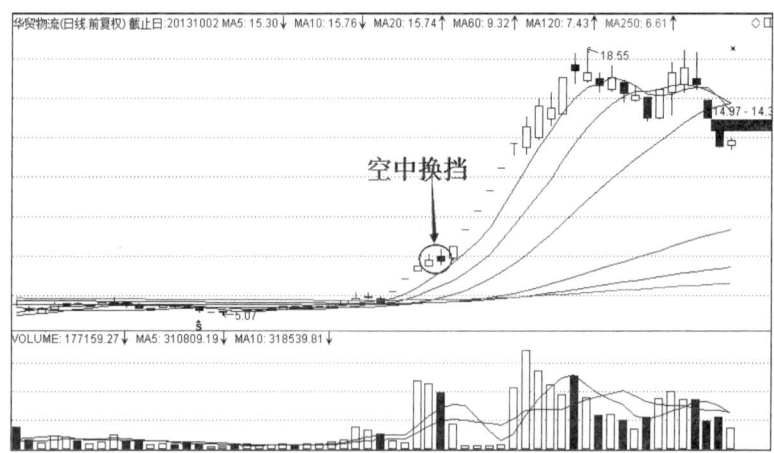

浩宁达（002356）2015年3月25日突破，短短13个交易日，涨幅超过120%。

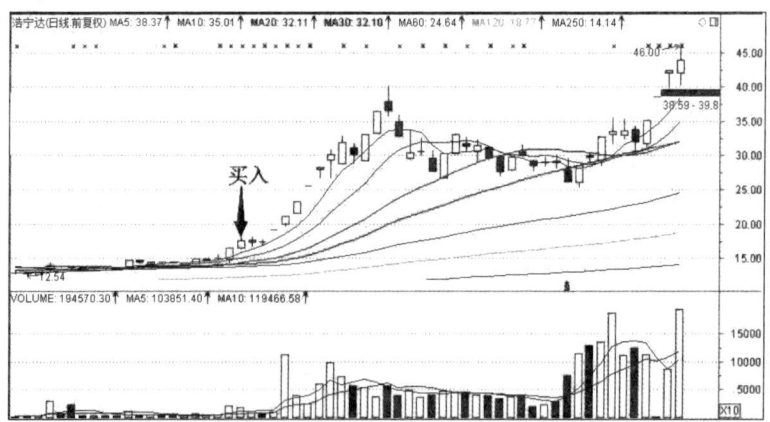

K线起起伏伏，错落有致，涨涨跌跌扣人心弦。涨停的K线被撑得满满的，让人感觉很充实；跌停的K线空落落的，让人感

觉失望、无助、心惊肉跳。不论进入股市时间的长短，股票涨停于赌博，其实人生何处不是赌？很多人提起股票认为是高风险、可望而不可即的东西，股市上让人大喜大悲的事情时有发生。可是，这些熟悉镜头：上班的间隙，坐车的途中，觥筹交错间，深更半夜还在复盘研究……总之，不管在哪，总是心系股市，让人抛不开放不下……

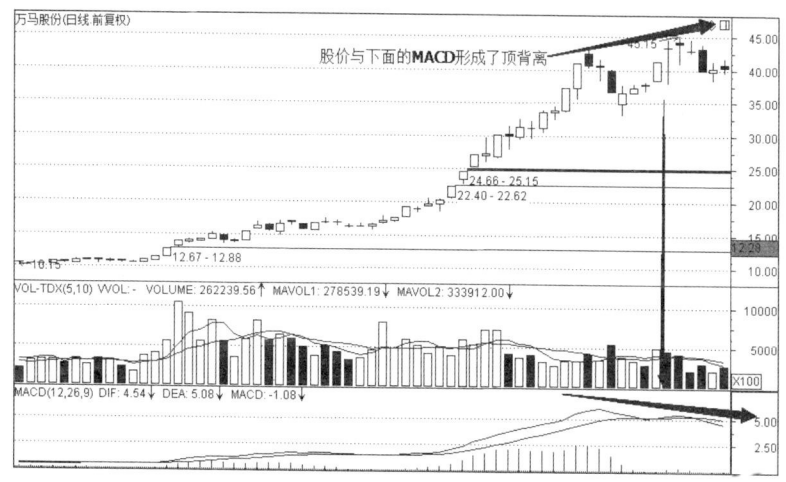

万马股份（002276）符合2015年3月份在厦门的公益课中讲解的战法标准，在短短37个交易日，从11.50元涨到了40.99元，涨幅达到了惊人的256%，不愧是神股啊！买进就涨，90度急拉，快速飙升的动作很刺激。伴随着涨幅每一次有力的冲击，快感一点一点地积聚，从心脏逐渐向全身扩散，浑身上下变得兴奋，为自己判断正确的预期而欢呼；当卖出之后就是直泻而下，又为自己的英明决断而自豪，貌似自己很伟大，能将股票控制于掌心，享受随心所欲的快感……这是一种无法用言语形容的美妙感觉。

股市的魅力，局中人冷暖自知，一茬接一茬，前赴后继，聪明的资金永不休眠……

第二节　渴望稳赢

一、盈亏的轮回不得解脱

"悠悠岁月，欲说当年好困惑，亦真亦幻难取舍，悲欢离合，都曾经有过，这样执着，究竟为什么？漫漫人生路，上下求索，心中渴望真诚的生活，谁能告诉我，是对还是错……"这首2002年毛阿敏演唱的《渴望》，传遍大江南北，流传至今。我常在想，这首歌词意境与行股之路是多么切合啊。

自从我股市开户入市以来，经历过很多次痛苦的精神折磨和资金的损失。在不断跌跌撞撞的交易生涯中，可谓跋涉千山万水，南来北往地参加各种培训班，寻找真正有效的盈利方法。我想请教那些股市中的赢家：你们遵循了哪些交易策略？采取了什么样的独门秘籍操作方法？遵照了哪些交易原则？你们学习炒股的经历是怎样的？成功的主要原因有哪些？又是怎样走上稳赢之路的？会给其他投资者提供哪些具有可操作性的而非纸上谈兵式的建议？能够长年在这个风云变幻的股市赚钱的投资者，似乎都有种种的神秘，令人向往，诱发人们对其探寻。

这些答案，不仅仅是当初的我（包括现在我还是抱着学无止境、勤勉自砺的态度），也是多数投资者特别是还处于非盈利状态的投资者群体所渴望寻求得到的。期盼从别人的成功经历中受到参悟启发，从而找到适合自己的盈利模式。常言道：幸福的家庭总是相似的，不幸的家庭各有各的不同。

多年的交易生涯，已经爱上了股市，内心渴望自己能够做到稳赢股市，享受到股市的快乐。但是犹如"年年岁岁花相似，岁岁年年人不同"。年复一年，股市还是那个股市，但是本金已经不是那个本金了。本金不见增长，人却有种近"黄昏"的感觉。这与当初入市的初衷和梦想背道而驰。折腾来折腾去，始终处于盈亏的轮回之中，不得解脱。

二、选择比努力重要

有这样一则寓言故事，讲的是有两只蚂蚁打算翻越前面一堵墙去找食物。这堵墙有十米高，百来米长。其中一只蚂蚁来到墙下，毫不犹豫地、辛苦努力地向上攀爬。可是每当它爬到墙的一半高度时，由于体力不支而跌落下来。但是它不气馁、不放弃，相信坚持不懈，只要有耕耘就会有收获，离成功会越来越近。在一次次地跌下来，又一次次地调整之后，它开始向上攀爬。而另外一只蚂蚁观察了一下，决定绕过这面墙。它很快从墙脚绕过挡在自己面前的这堵高大之墙来到食物面前，尽情享用。而那只蚂蚁还在不停地跌落下去又重新开始向上爬……

其实"炒股"的学术名称叫股票投资。既然是投资行为，就需要正确的投资理念和科学的方法，并按照股票市场的运行规律进行交易，寻找具有大概率赚钱的投资交易机会。因此，在股票投资生涯过程中，除了坚持之外，成功更需要方向。选择一个更适合自己的方向，会事半功倍，成功会来得比想象中更快。成功一定要努力，努力不一定成功。忙忙碌碌的，也许很努力，并且付出了巨大的代价，可最终还是被市场淘汰。

第三节　有稳赢股市的法宝吗

一、信念是成功的起点

　　今天很残酷，明天更残酷，后天会很美好，但绝大多数人都死在明天晚上，却见不到后天的太阳。

——马云

　　没有进入股市之前，自己想当然地觉得炒股是赚快钱。坦率讲，进入股市之后，觉得股市真的很复杂，水很深，没有想象中那么容易赚钱！接触到身边的一些炒股的朋友，大多数人大多数时间是在亏钱的，这样就更增添了我们对股市的恐惧感和对稳赢股市的神秘感。

　　既然有千千万万的不分男女老少、不分阶层、不同肤色的人进入到股市这个金融市场，既然每天以百亿、千亿、万亿的成交量进行换手交易，那么到底有没有给人带来盈利的希望和欢喜呢？这当中盈利的幸运者是不是就有自己呢？有没有稳赢股市的投资宝典呢？

　　很多投资者的内心深处是矛盾的、不自信的，不敢相信有能够持续盈利的方法。

　　社会上有些人一方面看不起股票投资这行业，另一面又忌妒羡慕股票投资赚钱的人。也有一部分人，他们觉得在股市进行投资，完全就是一场赌运气的游戏，有时也半信半疑地认为可以通过学习技术来实现持续性盈利。本来就是抱着半信半疑的心态学习了一点点皮毛,所以亏损这样的结果自然也是在开始时就知道了结局。既然不相信有稳赢之法,那来股市做什么呢?不追求稳赢股市之道,为什么要将自己有限的资金丢失在股市这个汪洋大海之中呢?不享受稳赢股市所带来的快乐,为什么要把宝贵的时间耗费在这个行业呢?不相信有稳赢的方法,也就没有必要再学习交流。一方面不相信有稳赢的方法,另一方面又幻想在股市长期而稳定盈利。一边认为股市不可战胜,一边又乐此不疲地在股市搏杀。心态迷茫,行动矛盾。这些似是而非的行动和思想,说明大家还是抱之以侥幸。

如果一名从事股市投资者不能真正战胜自己和寻求稳赢股市之道,那他最终就是输。长输不如短输,早点把钱输完还可以节省时间和大量精力的付出。或者赢了一把之后就不再玩了,否则你迟早都得输回去。纯属抱着娱乐的心态来股市玩玩,那么可以肯定地说:股市里不好玩。纯粹抱着撞运气、不能承担风险只求高回报收益或赌一把的侥幸心理来到股市,这样往往容易导致失败的结局。来到股市投资就是希望得到良好的投资收益回报,有坚定的稳赢信念,才会想尽一切办法去找到稳赢股市的宝藏图,最终心想事成。正所谓"成功者找方法,失败者找理由"。

曾有这样一段故事: 个工程师爱上一位年轻的女大学生,这对他个人的生活来说,无疑是一个机遇。所以他决定向她求爱,可是她逃避他,因为她已经有了男朋友。但这位工程师还是经常出现在女大学生面前,给她送鲜花,向她表白。女大学生的男朋友知道了以后担心自己结局不妙,竟然主动中断了与女大学生的关系。不久,女大学生又结识了另外一个男朋友。工程师得知后,竟然写信给这位男朋友说:"我是唯一能以全身心爱她的人,这一点你做不到。"新男朋友的自信心较量不过工程师，也主动退出了情场的竞争。这时女大学生年龄也渐渐大了，她向法院起诉，说工程师有跟踪、恐吓、侵犯人权等罪。法院当庭判决工程师拘留45天。当原告被告一起走出法庭大门时，女大学生觉得自己有点过分了。工程师却向她笑着说："亲爱的，45天以后我再来找你。"这时女大学生被工程师扑不灭的热情和坚毅的自信所打动，转身回到法庭，要求撤诉。后来两人终成伉俪。

这个故事确实令人陶醉，富于浪漫色彩，但它包含的生活哲理却是耐人寻味的。或许很多人会认为，那个工程师未免太"傻"了吧？但是倘若他犹豫了，对自己丧失了信心，那就将失去她，也就失去了他所追求的幸福。

其实，信念的力量就是种子的力量。种子只要在环境许可的情况下，总会生根发芽，最终破土而出。自信的人敢于直面自己的人生，坦然面对挑战，这样的人会以不屈不挠的斗志、忍辱负重的方式，认真地学习与总结经验，脚踏实地地突破重重障碍，以此改变自己的命运。生活如此，股市也是如此，没有稳赢必胜的坚强信念，人生还有什么追求呢？信念，是成功的起点！在股市中，真正能够实现长期盈利的投资者，毕竟是少数人，这与其他行业领域中的规律是一样的。投资者只有保持非常客观独立的思考和坚定信念，才能在股市中笑到最后。从现在开始，改变自己的知识结构，努力从亏损状态变成盈利状态，一切都来得及，永远不要低估你改变自我的能力！

信念是鸟，它在黎明仍然黑暗之际，感觉到了光明，唱出

了歌。

——泰戈尔

二、学和习的辩证关系

为什么很多投资者投资股市十年八载，还是处于亏损状态呢？不能说这些投资者不够努力，没有花费心血去钻研。相反，更多的股市中人是牺牲了平时的娱乐、休息时间，熬白了满头黑发，研究几十种甚至上百种指标，希望找到股市制胜的绝技，真可谓是"路漫漫其修远兮，吾将上下而求索"，但是效果还是不彰。可见，股市中一些复杂现象何其难！因此，作为一个进入股市二十多年、被撞得鼻青脸肿的人，我的一点体会是：方法不对，努力白费。

不是努力了就会成功。为什么学了没效果，主要原因是"不会正确地学习"。只会照搬照抄，不够用心，盲目迷信所谓的大师，所以，学得糊里糊涂，越学越亏钱。若是没有正确的学习方法，往往事倍功半。

先有学，才有习，学就是学知识技能，习就是学以后用知识技能去解决问题，或者温习所学，先掌握要领（学），然后多加重复（习）。这是一种互补、先后的关系，习补充学所没有的实践能力，是互补。学习的本意是"学"和"习"，是边模仿、边练习的意思。

为什么要练习，是为了把学到的尽快变成自己的东西。专家级表现主要是专家级练习的结果，而不是与生俱来的天才。要模仿得像，必须领会每一个细节，才能完全复制成功。所以，细节制胜，千锤百炼，从量变到质变，非一日之功。如果是一知半解地学,所谓的老师教得也是一知半解、似是而非,这样怎么能学会呢?如果只是死记硬背,根本没有自己的实际操盘体验,盘中的细节肯定是感悟不深的,或者只是模拟盘,那也没效果。

要想有效果,就要按照学习的规律去做——模仿和练习。若违背规律,自然一事无成。必须踏踏实实地"学"和"习",以最小的代价换取最大化的效果。找个好师傅,缩短苦苦摸索的时间,避免付出惨痛的代价。有智慧的人是站在巨人的肩膀上,借力使力。遇到贵人,紧跟贵人,感恩贵人,这是个人快速成长的秘诀。做对事赢一局,跟对人赢一世。俗话说:成功的捷径就是与成功者为伍。把成功者当作自己的标杆的人才会成功,从别人的问题中学习。智者是从别人的失败中吸取经验,警示自己;愚者是用自己惨痛的教训换来经验,去唤醒别人。我想我属于后者,而能够有缘读到此文的朋友们一定也是智者。

有这样一则寓言故事,话说有一个人十分饥饿,走到一家店里买煎饼吃,吃完了六个半就觉得饱了。于是这人非常后悔,打了自己几个耳光说:"我现在饱了,是由于吃了这半个饼的缘故。这样看来,前面六个饼是白吃了。如果早知道只吃这半个饼就能吃饱,就应该先吃这半个饼啊!"今天我们来看这个人,显然他没有明白量变和质变的守恒定律,事物的变化发展都是首先从量变开始。没有量变作准备,就不会有质变的发生,量变是质变的前提和必要准备。吃前面的饼,是处在量变阶段,不吃前面的饼,是不会有后面的质变发生的,即他是不可能感到饱的。

所以,初学阶段大都是博览群书,比如股市中的一些名词术语——指标公式、江恩理论、波浪理论、时空周期的运用等。在学习这些知识期间,基本上都是囫囵吞枣、不求甚解,大有"神农氏遍尝百草"的杂家精神，把能收集到的一切素材装入自己的大脑，以备后用。这个阶段是了解、积累专业知识的过程，也是一个广泛、复杂的学习过程，这就相当于上面那则寓言故事中吃前面六个煎饼的过程。

在经历了这样一个繁杂的学习过程之后，就开始有了自己的一些理念和方法，进而将第一阶段积累的素材进行整合、归纳、体悟。你会发现之前学习的很多东西有相通之处，很多内容是在重复阅读，学习了千招万式之后，真正能够在实战交易中派上用场的其实并不多。

此时，你自然就会领悟到、也很想让自己的交易系统简单化，也对"股道至简"这句看似简单的哲学思想有了更深的理解。这个时候，甚至自己都会怀疑原来是否在做无谓、无意义的努力。但我自己的体会是：没有捷径，非经此九九八十一难不可。

更快掌握任何东西的关键是练习。这需要频繁持续地反复练习同一种技能，直到不假思索就能下意识地做到。俗话说：不走弯路，就不知道何为直路。没有比较就没有鉴别。即便别人告诉你，这就是"绝招"，但是因为自己没有切身体验过，便不会相信。因此，这个阶段是不可逾越的，只有到了"为伊消得人憔悴，衣带渐宽终不悔"的程度，才有可能进入"蓦然回首，那人却在灯火阑珊处"的境界。

复杂是为了从中抽茧剥丝、找出共性和规律，简单不是因为真的很容易，而将复杂的事情简单化处理，那才是真的不简单了。这是一个去粗取精、由繁化简、由混沌走向开悟的循序渐进的过程。

第四节　舍得

一、敬畏市场

> 在证券市场上,你不要一条路走到尽头。当发现情势不对时,要及早退出,哪怕损失了一些钱,你也不要老想马上捞回来,保存实力最重要。
>
> ——世界投资大师索罗斯

不肯认输、厌恶风险是人性使然。让我们承认自己所犯的错误,认输、割舍自己的利益,对于绝大多数人来说,是一件非常困难的事情,非大智者所能。生活中有这么一群人,将自己所犯的错误合理化。其实,他们所找出的那些理由是否有道理并不重要,重要的是那些所谓的理由是建立在"自己没有犯错"的前提下,是通过"选择性过滤"寻找出来的理由,而并不是通过对全部理由进行客观分析而最终得出自己是否犯错的结论。投资者多倾向于相信自己乐意相信的事情,可是,殊不知这是在和市场较劲。反复在这样的心理暗示下,常常会对自己的错误视而不见,并且总是会在犯错后找出这样或那样的理由来为自己开脱。

俗话说:"人上一百,种种色色。"这也会反映到市场交易情绪中。生活中有什么样的人,股市上就会有什么样的交易者。人都是有自尊心的,似乎每个交易者的成长道路中都会经历这样的阶段。同样,他们无法对市场涨跌的原因进行客观的分析。事实上,他们并不是收集多方因素来综合分析得出结果,而是站在固定的并且是自己希望出现的结果的基础上来寻找原因。简单地说，他们不是因为看涨而做多，而是因为做多而寻找看涨理由。这样，交易者在心里暗示的催眠下，慢慢地使自己的信念同市场的客观现实越走越远。如果市场最终的走势真的和他们所希望的结果一致的话，对他们也不会有任何好处，只会使他们的自尊心膨胀，下次更难面对自己的亏损。想和市场一争高下的动机，早晚会被值得敬畏的市场扫地出门。没错，这只是时间的问题。在实盘交易过程中，随时有犯错误的可能，所以我们不得不随时准备刹车，设置资金管理安全阀，不分资金规模大小。

全球资本市场上的风云人物，无论是股票大作手杰西·利弗莫尔，还是金融大鳄索罗斯，他们也常常面对止损问题。而一旦疏忽、侥幸、漠视止损，其下场同样会遭受失败，甚至是破产和自杀。杰西·利弗莫尔、国内的众多庄家机构等就是栽在止损面前活生生的例子，而善于止损认输的索罗斯又是另外一种风光，止损让他一次次劫后余生。由此可见，树立"让利润奔跑，截断亏损"的投资理念是决定投资命运和最终结局的大事。

止损的概念不是指随意性的高买低卖，不是买了就被套牢，直到忍受不了长期套牢的痛苦后再在低位卖出。根据统计，这时候"止损"卖出股票，往往就是卖在了黎明前，常会落入不卖不涨一卖就涨的"怪圈"。这个所谓的"怪圈"，其实就是投资者心理承受的极限。

所谓"止损"，简单理解就是不放任亏损、止住亏损。当投资出现的亏损达到预定数额时，及时截断亏损，以避免形成更大的亏损，其目的则在于投资失误时把损失限定在可以承受和预设的范围内。换言之，止损使得以较小代价博取较大利益成为可能。

股市中无数的事实表明，一次没有预案的投资错误足以导致致命性的打击，但及时正确止损能帮助投资者化险为夷。

股谚有云："会买是徒弟，会卖是师傅。"买对了不会卖，赚钱的也会变成亏钱的。保护好利润、保护好本金并及时止盈止损，是股市很重要的交易原则。放任亏损的扩大，会导致无论是机构还是个人投资者都会被市场扫地出门。因为，止盈止损本质上是对股市的敬畏、对不确定性的承认、对市场的尊重。赚多少主要取决于市场，亏多少则基本上取决于自己。

人非圣贤，孰能无过。损失对于交易者都是不可避免的，有些投资者在生活中应该算得上"完美主义者"，他们根本不允许自己犯任何错误（事实上也是不可能的）。如果真的犯了什么错误，他们就会陷入反复的自责当中无法自拔。也许他们的目标就是努力使自己在未来能够不再犯错。他们已经明白在市场上的生存法则是通过敬畏市场来使自己的交易能够保持弹性。他们明白市场永远是对的，和市场"理论"是一件愚蠢的事情。但是，他们还是没有跳出"对错与盈亏具有完全相关性"的怪圈。他们对自己过于苛刻，在和自己较劲，把自己根本无法左右的事情让自己来负责。他们认为亏损是可耻的，是应该避免的，或者说自己应该为亏损负全部责任。这些交易者可能会陷入自责的痛苦中而无法自拔，并且最终成为"学习效应"的受害者。其实，这是源于"放不下"。

得失随缘，心无增减。

如果说生活中的完美主义者是那些把避免犯错看得比获得辉煌更重要的一些人，那么这些人做起事来通常就会畏首畏尾。什么都不做，就会什么都不会做错，但同样什么也都不会做对。在市场上，如果你能承认亏损的合理性，并且能够接受"亏损交易可能会发生"这一事实，那么你在交易时才不会畏首畏尾，而能够做到得心应手；否则前怕狼后怕虎的拖拉作风，只会让我们最终等到真正的狼、真正的虎。得失随缘、心无增减，放下交易，跳出市场之外。这是一个人心灵成熟的标志，需要很长时间来慢慢磨炼。对于交易的结果而言，交易者已经从"依赖"转变为"顺其自然"。对于交易信仰而言，交易者已经从与市场的"对抗与争斗"中转变为"包容与融合"，这也是道家文化中所谓天人合一的最高境界。

人性讨厌风险。

纽约有位叫夏皮诺的心理医生，他请了一批人来做了两个实验。

实验一

选择：A是有75%的机会得到1000美元，但有25%的机会什么都得不到；B是确定得到700美元。虽然一再向参加实验者解释，从概率上来说，A选择能得到750美元，可结果还是有80%的人选择了B。大多数人宁愿少些，也要确定的利润。

实验二

选择：A是有75%的机会付出1000美元，但有25%的机会什么都不付出；B是确定付出700美元。结果是75%的选择了A。大多数人为了搏25%什么都不付出的机会，愿意承担较大的损失。

问问你自己，如果你是参加实验的一员，你会做出什么样的选择？

在股票市场交易，因购买股票而导致亏钱的事情时有发生，这是所有投资人都会遇到的，概莫能外。无论什么样的买卖决定，都没有100%正确或不正确的划分。当一笔交易以亏损出局时，我们灵魂深处的反应大致分成以下这几种情况：

第一，侥幸心理。也许再等等就反弹了，也许奇迹会出现，这几乎是阻碍止损最大的心理障碍。很多人不愿意止损，或者在止损问题上犹豫不定，就是有这个思想作祟。

第二，面子。万一止损后大涨，该多么羞辱、吃亏呀，绝大多数不愿意止损的人都有这种心理。从行为经济学的角度来看，这种痛苦远远大于在其他股票上赚同等的钱带来的心理安慰。所以，股市是反人性的，从止损的心理来看就很明显。如果止损后股价大涨，这是要承担巨大心理折磨的，这种折磨具有很大的屈辱感，仿佛自己是笨蛋、智商低人一等。为了扭转这种心理误区，我们应该转念想下：止损是我们对自己过去的错误负责，即使它明天大涨，但那是另外一个问题，它们是两个逻辑。况且，止损后还有很多大跌的例子呢，我们为什么纠结在止损后大涨的几个股票上呢？止损后再大涨，那顶多让我们少赚，而一旦我们不及时止损则有可能会走上穷途末路，亏掉所有。

第三，错误认知。典型的有三个："利润是被频繁止损止完的""止损说明不会买，会买就不用止损""止损代表没有本事"，这些流行的错误认知让很多本来就心存侥幸的人找到借口，余毒甚深。我也见过很多会买而不会止损的人，最后竹篮打水一场空，从来没有见过善于止损的人最后赚不到钱的。如果解决了风险问题，利润将不请自来。会止损就是用来解决风险问题的。真正善于止损的高手，他的利润是不请自来的。在我看来，止损不是没本事，而是大本事。这如同兵法上的"先为不可胜，以待敌之可胜"，哪个常胜将军不是先保护自己不被击败然后再去击败敌人的呢？

第四，死扛。我已经亏这么多了，再止损还有什么意义？说白了，这是麻木，是破罐子破摔。如果这种人能回头看看中国石油从47.13元跌到目前的7.62元、中国铝业（601600）从60.33元跌到目前的3.31元、中国船舶（600150）从300元跌到现在的19.87元，他就知道自己有多愚蠢。我们在分析盛极而衰行情的时候说过，一只股票一旦结束了漫长的盛极行情，其衰落过程会跌跌不休，步入漫漫熊途。看下面这组数据：

亏10%，涨11%回本；

亏20%，涨25%回本；

亏30%，涨42.86%回本；

亏40%，涨66.67%回本；

亏50%，涨100%回本；

亏60%，涨150%回本；

亏70%，涨233.33%回本；

亏80%，涨400%回本；

亏90%，涨900%回本；

亏100%，永别了，淘汰出局！

第五，不在乎，才亏一点点呢。这和上面的例子恰恰相反，上面是亏得太多，这里是亏得还不算很多。小亏看起来不要紧，但是很多大亏都是从小亏开始的，很多人不止损就是因为一开始是小亏，不屑于止损，后来变成大亏又麻木了，死扛下去不止损，结果就是"问君能有几多愁，恰似满仓中石油"。

任何事情都有成本，交易的成本不仅仅是手续费和佣金，止损也是交易过程中的一种成本。止损的成本就是"万一止损错了怎么办"。很多人不愿意止损，其实是不愿意为止损付出哪怕一丁点的成本，希望所有的东西都是免费的。

因为亏钱而心情沮丧，深深自责，没有心情去复盘，也就导致在未来的交易中周而复始地犯类似的错误，没有将教训转化为经验。因为亏钱了，也许会沮丧，但是更需要鼓足勇气去面对，深刻反省，从而分析亏钱的原因，从亏钱中吸取经验。成功的交易心得和感悟就是这样积累的。尽管同样的错误不断地重复犯，但是一种错误重复出现，那么对这种错误的认知将越来越深，最后这种错误再犯的概率则会大大减少。别指望不犯同样的错误，也别期待一次就能完全改掉，坦率讲，这是需要与人性做斗争的一个转变升华的过程。

正确对待亏损，是投资者走向成熟的必经之路。任何一个投资者，无论他是新股民还是老股民，甚至是世界级的投资大师，都难以避免这样的经历——买进股票后以亏损出局。在分析大量个案以后，人们发现这样一种现象：真正的投资高手，往往很快就可以从亏损的阴影中解脱出来，而众多新股民则有可能陷入长期被套牢的泥潭之中。为什么那些投资大师能够坦然地认输呢？究其原因，就是他们已经在长期的职业搏杀中形成了在股海搏击的生存能力。新股民则需要经过多次的"赚钱－亏钱"轮回后，才会慢慢提高认输的能力。讲到底，这个问题就是一个炒股水平高低的问题。

有这样一个有趣故事，名字叫"透网金鳞"。故事是这样的：

两个和尚在河边散步,见渔人在那里撒网捕鱼,把很多的鱼捕到网里边去了,有的鱼生命力比较强,就在网里边挣扎、跳跃,最后就从网里逃脱了。一个禅师说:"真是美啊,漂亮啊,透网的金鳞。"意思是说,已经被抓到网里边去而又能够跳出来的鱼真是太棒了。另外一个僧人说:"何似当初不曾入网。"他的意思就是,如果这些鱼当初就没有被捉到网里去不是更好吗?于是,禅师答道:"师兄,你欠悟在。"他的意思是说,你缺少觉悟啊,那些没有进到网里去的鱼,一旦被网住了,能不能跳出来,还是一问题呢。

这就好像毒蛇咬手指,刚咬时只需斩一个小手指头,越迟下决断,蛇毒就会慢慢透遍全身,直到一个人的死去。然而,果断断指又是需要多么大的勇气和智慧啊!执着于在亏损的股中耗着,其实是一种负担,甚至是一种苦楚。计较太多就成了一种羁绊,迷失太久便成了一种痛苦。认输、放下自负的心,不是放弃追求,而是让我们以豁达的心去面对每一天崭新的股市。

在股市中,有多少人在被网"网住"的时候能跳得出来呢?这当然不是一个佛学问题,而是股市生存哲学的大问题。

毋庸置疑,但凡进入股市,难免有朝被套,要想在股海搏击中取胜,就必须练就一种"透网金鳞"的本事。

二、善输

要赢得股市,应先战胜自我。对他人来说,犯错误是耻辱的来源,从而使其不愿承认错误。而对我来说,承认错误是件值得骄傲的事情。

——世界投资大师索罗斯

索罗斯认为，每个人都有自己的局限性。虽然投资者不能确定自己何时对股票的选择是正确或错误，但在发生错误时，要宁早勿晚撤出投资。他秉持这样的观念，迫使其在股市上有时采取怪异行动，比如低价卖出、高价买进。就像在1987年的股市上，他就低价卖出了期货。当时有人对他的行为感到不解。索罗斯说："我这样做，是为了明天能够卷土重来，继续战斗。大丈夫能屈能伸，暂时撤退是投资战略的需要。我可不想一觉醒来之后，发现自己已倾家荡产，一贫如洗。"1987年美国股市崩溃后，索罗斯因为早已撤出了资本，从而避免了更大的伤害。对此，其伙伴吉姆·马克斯认为，这是索罗斯的与众不同之处。当时许多人都不相信股市会崩溃，更不愿撤出股市。但索罗斯撤了出来，他有足够的自信支持自己这样做。"为将来还能回来战斗，我得提早撤退。"索罗斯说。果然，1987年后期，索罗斯卷土重来，取得了巨大成功。

俗话说，"留得青山在，不怕没柴烧"，"忍一时风平浪静，退一步海阔天空"。善输，是为了避免大输。多年的股市交易生涯，以及所取得的一点点成绩，让我认识到：成功的法则之一是"善输，小错"。这些生命力顽强的警世格言，其实也是引领股民在股海中沉浮的生存格言。索罗斯在股市上运用了这种生存哲学，有人认为他是保守分子，其实那是片面的认识。

我真的很感激那些连续出现的小亏损。正是这些令人讨厌的小亏损，把那些比我更聪明的交易者挡在了获利的门外。

从一个交易者对亏损的认识境界，就完全能够看出这个交易者的交易境界。"亏损"是一个那么令交易者讨厌的词汇。但事实上，亏损是我们交易生涯中长期相伴随的现象。没有人百战百胜。"截断亏损让利润奔跑"，所以交易长期稳定获利的秘密就在于正确认识亏损。

出现亏损的原因主要体现在两个方面：第一是受制于投资者的投资能力，主观的决策出现错误。第二是客观的情况发生了变化，例如上市公司或行业的基本面发生意料之外的突发利空，宏观政策重大变动，社会事件，主力机构资金链断裂，等等。亏损出现时，投资者总是在止损和不止损之间犹豫徘徊，难以制定和执行合理的止损计划。频繁的止损，再多的资金也经不起反复亏损的折腾，对投资者的自信心也会造成很大的挫伤。投资者在没有掌握扎实的盈利模式之前，不宜投入大量的资金和频繁重仓进出。投资脑袋，收获口袋，脚踏实地的认真储备稳赢股市所必备的知识，掌握投资盈利之道，功到自然成。同时，在每次下单买入新的标的物之前，做好仓位警戒线的预案。

投资者在证券市场上就是要练就一种主动替自己"解套"的能力，防止一条道走到黑，若是没有这种能力就难以在证券市场中生存。"千里之堤，溃于蚁穴。"在一个风云变幻的股票市场，一些风吹草动的消息面都可能引起股价的波动。投资者身处其中，有时很难判断事情的正误真伪。往往当股市形成头部、走出下降通道时才发现消息的真正价值，醒悟到要行动时股价已经一泻千里了。因此，如果投资者在盘中发现股价运动的方向不是按照自己设想的运动轨迹运行时，最明智的操作策略就是及时抽身离开，退出来观望。

不争一股之盈亏，不争一城之得失。我军历史上著名的游击战争十六字方针：第一句就是"敌进我退"。1947年，国民党占据绝对优势兵力，为保全实力，我军适时放弃延安，也为后来重新收复延安埋下伏笔。当我们对赚钱感到喜悦，不是因为赚了多少钱，而是因为趋势的发展符合预期。当出现亏钱的交易时，不是纠结亏损的额度感到沮丧，而是行情没有走出应有的预期，此时应坦然接受。把输赢看成一回事来考虑就能无坚不摧，再想想，想通，则会受益无穷。不过于纠结，拿得起放得下。认识到善输是对资金的一个保护措施。善输，是一个以退为进、化被动为主动的策略，是一种豁达，更是一种智慧。大舍大得，小舍小得，不舍不得。善待自己，必须学会善待自己的成功与失败，善待自己的努力与付出。如此，这就是我们心智成熟的一种体现。

哭泣并不代表都是懦弱，有时是心灵的洗礼。流泪并不总是等于伤心，有时是成功的喜悦。低头也并不总是代表认输，昂首的也并不总是赢家。明白"昂首"与"低头"是始终伴随我们成长的过程，我们距离成为股市赢家也就不远了！

第五节　财不入急门

　　台上十分钟，台下十年功。树苗刚种下去，不可能马上就变成大树，一定是岁月刻画着年轮，一圈圈往外长。经风霜，历雨雪，不放弃，坚守信念，专注内功修炼，才能终成正果。

　　一位立志在40岁非成为亿万富翁不可的先生，在其35岁的时候，发现这样的愿望根本达不到，于是辞职创业，希望能一夜致富。五年间，他开过旅行社、咖啡店，还有花店，可惜每次创业都失败，也因此使家庭陷于绝境。他心力交瘁的太太无力说服他重回职场，在无计可施的绝望下，跑去寻求高僧的协助。高僧了解状况后跟太太说："如果你先生愿意，就请他来一趟吧！"

　　这位先生虽然来了，但从眼神看得出来，这一趟只是为了敷衍他太太而来。高僧不发一语，带他到僧庙的庭院中。庭院约有一个篮球场大，庭中尽是茂密的百年老树。高僧从屋檐下拿起一个扫把，对这位先生说："如果你能把庭院的落叶扫干净，我会把如何赚到亿万财富的方法告诉你。"

　　这位先生虽然不信，但看到高僧如此严肃，再加上亿万财富的诱惑，这位先生心想扫完这庭院有什么难的，就接过扫把开始扫地。过了一个钟头，好不容易从庭院一端扫到另一端，眼见总算扫完了，他拿起畚箕，转身回头准备畚起刚刚扫成一堆堆的落叶，却看到刚扫过的地上又掉了满地的树叶。懊恼的他只好加快扫地的速度，希望能赶上树叶掉落的速度。但经过一天的尝试，地上的落叶跟刚来的时候一样多。这位先生怒气冲冲地扔掉扫把跑去找高僧，想问高僧为何这样跟他开玩笑？

高僧指着地上的树叶说："欲望像地上扫不尽的落叶，层层盖住了你的耐心。耐心是财富的声音。你心上有一亿的欲望，身上却只有一天的耐心；就像这秋天的落叶，一定要等到冬天叶子都掉光后才能扫得干净，可是你却希望在一天就扫完。"说完，高僧就请夫妻俩回去了。

临走时，高僧对这位先生说："为了回报你今天扫地的辛苦，在你们回家的路上会经过一间谷仓，里面有100包用麻布袋装的稻米，每包稻米都有100斤重。如果先生愿意把这些稻米帮他搬到谷仓外，在稻米堆后面会有一扇门，里面有一个宝物箱，装着善男信女们所捐赠的金子，数量不是很多，就当作是今天你帮我扫地与搬稻米的酬劳。"

这对夫妻走了一段路后，看到了一间谷仓，里面整整齐齐地堆了约二层楼高的稻米，完全如同高僧的描述。看在金子的分上，这位先生开始一包包地把这些稻米搬到仓外。数小时后，当他快搬完时，看到后面真的有一扇门，他兴奋地推开门，里面确实有一个宝物箱，箱上并无上锁，他轻易地打开宝物箱。

他眼睛一亮，宝物箱内有一小包麻布袋，拿起麻布袋并解开绳子，伸手抓出一把东西，可是抓在手上的不是黄金，而是一把黑色小种子。他想也许它们是用来保护黄金的，于是将袋子内的东西全倒在地上。令他失望的是：地上没有金块，只有一堆黑色籽粒及一张纸条。他捡起纸条，上面写着：这里没有黄金。

这位先生失望地把手中的麻布袋重重摔在墙上，愤怒地转身打开那扇门准备离开，却见高僧站在门外双手握着一把种子，轻声说："你刚才所搬的百袋稻米，都是由这一小袋的种子历时四个月长出来的。你的耐心还不如一粒稻米的种子，怎么听得到财富的声音？"

成功的路上并不拥挤，因为坚持的人太少。很多的人以为成功很难，成功要付出太多心血、成功要忍受煎熬，索性就不去想和追求。实际上，只要我们注意观察，就会吃惊地发现：那些生活在贫困线上的人才是真的有耐心，有吃苦耐劳的品质，他们正是以这种惊人的耐心忍受着不成功的现实和生活。你可以不思成功，但你的生活并不会因此而轻松。你追逐成功，你会因此而生活得更好。

股市相比于其他行业，是一个进门容易的行业，拿着身份证就可以开户进门了。进门是为了入门。和其他行业一样，要入门是艰难的，需要付出辛勤劳动。比如在股市中，一些基本的理念和技术方面（包括基本面和图表分析）的学习储备、资金的准备、心理承受能力的范围等，这些都需要耐心做功课。很浅显的道理，平时不勤勉努力，考试分数会好看吗？赤手空拳如何战胜那些武装到了牙齿的全球资本精英呢？从另一个层面来讲，不是炒股赚钱难，实则是人性的"贪、嗔、痴"业力大，缺乏精进的态度，阻碍了自己的成长。懒惰、浮躁、急于求成是困扰大部分投资者的主要原因。

但是进入股市之后，多数人就忘记这些常识了。这其中就包括我。投资者刚入股市时，都希望大赚一笔。他们往往急功近利，因此忽略了基本的准备工作。他们总希望自己能撞上大运，或者别人能推荐一些快速赚钱的股票，缺乏足够的耐心认真学习，这样造成的结果却是欲速则不达。

股市具有高度的不确定性，阴阳的转换具有很大的偶然性。杠杆的背后是人性的贪婪与恐惧。只用闲钱投入到股市，这笔钱不会影响到你目前的生活。不急于动用的钱，符合这个原则的钱就是闲钱。由于未来的各种不确定性，我们无法确定我们的卖出时点。只用闲钱，可以保证我们不在急需要用钱的时候被动决定我们的卖出时点。闲钱可以让我们更加从容，可以更加坦然面对意外。不加杠杆不借钱。杠杆会放大不确定性，却不会放大确定性。更大的不确定性可能使我们获得额外的收益，也可能获得额外的损失，对于市场始终要怀有一颗敬畏之心。杠杆是确定性天然的敌人，要远离杠杆。这是林奇反复教育我们的一个原则。

正是因为股市具有高度的不确定性这样的特性，人们才会热衷追逐属于自己赚取暴利的那份好运气。既然股市具有高度的不确定性，那么相对的就有比较确定性的一面，这是辩证法。投资者务必刻苦勤勉学习必要的稳赢股市技能，提升投资者个人的人格修养，厚德才能载物。所以，我们不为那些不熟悉的但是又上蹿下跳的红盘所诱惑，耐心等待风险性较小的时机和个股操作，在不确定性中捕获确定性的机会。其余大多数时间是"看盘不操盘"，适时放弃是智慧。财不入急门，耐心学，耐心等，耐心做，耐心等待收获。

那些满怀理想、又努力用实践来实现这些理想的人少之又少，只有这些人才会是生活中真正的成功者。他们每天都充满活力，视工作为乐趣，为实现理想而努力。

第六节　打铁还需自身硬

> 登高必自卑，自视太高不能达到成功，因而成功者必须培养泰然心态，凡事专注，这才是成功的要点。
>
> ——爱迪生

经常听到有人谈"心态"这两个字，过早卖出是心态不好，晚卖被套也是心态不好，动辄心态长心态短的，将操作失败都归结于心态不好。

我们应该知道，在股市中的一切一切，都应该认真对待，这里不是一个虚荣的战场，而是一个以情绪管理为基础、以赚取利润为目的的投资博弈战场，是一个无形却残酷的战场。在股市里，除了专业的知识外，心理综合素养决定了最终的结果。要达到稳赢股市的目标，专业知识与心理素养，两者缺一不可。

股票的所谓专业知识技术，指的是分析方法，包含技术分析和基本面分析。技术分析包括如何利用均线看个股趋势，如何看分时图，盘口语言意味着什么。整体来说，技术分析就是什么时候买，什么时候卖，什么时候该加仓，什么时候止赢止损，以及资金管理，等等。基本面分析包括主力运作个股的模式，板块轮动方式，等等；宏观的基本面、微观的上市公司的基本面分析；各种政策对股市的影响力度等。而所谓心理素养，指的是投资者对待股市的态度和认知。具体表现在知行合一上，就是你的投资理念和交易模式能不能在实际交易中得到贯彻执行。

心态就是知行合一，知行合一才是心态！心态必须建立在技术和经验均拥有的前提之下，刨除技术和经验的前提，单纯地谈论心态纯属无稽之谈，是镜中花、水中月。然而，现实操作中，大家往往过度强调心理，忽视专业知识的储备。比如在实盘操作中，常见如"哎呀，我的某某股票卖早了，要是一直拿着就翻好几倍了，我的心态不好"；"当初若是多买点加仓就好了，可是没敢多买，还是心态的问题"；"要是我早早清仓就好了，不然的话现在还是大赚的，不至于导致亏损被套，心态不好啊"。我们也经常看到这样的状况：看对没有做对。如此种种，这种所谓的"心态不好"只是事后诸葛亮而已！是因为由于技术的缺失，自己没有稳定的操盘盈利模式，是不知道下一步该做什么所导致的。若是技术过硬，类似这些状况就会减少许多。再或者，真的如自己所说，这次由于心态问题而导致没有达到预期目的，那么可以下次弥补啊，同样的错误怎么反复出现呢？这次不是卖早了吗，那下次就拿长点；这次不是没加仓吗，那下次就满仓；这次没及时离场，下次就果断点啊！是吧，多简单的事情，可事实却是：这次犯的错，下次同样会历史重演。这是为什么呢？比如今天的双色球号码出来了，后悔没买那几个中奖号，那么若是有能力预测的话，你可以买下一注啊，不是说自己有能力预测吗？既然没有能力预测，那又何必懊悔呢，这不是自己给自己找郁闷吗？

"必有事焉而勿正，心勿忘，勿助长"，情绪的波动会让人失去理智和逻辑混乱。在交易当中，恰当的情绪状态应该是适度紧张（勿忘）而不急躁（勿助）。如果你真想长期在这个市场进行交易，那么，做好心态情绪的管理是非常重要的。客观、顺势、冷静，这些心态是建立在过硬专业知识实力基础上的第三产物，专业知识健全意味着你的交易系统成立了，拥有了自己的交易系统；而心态则是交易系统的执行问题,是知行合一。离开专业知识,单纯地去谈心态犹如空中楼阁。心态控制能力的大小决定着最终的操盘水平,过硬的专业知识需要通过向老师学习,以及自己在实战中千锤百炼,并总结出一套适合自己的稳赢操盘系统。

正所谓:"老手不一定是高手,高手一定是老手。"

第七节　从新手蜕变成高手之道

一、牛有牛范，熊有熊样

> 市场是有规律的，市场的规律性源于不变的人性。华尔街没有新事物。华尔街不可能有新事物，因为投机就像山岳那么古老。股市今天发生的事情以前发生过，以后会再度发生。华尔街从来不会改变，钱袋却会改变，股票却会改变；但华尔街从来不会改变。
>
> ——杰西·利弗莫尔

美国股市发展至今超过两百年了，中国股市发展至今才二十五年，与美国股市的发展历史相比较，仅是其一个零头。但是，无论是复盘美国股市还是中国 A 股历史的走势，无论是大盘还是个股，我们会发现，历史总是惊人的相似。牛股和熊股，牛市和熊市，尽管个股的名称不一样，但是它们成为牛股的基因是有共性的。之所以一只股票被判断为熊股，因为它具有熊股的一些共同特征。在这二十五年中，A 股经历了八轮的暴涨暴跌。尽管每一轮暴涨暴跌的时代背景不一样，但是"牛有牛范，熊有熊样"这些共性是一样的。美国股市虽然发展了两百多年，同样适用"牛有牛范，熊有熊样"的基因。杰西·利弗莫尔浸淫股市四十余年，历经四起四落之后，写出不朽的投机著述中的经典——《股票作手回忆录》。因此，对杰西·利弗莫尔的交易感悟我是深有体会的。

机构主力炒股票也是希望取得比较好的投资回报收益率。买进是为了卖出,所以无论是大机构还是普通投资者,同样是利用买进与卖出的差价获利。与普通投资者不同的是,实力强劲的主力机构在短期内具有控制股票的走势和价格的能力。也就是说普通投资者获利是靠享受坐轿,而机构主力是抬轿的角色。所以,庄家炒作包括四部分:建仓、洗盘、拉高、出货。一般是"吃一拉一出"三部曲。机构主力也分三六九等,区别在于实力强弱。也许自己边拉边出货,也许是通过让别的机构主力拉升,自己享受坐轿的乐趣。但是殊归同途:低价买进,高价卖出,获取差价利润。

　　股市的核心基础是价值。这句话用在金融史和资本市场的发展史上,何等的恰如其分。价值吸引投资者。一个大轮回,不管炒作的方法是什么,其基础目标很清晰,总是沿着价值主线发展的。物极必反的规律应用在股市中,尤其表现得淋漓尽致。没有只跌不涨的股票,也没有只涨不跌的股票。通过价值发现再到价值创造,这是一个循环。

　　当这样的一个脉络通过市场这只看不见的手掌控股价的运动表现形式之后,是会完整地体现在图表曲线之上的。所谓"雁过留声,人过留名",在价值发现阶段,企业的内在价值通常是被人低估的,需要重新评定,基于股票价值的再认可,对象选择和时机选择是成功的关键。而这方面,是市场中绝大多数中小投资者所不具备的能力。在价值创造阶段,特别是价值创造阶段的后期,绝大多数股票都已失去了正常的投资价值,有的明眼人一看就知道,这些股票早已物无所值,市场内生的上升动力丧失。

　　一切"价值"都要靠人去"创造",也就是所谓的"股市就是讲故事"。比如,第一波总是从压得最深的股票开始的,可称之为"价值低洼"。第二波总是从价值发现开始,通过横向比较和内在分析，找出公司的现有价值和预期的成长价值，然后把它体现在股价上涨趋势上。而第三波，因前两波已将股票的潜在价值充分地体现了出来。股价从低位的"价值低洼"演变成一轮持续性的上涨趋势之后，股价相对于低位时，已经处于高位或者创下了历史新高，股价此时已经远离了它的内在价值。物极必反的规律同样适用于股市，而后股价从高位逐渐出现回落。

我们用成熟市场与新兴市场的股市对比一下：美国道指、中国H股与中国A股，看看它们在上涨和下跌趋势中所具有的"牛有牛范，熊有熊样"的共性。

道琼斯指数从高点跌下来，每一次反弹都是不创新高。每次的反弹都是为了后面的继续下跌，低点不断降低。直到五浪低跌透，形成双底之后，才扭转了下降趋势，开始新的一波上升趋势。

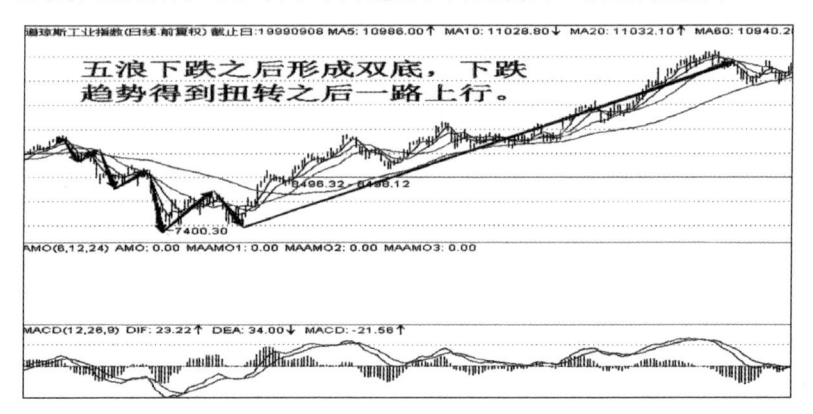

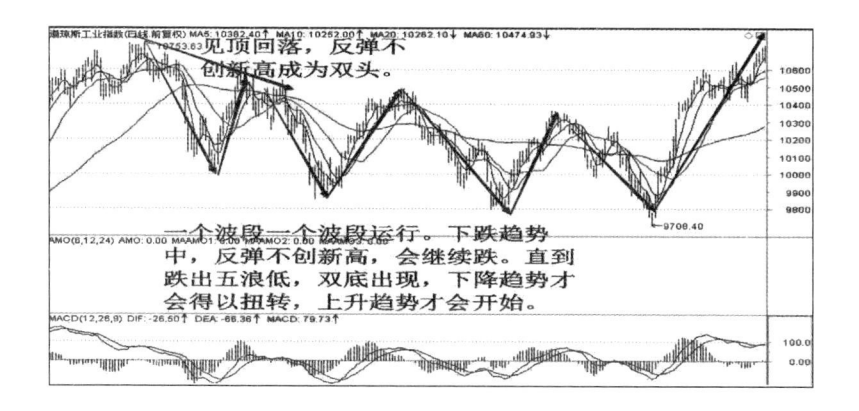

中国 A 股在 998 点见底，双底形成之后，开始一轮上涨行情。

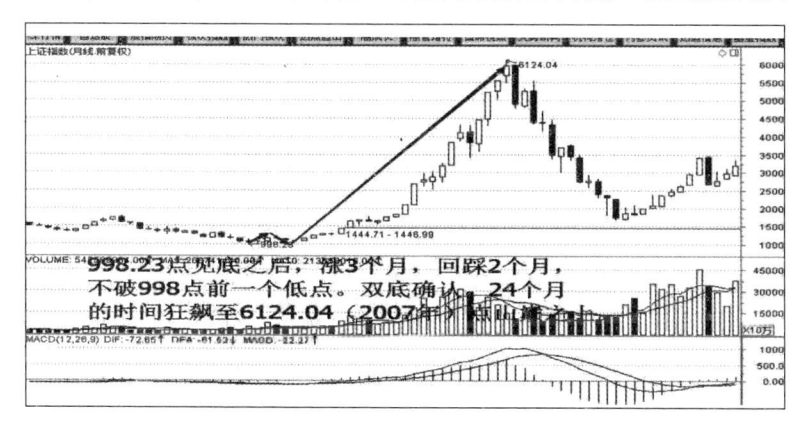

2015 年 6 月上证指数（中国 A 股），时隔 7 年半，已经突破了 5000 点整数关口。

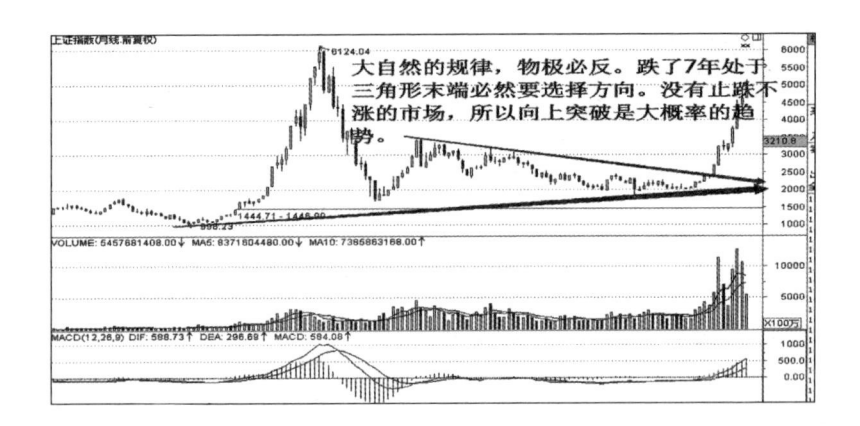

2014年6月份我在厦门某证券公司讲课时，谈到市场未来的趋势，当时市场在2000点附近徘徊，后来市场的走势也验证了此前我的判断。

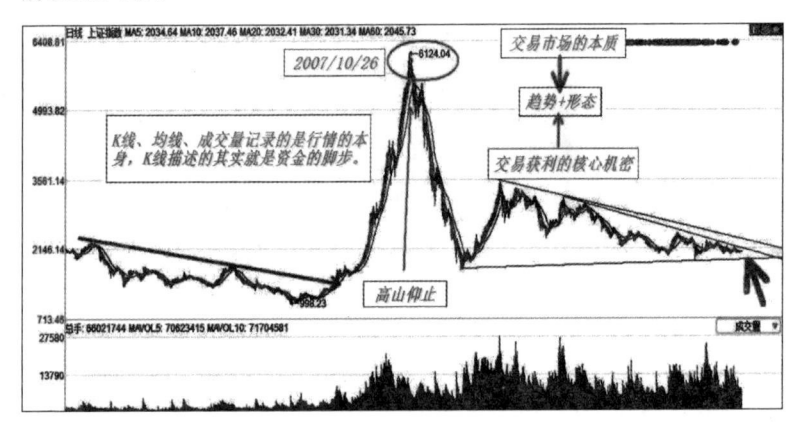

二、技术分析的便利性

技术图表到底是投资指南还是花拳绣腿？技术分析究竟是科学还是玄学？

要回答这个问题，让我们先来看一下技术分析的理论基石。

(一)技术分析的理论基石

技术分析是以预测市场价格变化的未来趋势为目的,以图表为主要手段对市场行为进行的研究。市场行为有三个方面的含义,即价格、成交量、达到这些价格和成交量所用的时间。技术分析有三个基本假定或前提条件:一是市场行为包容一切,二是价格以趋势方式改变,三是历史会重演。

技术分析以研究"市场运动"本身为目的,通过对历史价格、交易量的观察来判断未来市场将会发生何种方向、何种程度的波动。当今所有获利的交易员没有一个不使用技术分析的,它是进行金融投资的基础。

(二)技术分析有三大要素

(1)市场运动包含一切信息。市场运动代表的是所有投资者对当前市场的态度和看法,也正是这些不同的观点促成了市场运动。无论基本面如何,如果人们不对其产生反应,并有所行动,那么基本面就毫无价值,对价格波动真正起作用的是大众群体或强势个体对该事件产生的反应及行为,而不是事件本身。最终这一切都会反映在市场运动之中,显然,谁都可以编造一个谎言勾勒市场美好的前景,但只有实实在在的钱才能使市场运动。

(2)价格具有趋势性质。技术分析中有相当一部分方法是跟随趋势的。按照物理学的观点,运动中的趋势一旦形成更可能持续而不是反转。这符合人类看待问题的习性,实际上市场运动也的确存在趋势,并且顺应趋势也是交易的一个核心内容。

(3)历史会重现。技术分析其本质是对人类心理的研究,这也就不难解释一百年前的图形为何至今仍旧适用。图形收集了投资者的希望和恐惧，而这一切过去如此，将来几乎也会如此，因为人类的心理不曾改变。拜伦在《恰尔德·哈罗德游记》中揭露了一个有关人类历史的秘密，"人类所有的故事都表明同一个主题，那就是过去的再现：首先是自由和荣誉；而这些消失后，财富、罪恶、腐败和野蛮终于降临，而历史虽然无边无际，内容却如出一辙"。

美国的华尔街股市，迄今已经有两百多年的历史。如果追溯投资的历史，可以说，有人类的地方就有投资，自从人类进入商品社会，投资活动就开始了。股市活动究竟是投资还是投机之辩，就像做股票究竟是基本分析重要还是技术分析重要一样，这些争论分成正反两大派别，口角激烈，结论至今不休。

（三）技术分析的两大优势

（1）选择时机。因基本面分析主要研究导致市场涨跌的供求环境和经济力量，所以它并不直接面对图表，也无法捕捉具体的入场点。而期货和外汇市场采取的是高杠杆的保证金制度，如果没有好的入场点，即使看对了方法也很可能破产。就这一点而言，技术分析有着基本面分析无法比拟的优势。

（2）简便性和全面性。基本面分析必须面对大量的数据和精通不同市场相关领域的知识，所以基本面分析很难同时应付多个市场。技术分析的原理则适用于所有市场，图表也较易取得。技术分析的这种优势能帮助投资者在当前市场处于平静时期时迅速投身另外一个活跃的市场获取利润。

（四）学习和应用技术分析的注意事项

（1）学习经典方法。经典是人类智慧的结晶，它们经过多年的考验，被证明是正确有效的，只需考虑如何使用它即可。

（2）适合自己的分析方法。技术分析方法成百上千，每种方法都有它自身的优点，但并不是每种方法都要使用或都适合投资者本人，如投资者喜欢短线交易就应该选择敏感的指标，而长线投资者就应该选择胜率高却比较迟钝的指标。但是如果你把投资当作一项事业，那沉迷于技术分析是成不了大器的。

（3）与市场的配合程度。不同的市场有不同的分析方法，不同的市场状态也有不同的应对策略，投资者应该在进入市场之前多进行试验，总结出一套与当前市场配合程度最高的分析方法。熟悉最常用的技术指标，有时还要有逆向思维。

（五）技术分析的误区

技术分析是帮助投资者推断未来市场发展方向和幅度的得力助手，但并不代表技术分析就百分之百正确，技术分析给出的是未来市场某种情况将会发生的概率，比如价格在五日均线以上，就可以推断出当前市场处于强势，未来更倾向于上涨，可谁也不能保证市场就一定上涨。技术分析必须灵活运用，比如投资者根据上升趋势线的支撑买入，而随后价格跌破了上升趋势线，这并不是说技术分析有错误，因为趋势终归有结束的一天，那么趋势线也早晚有被跌破的一天，相反跌破趋势线正是一个趋势有可能反转的信号。有许多业余投资者认为技术分析不适用于中国市场，说中国市场是政策市场和被机构严重操纵的市场，这点认知十分错误，因为技术分析针对的是市场运动本身，所以无论政策或机构有任何动作，最终都会反映在市场运动之中。

在多年投资生涯中，我接触到的投资者中有相当一部分投资者认为股市的技术分析图表是骗人的，他们常常拿股神巴菲特老人家的"价值投资论"说事。之所以有这种想法，一方面可能因为他们并没有真正了解巴菲特的投资理念和投资模式，另一方面也许是并有运用好技术分析这个工具。实际上，我们发现大多数的投资者并不一定真正看得懂技术分析图表，对分析图表也是一知半解。

道氏理论是股市中最早提出的技术分析理论。道氏理论主要是一种把握股市整体运动趋势的理论，其伟大的历史地位迄今无人能够撼动。投资者不知道如何使用技术分析图表，就像开车不懂路标示意图一样。分析图表可以提供许多其他方法难以提供的信息，分析图表可以使各种股票的表现组织化、具体化，对买入成本和卖出的价格举足轻重。请问，有谁在买卖股票不希望买入成本低、卖出价格高呢？包括主力机构建仓、洗盘、拉升、出货时，谁不看技术图表呢？区别在于"内行看门道，外行看热闹"。

巴菲特在致股东的信中说，应以合理的价格买进好公司的股票，而不是以便宜的价格买进普通公司的股票。

所谓"以合理的价格买进"，那么企业的股价是否合理，则是很直观地体现在价格走势技术图表上了。通过对企业的基本面评估和体现在K线图上的股票价格，再去评估是否在安全边际，是否值得买进。另外，由于客观的原因，绝大多数投资者并不具备掌握上市公司经营状况和财务报表真实情况的第一手资料的能力。所以，评估企业的股价是否合理有相当的难度。但是通过技术图表分析，跟踪市场资金的流向，可以揭示出市场主力机构等参与者真正的意图，同时代表了资金的足迹，研究直观的技术分析比研究幕后不确定的企业经营状况要简单，也更加便捷。技术分析无论是应用在国外市场还是在国内市场，期货也好，股票也罢，不管是哪个金融交易市场，都通用。

技术分析只需要分析三个要素：K线阴阳、均线趋势、成交量变化。市场上永远存在多头与空头，所以技术分析的目的是发现多空力量对比、牛熊趋势的转变所呈现出来的事实，从而为交易作出正确决策。长期趋势有月K线图，中期趋势有周K线图，短期趋势有日K线图。更微观的K线图有60分钟、30分钟、15分钟、5分钟和1分钟K线图。成交量的变化就是研究放量和缩量的时机与多寡。抛开技术分析去打听消息、研究基本面，则如隔靴搔痒。

K线的阴阳、均线的趋势和成交量的变化，这些记录的是行情本身，K线的曲线其实质是市场背后人操作资金的痕迹。有人对技术分析这样比喻：去超市要买鞋的时候，直接试穿或直接测量脚的尺码方便呢，还是去通过了解一个人的身高、体重、营养状况等参数，再来输入电脑推算其脚部的尺码方便呢？

案例回放

湘鄂情（002306）主营业务发生变化之快，用市场人士的话说：应接不暇。

湘鄂情从高端餐饮起家上市，之后转型环保，因为标的公司的技术含量低，市场没有形成股票上涨的体现；而转型影视，因为收购标的说服力不大，股价也没有很好的上涨表现。直至联合了中科院、广电、新媒体、大数据的概念出来后让湘鄂情（后改名为中科云网）连续出现了涨停。当中科云网找到了新媒体、大数据这个概念后，其股价开始坐上了直升机，从2014年7月29

日前一个交易日的 5.57 元飙升到 2014 年 10 月 9 日的 12.45 元。

类似这样的上市公司不在少数，投资者如何去把握真实的经营状况呢？

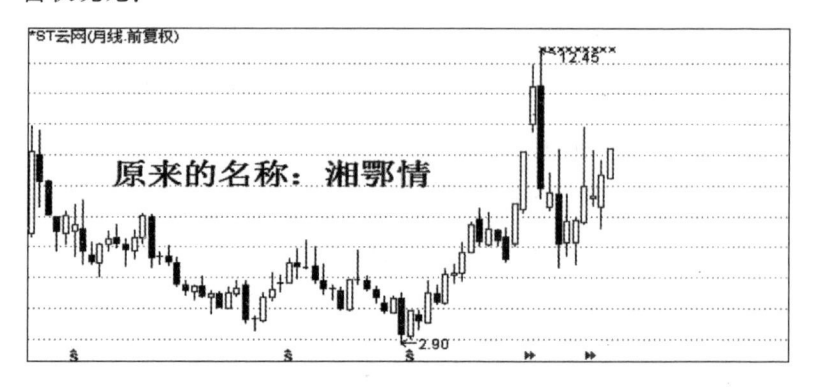

[图：*ST云网(月线·前复权) 原来的名称：湘鄂情]

三、复制才能稳定

> 历史并不会重复它本身，但是韵脚却非常工整。
>
> ——马克·吐温

找到股市运行的一些规律，善加运用，就是找到了股市宝藏图。

不管黑猫白猫，会捉老鼠就是好猫。有些人尽管不是科班出身，没有耀眼的光环，但是只要能够悟出一套有效的交易规则，借鉴成功的交易决策系统，并且在实施过程中保持稳定的回报，那他就是高手。简单说，无论入市时间长短、有多少年的交易经验、交易资本有多少，只要赚不到钱，我认为这还是算新手。"高手一定是老手，老手不一定是高手。"

股票市场中眼高手低或者纸上谈兵的人比比皆是，谈起一些宏观面、微观面、个股的基本面、消息面等好像无所不知，头头是道。可是实盘操作起来却是一塌糊涂，我认为实质上这是交易生手的表现。我不太注重那些似是而非的消息面的分析和解读。在互联网时代，信息大爆炸，各种信息出现的随机性和不可预期性使得股票价格随机波动性增强，所有影响股票价格的因素最终都反映在股票价格的波动上。而股票价格波动是一个很复杂的问题，受经济、政治、社会因素和股票自身供求的影响而波动，这些因素不断重演，此消彼长，是我们普通投资者无法把握的。尤其是当前中国 A 股处于转型期，企业也在加快转型升级与合并重组，市场交易的一些制度在不断完善过程中，企业的主营业务基本面一夕之间就会发生变化。

在多年的市场交易经验和培训、辅导学员的过程中，我的体会是赚钱不一定要博览群书、学富五车。只要懂得复制成功的交易系统与复制盈利的过程，从而能够让自己从亏钱状态尽快向赚钱这一个过程转变就可以了。我觉得对于中小投资者，在这风云变幻的股市，市场信息量太大，需要化繁为简。在研发实力、资金面和信息面等上难以与机构相抗衡的情况下，建立起适合自己量化的操盘盈利模型是核心。因为大多数的投资者在市场中，情绪化的交易非常常见，这直接影响到操盘盈亏的结果，所以建立操盘系统模型就是抵制投资者情绪化交易的最有效方式。人性的贪嗔痴无法根本消除，只能尽可能降低。这个操盘系统模型的建立，是要在实施交易之前设计好了的。因为在那个时候，投资者的判断最客观。那么，在进行交易时，其实就是在按部就班地实施一套成熟的操盘系统。也就是"交易你的计划，计划你的交易"，任凭市场波动，严格执行，就会达到我心不动，交易也就不是随波逐流的。在平时培训的过程中,我发现很多的投资者要么跟风买,完全听别人推荐,要么是很随意地进行操作,缺乏明确的、一贯性的操盘系统。实际上,自己建立的操盘盈利系统应该是需要经过千锤百炼的,而且是自己实证过的,不是拿来主义。这样的一些操盘模型必须具备成功概率大,具有可持续性、可复制的特点。这样我们才能在执行这套系统时有信心,从而以不变应万变,重复熟练运用,复制盈利的模式。

坚持自己正确的行为,你就会得到好的回报。

——巴菲特

我们研究建立的操盘系统,不能刻舟求剑般地去模仿别人,而是应将别人的有益的部分融合到自己的交易体系中,完善并形成自己独特的稳赢交易系统才可长久,生生不息。

稳定的盈利是靠稳定的交易模式来保证的,复制成功的盈利模式是新手迈向高手的捷径。在此基础上,以专注、淡定的态度来面对错综复杂的市场波动,坚守梦想,不忘初心,方得始终。

当然,仅仅会看技术分析图表和基本面的分析,是远远不够的。成功的交易者,绝不是仅靠机械性的技术指标或者对财务报表的深入研究就可以做到,因为这都是属于"术"的范畴。

关于股市技术分析,有个经典的笑话:

今天我在肯德基吃饭,一边上网看股票,遇一个乞丐乞讨。我给他一块钱后继续看股票,乞丐拿钱后没走也在旁看着。

过了一会,乞丐悄悄说:"长期均线金叉,KDJ数值见底,这股就要涨了。"我很是惊诧,问:"这个你也懂?"乞丐说:"就是因为懂这个,所以我才有了今天!"

这虽然是个笑话,但实际上确是很有道理的。

20世纪上半叶的伟大炒家,也是最具神奇色彩的技术奇才威廉·江恩,在他的著作中有关于"历史上的大炒家"的记载,与他同时代的许多大炒家曾在不太长的时间内赚到过几千万美元的利润,后来又回吐给市场,结果绝大多数人都破产了。那么,回到我们刚才的问题,在股市里,技术分析靠谱么?

技术派与基本派争吵了近百年,可是大家至今谁都没能说服对方。

因此,投资者的人文素养才是左右最终成败的关键,这就更需要从"道"的哲学、从人性的角度去修行、提升,向"道"与"术"圆融无碍的境界去努力。

第八节　赢在格局

谋大事者首重格局。

——曾国藩

大格局是一种智慧，大智若愚；大格局是一种境界，大勇若怯；大格局是一种深度，大音希声；大格局是一种品性，大巧若拙；大格局是一种姿态，大象无形。

赚小钱靠技术，赚大钱靠格局。所谓神股，绝对是市场中的万人迷，神股出现，惊艳亿万股民，一呼百应，快速的、如行云流水般的4连阳、5连阳、6连阳、8连阳、10连阳极具流畅、简洁、美感的上升，让市场瞠目结舌。想拥有，却不敢得之。这种神股的气质，令人倾倒。对市场大多数人而言，只可远观不可亵玩。

人的大脑在处理信息时具有两个方面的特点：一面负责积极的信息，另一面负责消极的信息。每一个交易者交易计划的一部分都应该是盈利，"我要盈利"的目标会调动大脑中积极的一面，即盈利所需要的思路；"我不要亏损"则调动大脑的另一面，即不亏损所需要的思路。人类大脑的构造是目标寻求式的，如果目标设置正确，无论白天还是黑夜，无论睡着还是醒着，都会努力追寻达到既定的目标。这就是大脑潜意识功能在发挥作用，也是我们常说的"心想事成"。

一周时间，5个交易日，收益超过50%；10个交易日，收益超过100%，市值增长一倍。见过吧！想过拥有吗？这还是剔除了上市的新股和一些停牌之后连续N个一字板的股票。因为，这些开盘一字板的股票都是拥有专门交易通道的机构投资者操作的，不适合大多数投资者。我们重点是训练面向投资大众的快速翻倍实操宝典，看得见摸得着。在平时对学员的培训中，我常常讲，做股票，需要"精、气、神"，要有稳赢的信念，放大我们的"格局"。格局有多大，舞台就有多大。心中有舞台，现实才有舞台。

有这样一个故事：一位靠做诚信通赚600万的人士跟你说做诚信通是可以赚钱的，你犹豫了半天没有做。原因是：你去咨询了你的一位曾经做过诚信通但由于各种原因而失败的朋友，他告诉你不靠谱，于是你听了朋友的话。这就是你的格局！不要问骑自行车的人宝马好不好开。永远记住：想了解某个行业只有两个方法，要么你亲自去尝试，要么你去问这个行业成功的人士，切记别问失败的和不相干的人，选择不对，努力白费！

股市有句耳熟能详的股谚："七亏二平一赚。"我问过很多投资者也查阅了很多资料，都不知道这句话的来源与出处，也不知道有什么真实数据作为支撑。2016年的A股市场，从上证指数表现来看，其排名是全球垫底。但是，通过国内某知名财经网站提供的数据则让人大跌眼镜。投资者的实际盈亏状况如下图所示：

2016年您在股市中的收益率是多少？	
选项	比例
1　-20%以上	29.6%
2　-20%至0%	22%
3　0%-20%	30.3%
4　20%-50%	10.7%
5　50%-100%	3.2%
6　100%以上	4.1%

可见，缺乏独立思考和实证，仅凭道听途说或者习惯性的跟风思维定会桎梏了我们自身原本的潜能发挥。

人处在同一个时间和空间里看问题会存在眼光的局限性，正所谓："横看成岭侧成峰，远近高低各不同。"面对一个常年陷入在盈亏轮回之中的投资者，你对他说，你5个交易日，收益超过50%；10个交易日，收益超过100%，市值增长一倍，他不觉得自己是井底之蛙，相反认为那是天方夜谭，是痴人说梦罢了。存在就是合理的，核心是投资者秉持什么心态去对待。外在成就的伟大必定源于内在心灵的伟大，无论在何种行业，想取得非凡成就，我们的内心必须在追求理想与心胸格局方面要与众不同。

当我们以专注于崇高的目标指引当下，那些走势凌乱、熊胆熊样的股票根本就不在我们的视野中，我们看到的只是那些极品神股喷薄而出，我们看到的是神股的生命。当我们站在心灵的制高点满怀期待地眺望远方，就会发现无限风光在险峰，登高望远众山小。高瞻远瞩的气概，就是股海中一盏灯塔。既要赢得起，同时也要勇于面对输的结果，拿得起也能放得下。

所以，思路决定出路，格局决定结局，厚德载物！

案例回放

银之杰（300085）27个月（2012年12月31日—2015年5月29日）涨幅7290%。

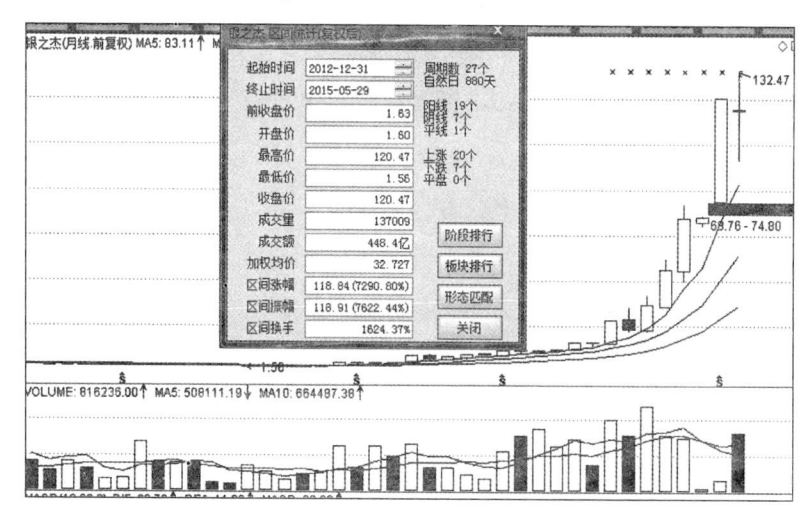

第九节　戒定慧

在佛教中,"戒、定、慧"合称为三学,即三项训练。同样,在其他领域要想成为专家、赢家,也需要专业知识和良好的训练,舍此途径之外别无他途。投资者在股市中投资,毫无疑问是需要严格的专业训练才有机会成就自己"股市赢家"的目标,因此,对投资者的综合素质要求非常高。随着资本市场越来越开放,金融类的理财在家庭资产配置中的比重越来越高,参与到股市中的人一定会呈现出越来越多的趋势。股市投资是很专业的,专项训练必不可少。

佛法归根到底讲的是心,障道因缘都是我们自己的原因而产生的,种如是因收如是果。市场交易始于修心。20年来在股市中摸爬滚打至今,走了多年的弯路之后,我感悟至深的是"术"易学、"道"难修,深感克服人性"贪、嗔、痴"的层面在股市交易中的重要性。随着炒股时间的增长,越来越认识到了修心的重要性。一个投资者,若不能了解人性弱点在股市交易中的危害性,不能重塑自己的交易心理,也就难于成为交易中的佼佼者!只迷恋于繁杂的技术技巧、策略,忽略修心,必然是事倍功半!可见修心是多么重要。

虽然很多投资者都知道交易过程中心理建设很重要,但是坦率地讲,一个新入市的投资者与一个入市三年五载的投资者对这个问题的认识理解程度是不一样的,不同的经历阶段有不同的感悟体会。在交易这个修行的整个心路历程之中,不同的阶段可能要用不同的法门对治自己的问题,所以一般会用到多种法门。如果只执着用一个法,就可能会障碍其他无量法。就如一个人一生中可能会得各种病,但如果无论生什么病都只用一味药,而排斥其他的药,怎么能保证有好的疗效呢?

作为交易者,需要认识市场,更要了解自己;对多数人而言,了解自己比认识市场更重要。面对市场,如果能用客观的态度来解读,一个普通的交易者就可以找到价格波动的趋势并制定与之匹配的策略。可惜的是,我们难能客观,情绪始终会左右我们的行为。交易时,我们的技巧常随身心的失控而变形。当我们反省交易的错误时,会发现情绪是多么的难以抗拒。应该恐惧时,我们在贪;应该贪婪时,我们又怕了;恼人的情形一再重现,情绪总被我们用错地方。仔细推究,绝大多数的交易问题均源于身心。在市场和人之间,真正的难点永远是人。

人性本善,人赤裸裸地来到人世间。在这个五彩缤纷的世界,不由自主地沾染上了"贪、嗔、痴"的恶习,导致在生活中不断地犯下这样或那样的错误。在股市中也一样,由于人性的"贪、嗔、痴"顽疾,导致经常亏损甚至破产出局。有时候炒股很难,有时候又很容易。有一个和尚炒股的故事:当股市低迷、众人被套亏损严重的时候,和尚来了,口中念念有词,我不下地狱谁下地狱,于是买入了股票;当股市高涨、众人获利笑逐颜开争先恐后买股票的时候,和尚依然口中念念有词,我不施舍谁施舍,于是和尚卖掉了股票。不经意之间,不懂股票的和尚却在股市中赚了大钱,诠释了高抛低吸的股市精华。

做股票做的宠辱不惊,盈亏能够坦然接受,心静不乱,也是大修行。曾经沧海难为水,赚过赔过几百万几千万的人,他的定力肯定会胜过只赚过赔过几千几万元的人。正所谓：不迷不悟。在股市沉浮中曾经被绕进去过，又自己走出来了，人生的境界自然会向上提升。

市场流行一句话，做多做空都可以赚钱，唯有"贪"不赚钱。所谓"贪"字变成"贫"字，即是此理。股市中博弈，主力、机构、个体投资者在一个看不见的市场用手中的金钱扔来丢去，在这个筹码交换的过程中，一来一往，制造了大量的换手，虽然钱不能伤人，但是人能伤自己。买进的人认为还会继续涨，认为此时卖出的人是傻瓜。卖出的人认为自己赚够了，要下跌了，认为此时买进的人是傻瓜。所以，买家与卖家常常擦肩而过，彼此回应一句：傻瓜。

曾几何时，人们谈股色变。有一个故事：在某电视一个相亲节目现场，当男士介绍自己是在证券公司上班，现场所有女嘉宾的灯都熄灭了——投了反对票。其实，股市不是洪水猛兽，它就是它自己，股票本身不喜也不悲，喜悲伤神源于自我而甘愿受制。看淡股票的得失，心态宁静平和地对待风起云涌，多少人能做到呢？涨了，要么兴奋开心，喝酒吃肉，不能气定神闲，又嫌弃自己买的太少，又嫌弃自己跑的太早；跌了怨天尤人，后悔万分，茶饭不思，寝食难安。想想这些年在股市的起起伏伏，自己最大的问题是心境问题，最大的困扰是欲望困扰。

股票在一买一卖之间，必然有赚有亏，也会经历欣喜若狂和痛不欲生的现象。当遇到亏损的时候，要心理安慰自己，这次赔了，没关系，下次再赚回来。在赚钱的时候，要感恩这个市场，有赚就好。在一次次的赔与赚中，我们的交易思想开始慢慢成熟，心态开始稳定，体系逐渐建立。其实这个过程就是修炼的过程。修炼什么？修炼你的心。心外无法，心法就是最高的法。只要你投入了，用心了，都是修炼。

估计比爱因斯坦聪明的人不多吧，但他老人家却说："宇宙中的存在只有场，物质只是由于人类的错觉。"《心经》说："空不异色，色不异空。空即是色，色即是空。"时空相错2000多年的人，看法确是如此一致。

在股市中的"戒"，我称之为技术标准，是指专业的知识。"定"是指投资者内心的专注和成熟性格的塑造。溺水三千只取一瓢饮，不为市场的波动所左右摇摆，失去原本坚持的"戒律"，有所不为而后可以有所为。"慧"是指对于生命及宇宙实相的如实了知，看透股市的本质，不为股疯不为股狂，顺应股市的涨跌，与股市同呼吸共命运，顺势而为，知行合一，从而对治愚痴。这股市中的"戒定慧三学"是次第的关系，是循序渐进的关系。

佛法博大精深，有八万四千法门，强调的是"一门深入，长时熏修"，这就叫精进，而不是杂进。同样，炒股的方法也有很多，如宏观分析、价值分析、基本分析、博弈分析、技术分析等。技术分析里又有道氏学派、波浪派、江恩派、K线派、均线派、切线派、形态派、量价派、指标派等，不一而足。成功的关键是要找到一种适合自己的方法，一门深入，长时熏修，精进不止。很多人炒股多年，也很努力用功，却始终不能随愿，原因就在这里，他学的太杂了，没有深入，没有形成自己的操作系统。

学佛的基本功夫是修戒定慧，由戒生定，由定生慧。炒股也要修戒定慧。戒就是严守纪律，克服自己的贪婪和冲动，只要市场走势不符合我的技术标准我就不进场，如如不动。一旦进场，严守止损止赢，该出场就出场，这是持戒。定就是一门深入，只用一个方法、一个大概率事件标准，只赚这个标准能够赚到的钱，对不符合自己标准的股票或者说自己看不懂的股票，它涨的再好也不动心，只要长期坚持，我敢肯定你的年收益不会比巴菲特差。慧就是开悟，你只要做足了戒定的功夫，自然烦恼轻、智慧涨、财富增。你的心不再混乱、不再骚动，你与时间为伍，耐心等待时间（彩色大均线）为你酝酿出赚大钱的机会（因为均线这位你最忠实的朋友是绝对不会让你错过市场中任何一次大波段的行情，同时也不会让你遭受深套的痛苦）。在这个机会出现之前，你只需要"安静地像一块石头"，放心地等待。

一切都自然而然，你在收获财富的同时，可能还获得了更大的利益，那就是对宇宙人生的感悟，从这个市场中走出来的人定能放眼看世界，一览众山小。

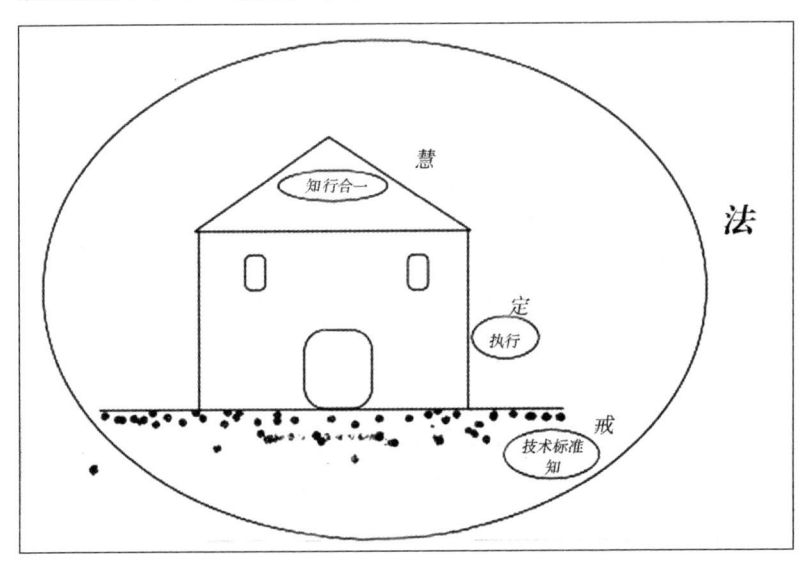

第二章
股市赢家操盘体系

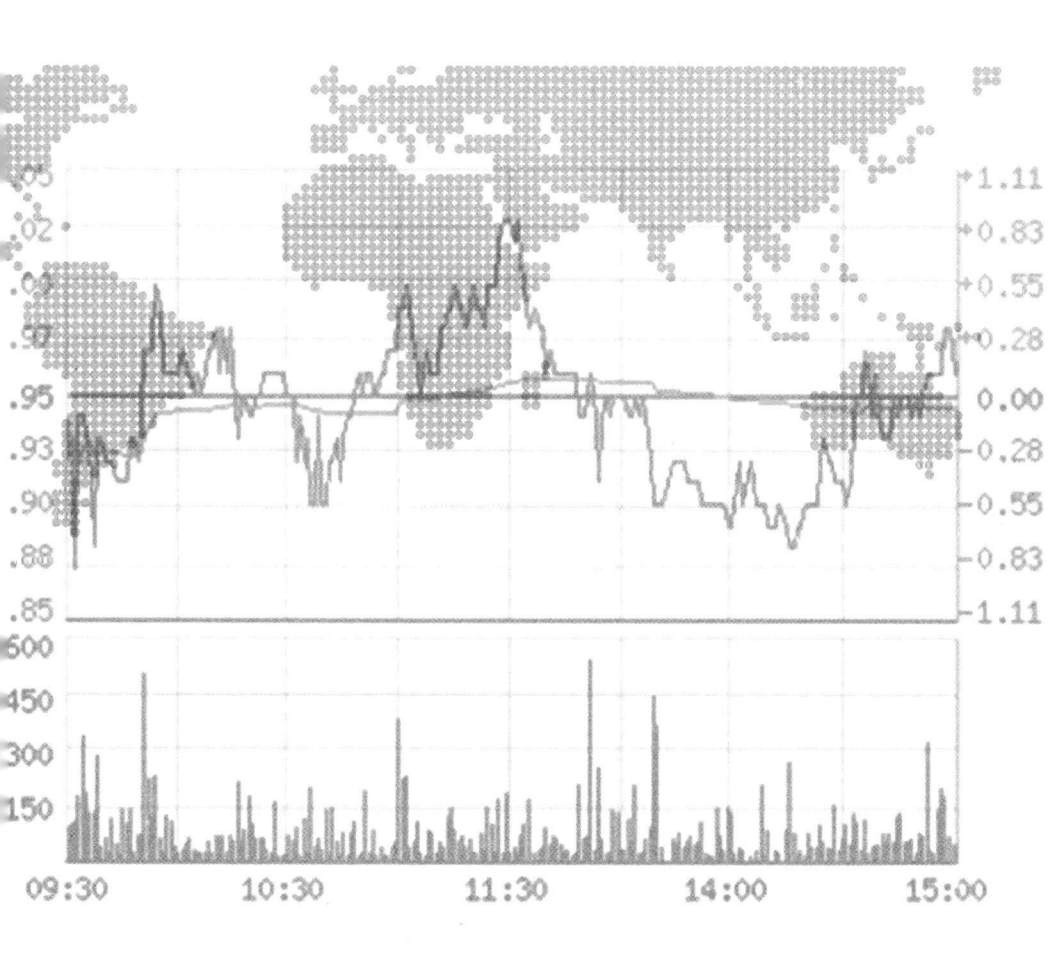

既然是投资行为，必然会涉及到专业知识，单单是凭着开了股票账户想赚钱那一时的热情显然是不够的。股市投资是一门专业性很强的学科，得深入学习钻研才能找到正确的途径。凡事皆有自己的内部规律，符合规律则兴，不合则亡。就像在其他领域拥有足够的专业知识才有可能成名成家一样，我常讲：在股市中，不成为专家，就不会是赢家，那就一定会是输家。达到专家级别对自己所从事的工作有充分的了解和付出超常人的努力，才有长期稳健赢利的可能。否则，诚如巴菲特所言："风险来自于你不知道自己在做什么。"

有些人认为，如果我把自己的交易秘诀教给别人，别人学到了大家都用同样的方法交易，这种方法会不会失效，主力会不会反向操作。这样的想法其实是非常幼稚的。你的交易过程永远也不可能与我的一模一样，连做这样的尝试都是愚蠢的。我们每个人都是独一无二的，我不可能是你，你也不可能是我。

最聪明的做法是把在这本书中找到的答案融合到你自己的交易方法中，在交易中你一定要做你自己，你有自己的交易准则和喜好。你的交易一定要对你自己有意义，否则你不会有必胜的信心和勇气。

股市赢家操盘体系介绍了完整的交易思想和盈利的交易模式，尽量简单化，言简意赅。采取循序渐进的方式，便于投资者由浅入深去理解，具有系统性的学习效果。选取市场通用的、常用的、需要掌握的、经典形态图形的、实战性强的基本知识、心理建设、交易哲学、资金管理等逐一进行介绍。它是一套完整的、综合的交易体系，是一副完整的藏宝图。如果遵循这些简洁高效的交易模式，极可能会让大部分读者成功摆脱盈亏的轮回，从生手快速成长为熟手，从而实现长长久久的盈利。对于新手投资者，这些知识是必不可少的；对于老手投资者，温故而知新，能不断优化巩固完善你的操盘体系。

同时，通过对本书经典知识的学习，倘若你能够深刻理解并且融会贯通掌握，对于投资者在设计自己的程序化量化智能化交易系统时能起到重要作用。本书侧重介绍实盘盈利过程和在操盘过程中遇到的实际问题的解决方法，从而能够帮助投资者树立正确的投资理念，掌握正确的投资方法，培养适合自己的操作习惯，最终达到持续盈利的能力。

股市赢家操盘体系是在一个传承、发展、实践的过程中逐渐形成的，着力打造一套生生不息的稳赢股市财富系统。如果你想要持续盈利，并且下定决心要成为一名成功的投资者，而不仅仅只是作为一名市场的参与者，那么请你在阅读本书时不要急于断章取义地将它们生搬硬套地用在自己的实战交易上。这是一本需要反复研读的书，一定要吃透这些规则，将其中的每一个概念读懂它、理解它，每一个案例反复揣摩，力争在实战中举一反三，并且融合到自己的交易体系中，形成适合自己的交易体系，并且严格执行你的交易系统。相信你一定能从中大受裨益，财富的增长将会生生不息。严格遵循这些交易哲学和市场运行的规律，就可以享受盈利带给你的快乐，你也必然会获得丰厚的回报。当然，倘若你走马观花、囫囵吞枣地浏览，只能获取肤浅的知识。

第一节　K 线基础知识

K 线的基础知识是每一个进入股市的投资者的第一堂课，也是必修课。认识、理解这些基本知识，可以更快速地掌握后面的神股战法。同时，熟练运用这些知识，能够为盘中对个股进行快速分析、判断、决策提供依据。

K 线又称蜡烛图、日本线、阴阳线、棒线等。目前常用的说法是"K 线"，起源于日本米市，故又称为日本线。在 18 世纪德川幕府时代（1603～1867）的米市交易，它被用来记录当时一天、一周或一月中米价涨跌行情，因其标画方法具有独到之处，人们把它引入股票市场价格走势的分析中，经过三百多年的发展，目前广泛应用于股票、期货、外汇、期权等证券市场。K 线图有直观、立体感强、携带信息量大的特点，蕴涵着丰富的东方哲学思想，能充分显示股价趋势的强弱、买卖双方力量平衡的变化，预测后市走向较准确，是各类传播媒介、电脑实时分析系统应用较多的技术分析手段。K 线图是进行各种技术分析最基础的图表，K 线类的研究侧重若干天的 K 线组合情况，如二根、三根或者更多的 K 线组合来推测证券市场多空双方力量的对比，进而判断证券市场多空力量谁占优势，是暂时的，还是阶段性的。学会看 K 线图，是每个股票投资者应掌握的基本技能。

透过现象看本质，市场交易的本质是人与人之间的博弈。市场的运行通常是由那些有能力操纵市场价格的人推动的，而他们的目的则是获取利润。特别是许多日内价格的波动，完全是人为操纵的，是市场参与者对价格运行的感知及对盈利的预期引发交易者的买卖行为，从而引发价格持续地上下波动。

任何一根普通 K 线的开盘价、最高价、最低价、收盘价都揭示了市场参与者的情绪和行为对价格运行的驱动作用。在任何时间周期中，无论是从秒线、分钟线、小时线、日线、周线、月线还是年线中都可以看到这点。正确解读市场是为了对市场运行做出正确的判断，从而进一步在 K 线图中找到好的买卖点位。对 K 线运行关键点位的正确解读可以提高交易的成功率。

特别说明：分析 K 线，不宜单独从一根或是单日 K 线孤立分析，需要结合位置、量能、K 线组合等综合分析。

K 线是一条柱状的线条，由影线和实体组成。影线在实体上方的部分叫上影线，下方的部分叫下影线，如下图所示。实体分阳线和阴线两种，又称红阳线和黑阴线。一条 K 线记录的就是某一种股票一天的价格变动范围。

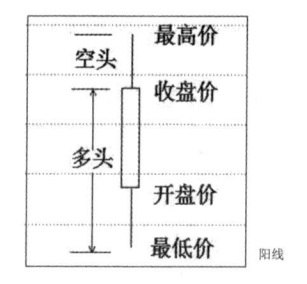

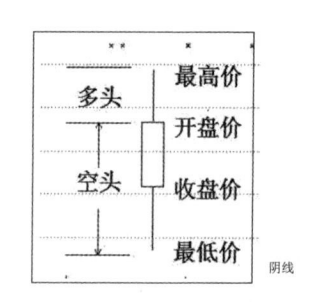

一、上影线、下影线

（1）上影线：在 K 线图中，从实体向上延伸的细线叫上影线。在阳线中，它是当日最高价与收盘价之差；在阴线中，它是当日最高价与开盘价之差。由此，带有上影线的 K 线形态可分为带上影线的阳线、带上影线的阴线和十字星。形态不同，多空力量的判断就不同。

（2）下影线：在 K 线图中，从实体向下延伸的细线叫下影线。在阳线中，它是当日开盘价与最低价之差；在阴线中，它是当日收盘价与最低价之差。

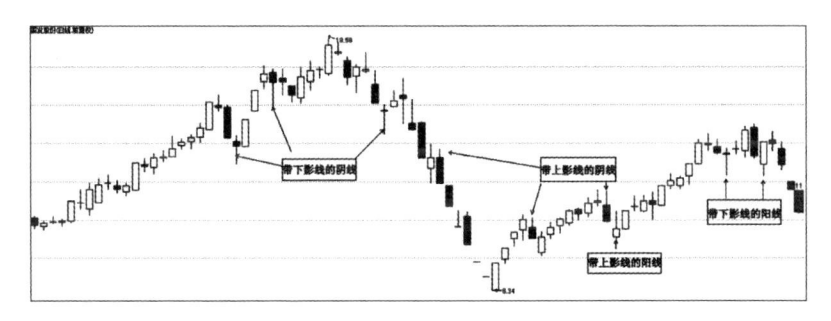

图 1　国发股份（600538）

二、光头光脚的阳线和阴线

既没有上影线也没有下影线的阳线和阴线，叫作实体红 K 线和实体黑 K 线，实体红 K 线意味买力强劲，市场有强烈的做多欲望，此时可持股待涨。K 线实体大小代表内在动力，实体越大代表上涨或下跌的趋势越明显，反之趋势则不明显。

图 2　上证指数

（1）以实体红 K 线（阳线）为例，其实体就是收盘高于开盘的那部分，阳线实体越大说明了上涨的动力越足，就如质量越大与速度越快的物体，其惯性冲力也越大，阳线实体越大代表其内在上涨动力也越大，其上涨的动力将大于实体小的阳线。同理，实体黑 K 线（阴线）则代表市场完全进入恐惧状态，如果是从高位拉出这么一根黑 K 线，则往往意味着行情接下来将往下走，因此阴线实体越大，下跌动力也越足。

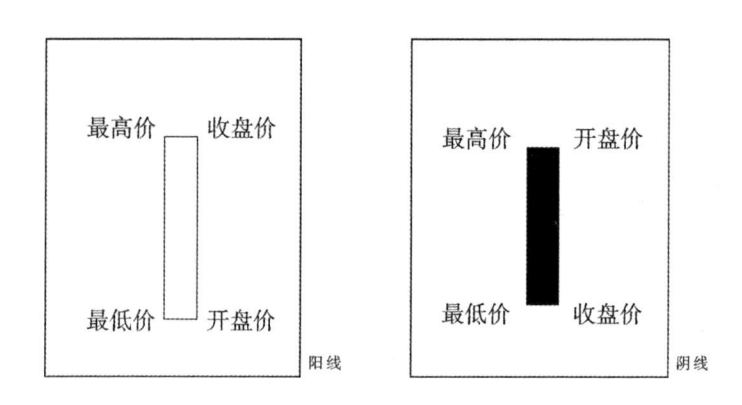

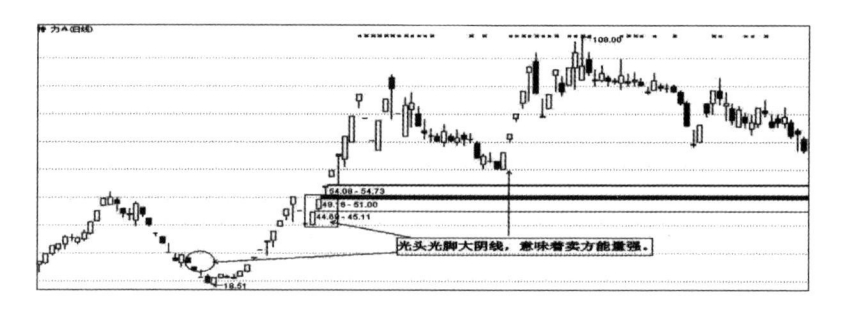

（2）光头大阳线代表多方力量强大，买入的力量大于卖出的力量，持续性的买进推动 K 线持续收阳线。与之相反，大阴 K 线代表卖方力量强大，买进的人较少，抛压大。尤其是大阴线发生在高位，卖方的筹码倾泻而下，买方节节溃败，要有及时防范的意识。

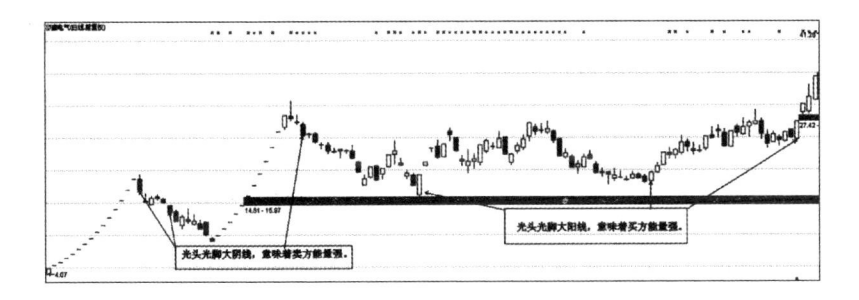

三、带上下影线之红K线和黑K线

这种带有上影线和下影线的红K线，代表着多方略胜一筹，从K线实体的收盘价距离最高价这一段是该股的阻力区，出现在不同的位置代表的市场含义则有所不同。

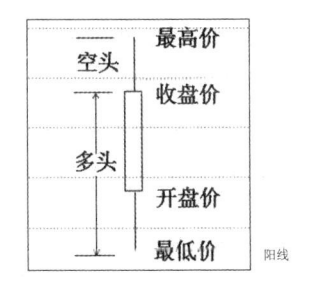

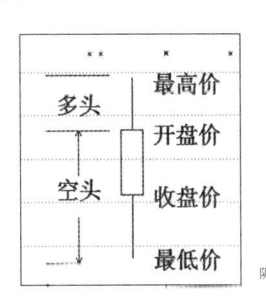

（1）带上下影的红K线处于下降途中的带上下影线之红K线，被认为是"下跌中继"的性质。处于高位的带上下影线之红K线，容易出现主力拉高出货见顶的兆头。出现在低位并且是孕线形态的带上下影线之红K线，就是见底的信号。

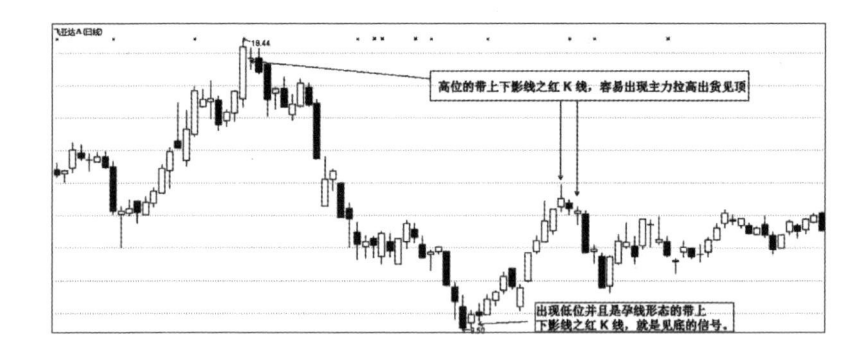

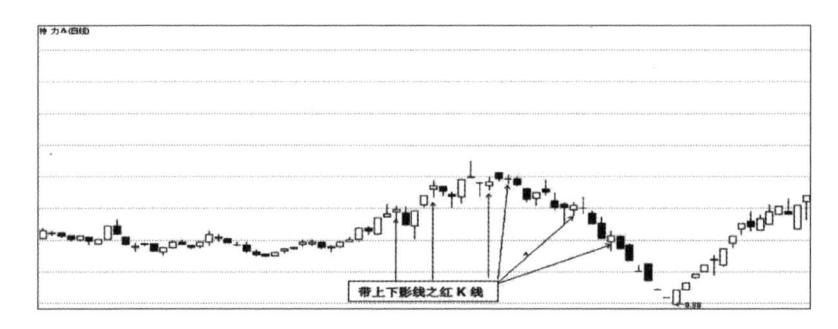

(2) 带上下影的黑 K 线。这种带有上下影的黑 K 线说明此时暂不宜进场，等整理完毕出现买点时再介入，或是日后出现带量突破该 K 线的最高点时可进场，并且 K 线是处于上升途中的回档位置，回避高位盘整或者下降途中的位置。

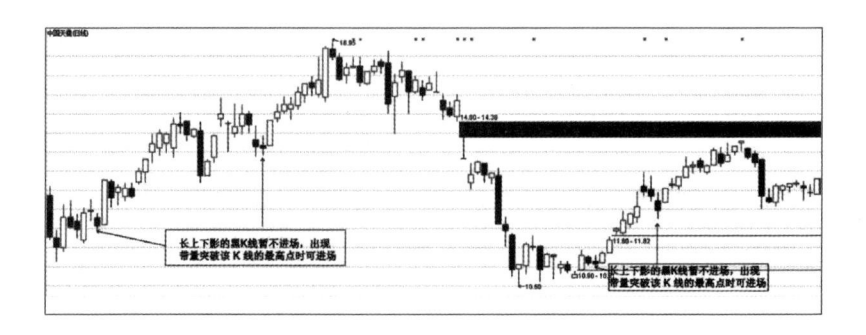

四、带上影线的红K线

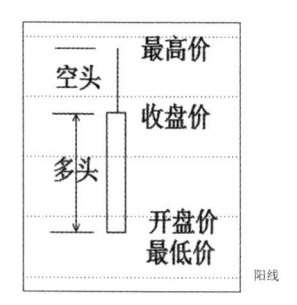

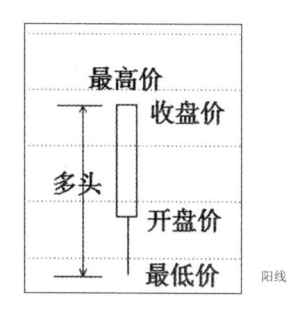

（1）多头在攻击时在收盘价以上的地方受阻，次日若能放量攻下并覆盖今天的上影线，代表涨势延续。若不能放量并覆盖上影线，则向上的方向不够确定，应当等整理几日再选择方向。

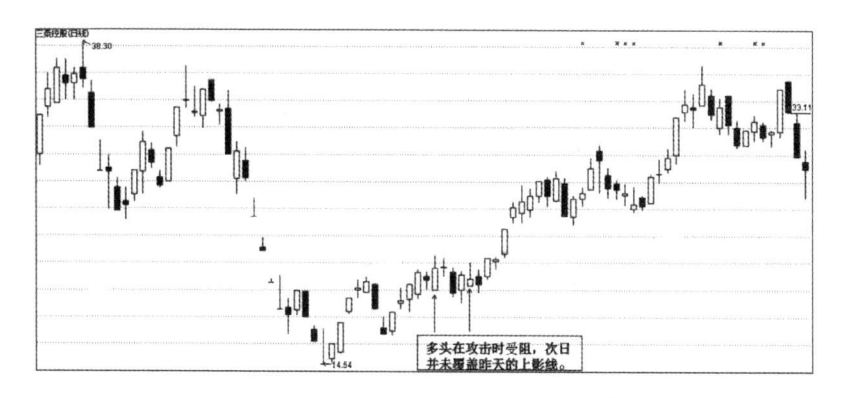

（2）长下影线出现在上升趋势的高位，若成交量放大，则意味着抛压加重，承接不踊跃，有多头力竭之感；长下影线出现在下降趋势的低位，若成交量放大，则意味着有恐慌性筹码抛出，但低位接盘踊跃，有大量多头抄底盘介入，形成"金针探底"的走势。

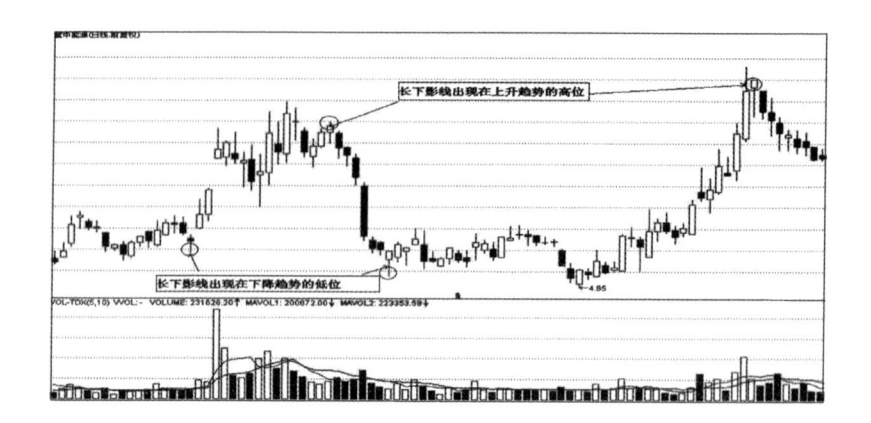

五、T字型K线（吊颈线）

没有上影线的T字型K线，如下图所示。

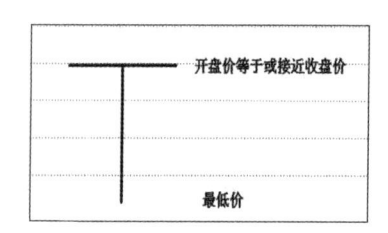

（1）如果T字型K线（吊颈线）出现在上升趋势末端之后，则构成一个看跌的K线图形态。

（2）在分析 T 字型 K 线（吊颈线）时，有一点非常重要：当 T 字型 K 线（吊颈线）出现后，必须等待下一个时间单位的看跌信号对它加以验证。T 字型 K 线（吊颈线）的验证信号可能采取下面这样的形式：T 字型 K 线（吊颈线）次日的开盘价向下跳空缺口越大，验证信号就越强烈。同时，重点观察是在上升波段的末端还是在上升波段初始的位置。

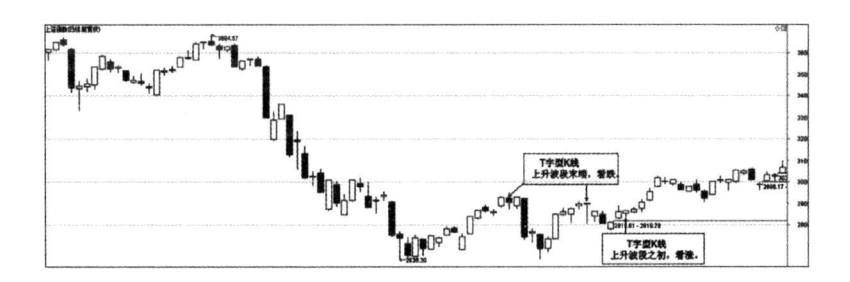

（3）还可能采取另外一种形式：出现 T 字型 K 线后，次日是一根黑色 K 线，并且它的收盘价格低于上吊线的实体，则完成了看跌的验证信号。

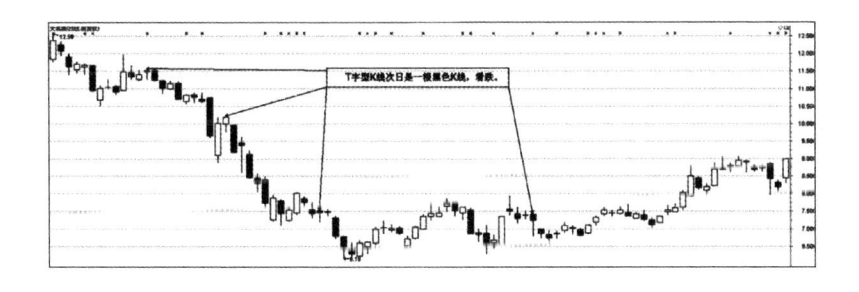

六、倒 T 字型 K 线（倒锤子线）

没有下影线的 T 字型 K 线，如下图所示。

```
                最高价
        开盘价等于或接近收盘价
```

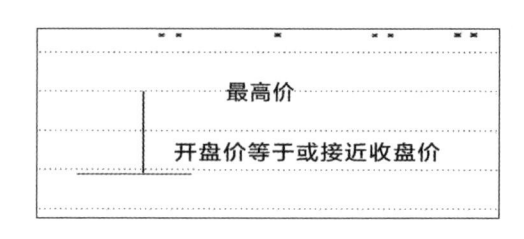

这种线型（倒锤子线）出现在高价位区时，说明上档抛压严重，行情疲软，股价有反转下跌的可能；如果出现在中价位区的上升途中，则表明后市仍有上升空间。倒锤子线出现在下降趋势之后，则构成一个看涨的 K 线图形态，这一点与普通的锤子线同出一辙。

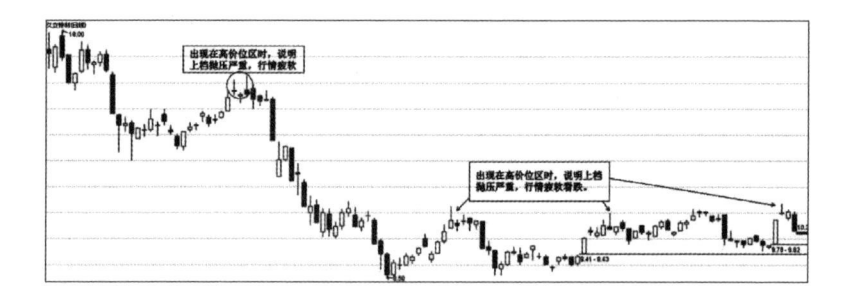

在分析倒锤子线时，有一点非常重要：当倒锤子线出现后，必须等待下一个时间单位的看涨信号对它加以验证。倒锤子线的验证信号可能采取下面这样的形式：倒锤子线次日的开盘价向上跳空，超过了倒锤子线的实体，向上跳空的距离越大，验证信号就越强烈。

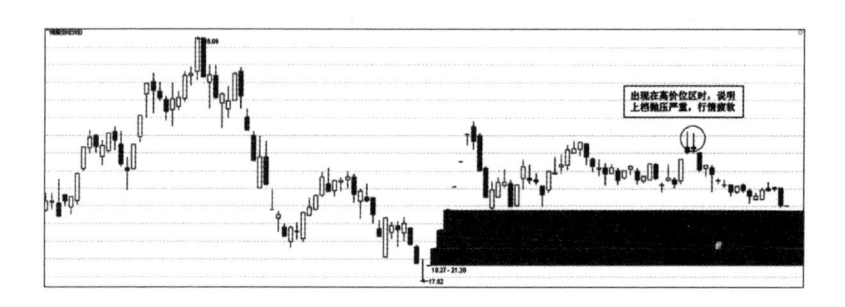

七、十字型 K 线

当收盘价与开盘价相同时，就会出现这种 K 线，如下图所示。

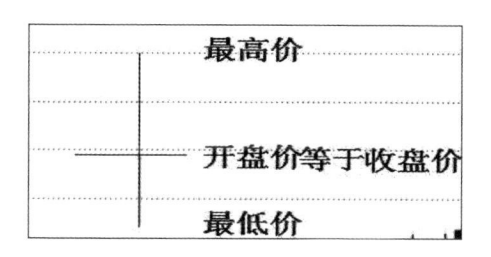

它的特点是没有实体，这种线型常称为变盘十字星，无论出现在高价位区或低价位区，都可视为顶部或底部信号，预示股价走势即将改变原来的走向。

若是出现在高位，后面并没有很快创新高，就要引起警惕，防止见顶信号。

若出现在低价位区，可视为底部信号，预示股价走势即将改变原来的走向。

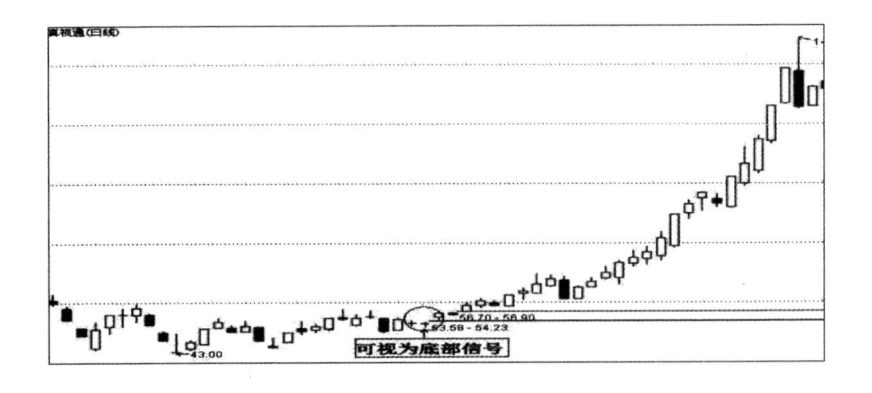

八、断头铡刀大阴线

形态特征是突然出现一根长阴线（一般是光头光脚阴线）将短期均线（5日均线）、中期均线（10日均线）、长期均线（30日均线）完全跌破覆盖。将所有在该阴线收盘点位之上购买的筹码迅速锁定套牢，从而形成明显的头部形态。

均线断头铡刀形态多出现在大盘或股票价格的顶部或阶段性顶部，特别是带有较大成交量的阴线，则更是强烈见顶信号，应警惕有一轮跌势。

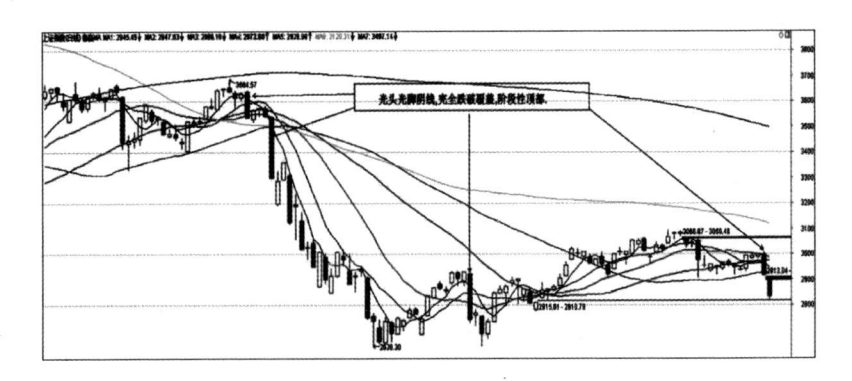

九、日K线图

日K线图是将每天的阴阳K线按时间顺序排列在一起，反映该股票自上市以来每天价格变动情况的K线图。价格不断创新高，就是上升趋势，如下图所示。

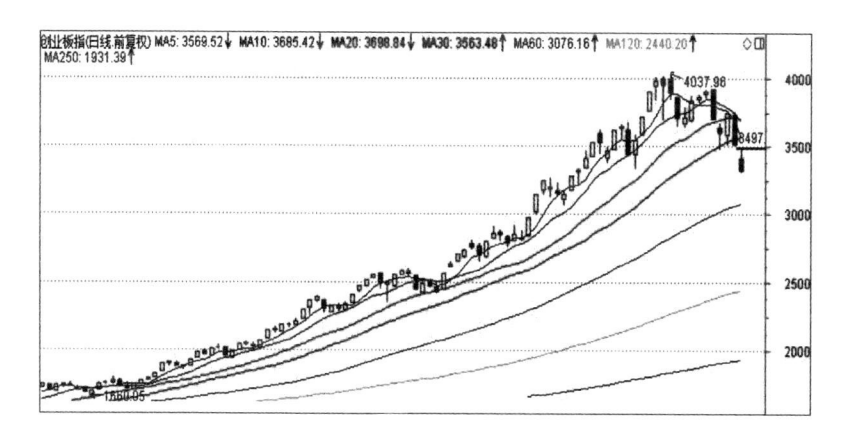

"问君能有几多愁？恰似一江春水向东流。"这句话能够很形象地体现出下降趋势特征。当长期均价线压制中短期均价线，向右倾斜而下，价格不断创新低，这就是一个下降趋势的延续过程。股谚：下跌不言底。

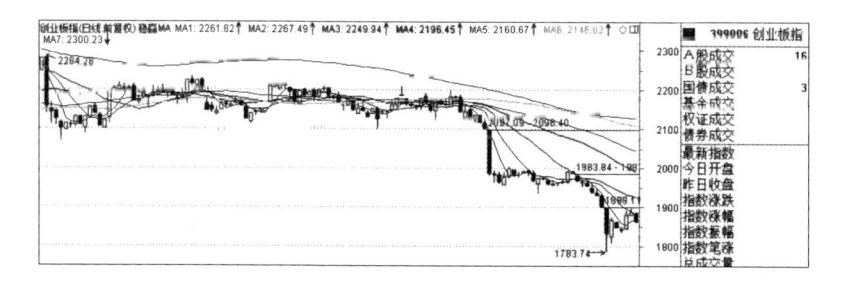

第二节　K线经典形态学

一、反转形态——头肩顶

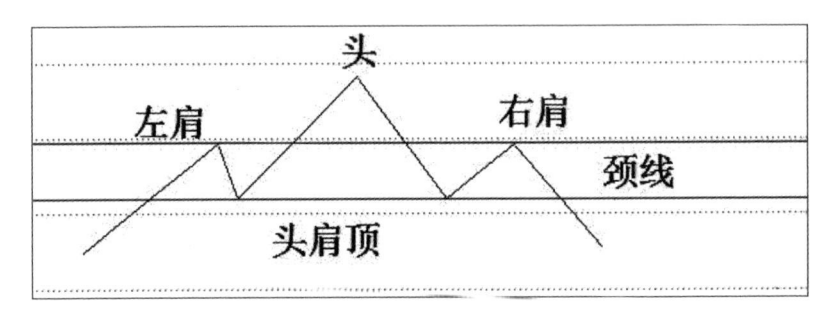

反转形态指股价趋势逆转所形成的图形，亦即股价由涨势转为跌势或由跌势转为涨势的信号。

（一）形态分析

头肩顶走势，可以划分为以下不同的部分：

（1）左肩部分。持续一段上升的时间，成交量很大，过去在任何时间买进的人都有利可图，于是开始获利沽出，令股价出现短期的回落，成交量较上升到其顶点时有显著的减少。

（2）头部。股价经过短暂的回落后，又有一次强力的上升，成交量亦随之增加。不过，成交量的最高点较之于左肩部分明显减退，股价升破上次的高点后再一次回落，成交量在这回落期间亦同样减少。

（3）右肩部分。股价下跌到接近上次的回落低点又再获得支持回升，可是，市场投资者做多的情绪显著减弱，成交量较左肩和头部明显减少，股价没法抵达头部的高点便告回落，于是形成右肩部分。

（4）突破。从右肩顶下跌穿破由左肩底和头部底所连接的底部颈线，其突破颈线的幅度要超过市价的3%以上。

简单来说，头肩顶的形状呈现三个明显的高峰，其中位于中间的一个高峰较其他两个高峰的高点略高。至于成交量方面，则出现梯级型的下降。

图1现三个明显的高点，突破不过去之后，股价由涨势转为跌势破位下行。

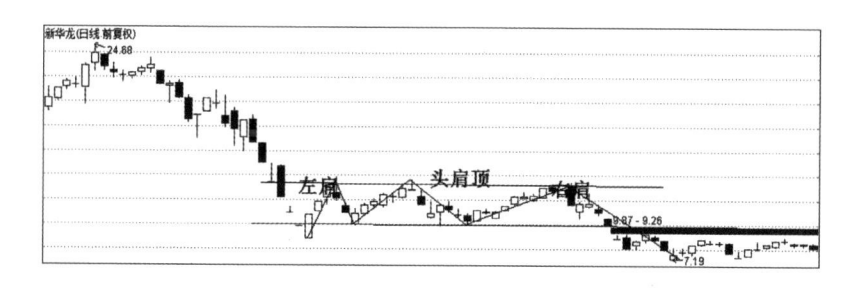

图1 新华龙（603399）

图2也是屡屡上攻不突破头肩顶，反身下杀之后跌破颈线。

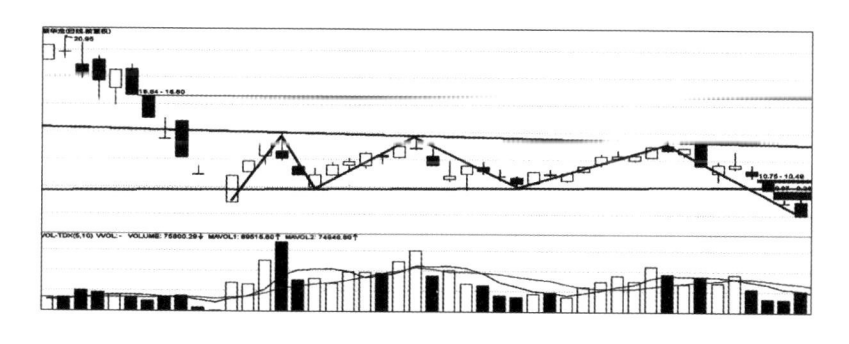

图2 光明乳业（600597）

图 3 上证指数出现头肩顶后，也迎来一波下跌。

图 3　上证指数（1A0001）

（二）市场含义

头肩顶是一种不容忽视的技术性走势，我们从这种形态可以观察到买卖双方的激烈争夺情况。

初时，看好的力量不断推动股价上升，市场投资情绪高涨，出现大量成交，经过一次短期的回落调整后，那些错过上次升势的人在调整期间买进，股价继续上升，而且攀越过上次的高点。表面看来市场仍然健康和乐观，但成交量已大不如前，反映出买方的力量在减弱中。那些对前景没有信心和错过了上次高点获利回吐的人或是在回落低点买进作短线投机的人纷纷卖出，于是股价再次回落。第三次的上升，为那些后知后觉错过了上次上升机会的投资者提供了机会，但股价无力升越上次的高点而成交量进一步下降时，差不多可以肯定过去看好的乐观情绪已完全扭转过来。未来的市场将是疲弱无力，一次大幅的下跌即将来临。

对此形态的分析是：

（1）这是一个长期性趋势的转向形态，通常会在牛市的尽头出现。

（2）当最近的一个高点的成交量较前一个高点为低时，就暗示了头肩顶出现的可能性；当第三次回升股价没法突破上次的高点并且成交量继续下降时，有经验的投资者就会把握机会卖出。

（3）当头肩顶颈线击破时，就是一个真正的沽出讯号，虽然股价和最高点比较已回落了相当大的幅度，但跌势只是刚刚开始，未出货的投资者继续沽出。

（4）当颈线跌破后，我们可根据这种形态的最少跌幅量度方法预测股价会跌至哪一水平。量度的方法是：从头部的最高点画一条垂直线到颈线，然后在完成右肩突破颈线的一点开始，向下量出同样的长度，由此量出的价格就是该股将下跌的最小幅度。

（三）要点提示

（1）一般来说左肩和右肩的高点大致相等，部分头肩顶的右肩较左肩为低。但如果右肩的高点较头部还要高，形态便不能成立。

（2）如果其颈线向下倾斜，显示市场非常疲乏无力。

（3）成交量方面，左肩最大，头部次之，而右肩最少。不过，根据有些统计所得，大约有三分之一的头肩顶左肩成交较头部为多，三分之一的成交量大致相等，其余的三分之一是头部的成交大于左肩的。

（4）当颈线跌破时，不必成交量增加也该判断股价会继续下跌，倘若成交量在跌破时激增，显示市场的抛售力量十分庞大，股价会在成交量增加的情形下加速下跌。

（5）在跌破颈线后可能会出现暂时性的回升（后抽），这种情形通常会在低成交量的跌破时出现。不过，暂时回升应该不超越颈线水平。

（6）头肩顶是一个杀伤力十分强大的形态，通常其跌幅大于量度出来的最少跌幅。

（7）假如股价最后在颈线水平回升，而且高于头部，又或是股价于跌破颈线后回升高于颈线，这可能是一个失败的头肩顶，不宜信赖。

二、反转形态——头肩底

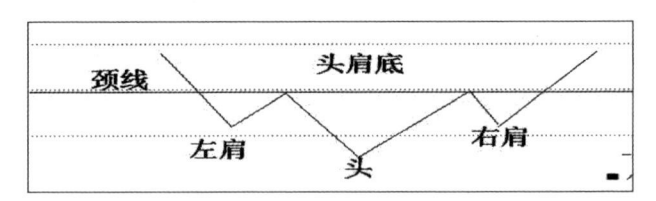

与头肩顶的形状一样，只是整个形态倒转过来而已，又称"倒转头肩式"。

（一）形态分析

形成左肩时，股价下跌，成交量相对增加，接着是一次成交量较小的次级上升。接着股价又再下跌且跌破上次的最低点，成交量再次随着下跌而增加，较左肩反弹阶段时的交投为多——形成头部；从头部最低点回升时，成交量有可能增加。就整个头部的成交量来说，较左肩为多。当股价回升到上次的反弹高点时，出现第三次回落,这时的成交量很明显少于左肩和头部,股价在跌至左肩的水平时跌势便稳定下来,形成右肩。最后,股价正式发动一次升势,且伴随成交大量增加,当其颈线阻力冲破时,成交量更显著上升,整个形态便告成立。

图1 头肩底之后的弱势反弹也会影响到突破颈线的反弹力度。

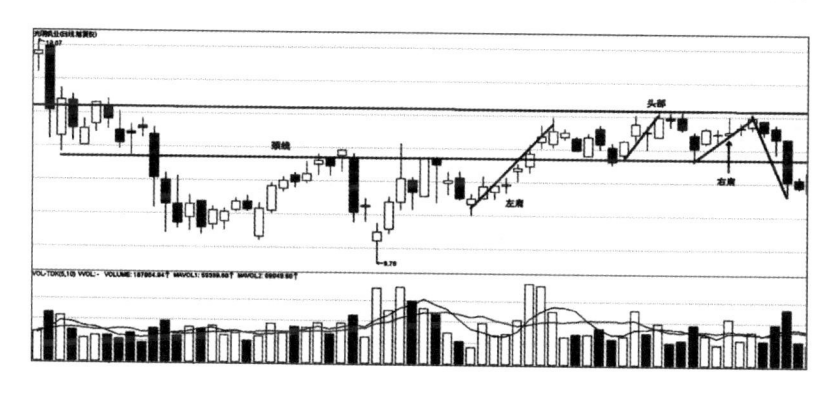

图1 光明乳业(600597)

图2图3股价下跌途中出现反弹(即左肩),经过反弹之后再一次的下跌,第二次的低点见底之后的反弹(右肩)幅度会对后期突破颈线的涨幅有关联。反弹幅度大、有力,则突破颈线之后的上涨波段更有力。

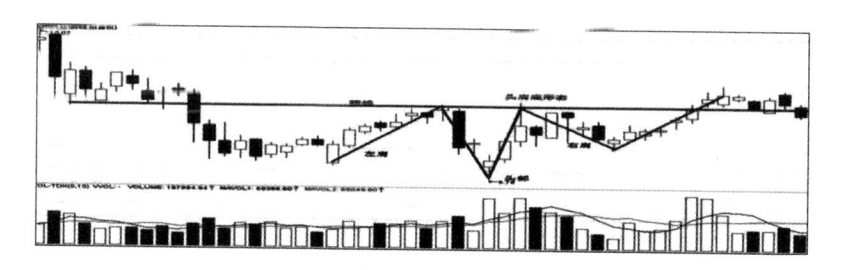

图2 双林股份(300100)

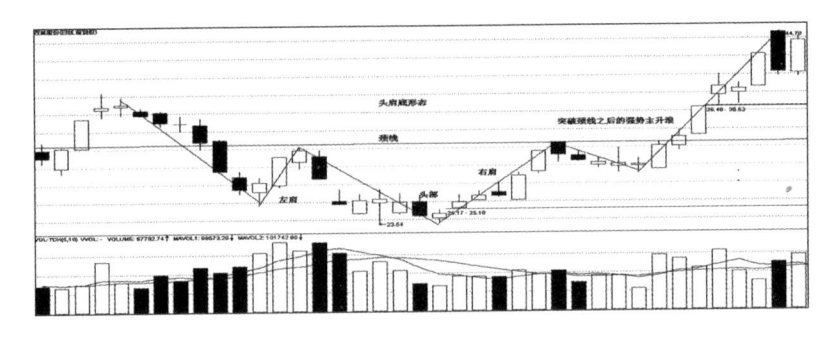

图3 合康变频（300048）

见底的头部出现之后弱势反弹，所以突破颈线之后的走势涨幅也不强，但是是一个反转信号强烈的形态模式，如下图所示。

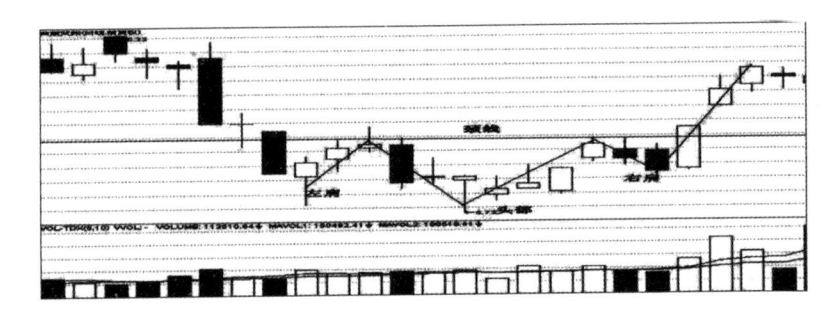

（二）市场含义

头肩底的分析意义在于：它告诉我们过去的下降趋势已扭转过来，股价一次再一次下跌，第二次的低点（头部）显然较先前的一个低点为低，但很快掉头弹升，接下来的一次下跌股价未跌到上次的低点水平已获得支撑而回升，反映出看好的力量正逐步改变市场过去向淡的形势。当两次反弹的高点阻力线（颈线）打破后，显示看好的一方已完全把空方击倒，买方代替卖方完全控制整个市场。

（三）要点提示

（1）头肩顶和头肩底的形状是互换模式，主要的区别在于顶部和底部位置不同以及成交量的方面。

（2）当头肩底颈线突破时，就是一个真正的买入讯号，虽然股价和最低点比较已上升一段幅度，但升势只是刚刚开始，尚未买入的投资者应该继续追入。其最少升幅的量度方法是从头部的最低点画一条垂直线相交于颈线，然后在右肩突破颈线的一点开始，向上量度出同样的高度，所量出的价格就是该股将会上升的最小幅度。另外，当颈线阻力突破时，必须要有成交量激增的配合，否则这可能是一个假突破。不过，如果在突破后成交量逐渐增加，形态也可确认。

（3）一般来说，头肩底形态较为平坦，因此需要较长的时间来完成。

（4）在升破颈线后可能会出现暂时性的回落，但回落不应低于颈线。如果回落低于颈线又或是股价在颈线水平回落，没法突破颈线阻力，这可能是一个失败的头肩底形态。

（5）头肩底是极具预测威力的形态之一，一旦获得确认，升幅大多会多于其最少升幅的。

三、反转形态——三重顶（底）

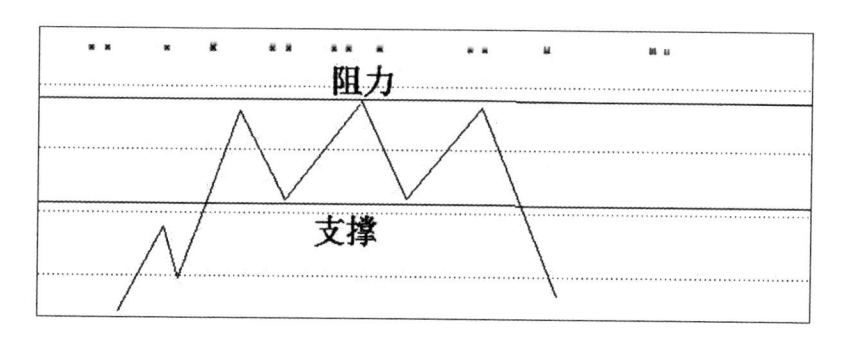

（一）形态分析

任何头肩形，特别是头部超过肩部不够多时，可称为三重顶（底）形。三重顶形态也和双重顶十分相似，只是多一个顶，且各顶分得很开、很深。成交量在上升期间一次比一次少。三重底则是倒转的三重顶，分析含义一样。

图1的三重顶，一个顶比一个顶的高度降低。

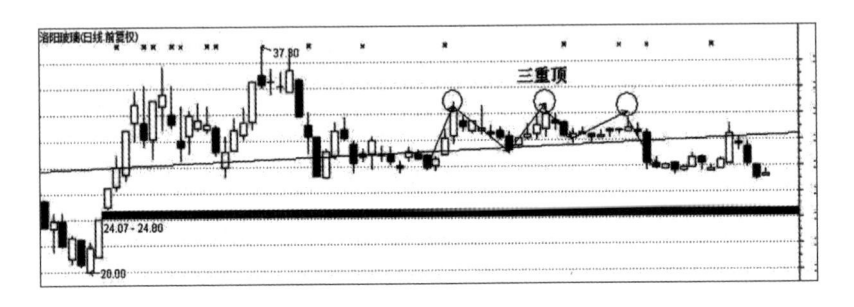

图1　洛阳玻璃（600876）

图2的三重顶，三个头部的高点相差不大。

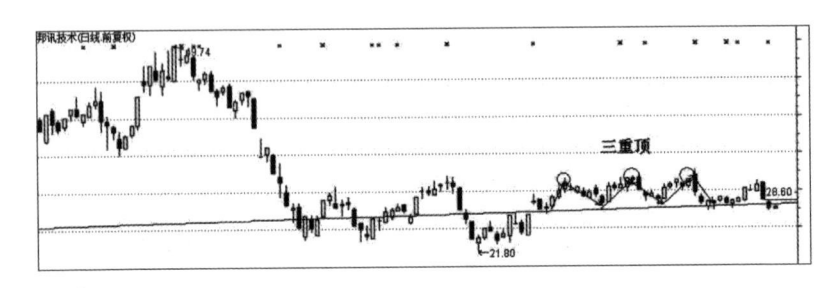

图2　邦讯技术（300312）

图 3 的三重顶，表示一而再、再而三上攻受阻，之后是大跌。

图 3　白云山（600332）

三重底的走势则完全相反，股价下跌一段时间后，由于股价的调整，使得部分胆大的投资开始逢低吸纳，而另一些高抛低吸的投资者亦部分回补，于是股价出现第一次回升，当升至某一水平时，前期的短线投机者及解套盘开始沽出，股价出现再一次回挫。当股价落至前一低点附近时，一些短线投资者高抛后开始回补，由于市场抛压不重，股价再次回弹，当回弹至前次回升的交点附近时，前次未能获利而出的持仓者纷纷回吐，令股价重新回落，但这次在前两次反弹的起点处买盘活跃，当愈来愈多的投资者跟进买入，股价放量突破两次转折回调的高点（即颈线），三重底走势正式成立。

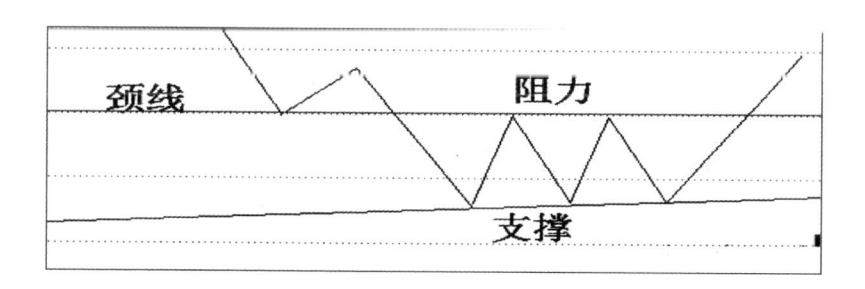

图1 三个低点依次抬高，最后突破颈线位置狂飙了。

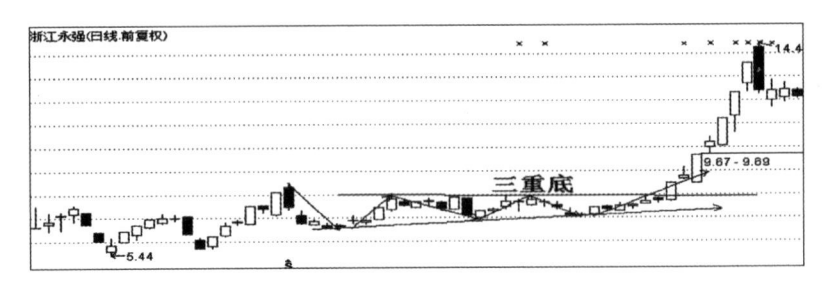

图1 浙江永强（002489）

图2 第一次见底反弹前跌幅深，在没有利好消息刺激下，后面的反弹走势一波三折。

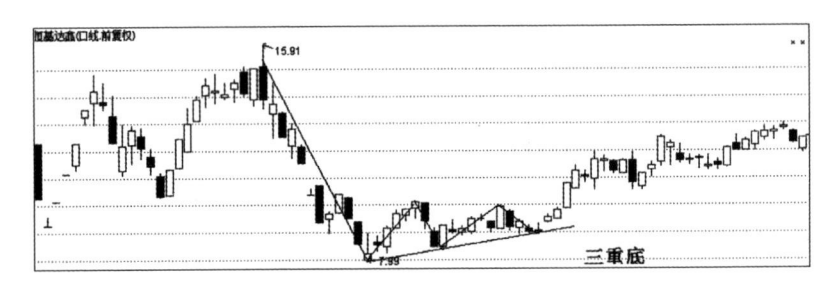

图2 恒基达鑫（002492）

图3 三重低明显，但是第二个顶部以横盘的方式代替下跌，一旦突破颈线位置就加速上攻。

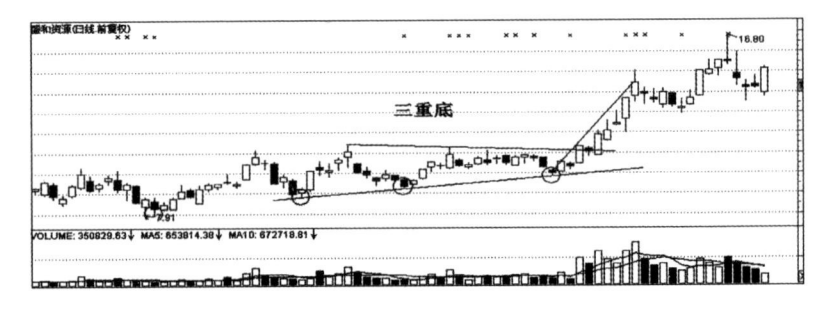

图3 盛和资源（600392）

（二）市场含义

股价上升一段时间后投资者开始获利回吐，市场在他们的沽售下从第一个峰顶回落，当股价落至某一区域即吸引了一些看好后市的投资者的兴趣。另外，以前在高位沽出的投资者亦可能逢低回补，于是行情再度回升，但市场买入人气不是十分旺盛，在股价回复至与前一高位附近时即在一些减仓盘的抛售下令股价再度走软，但在前一次回档的低点被错过前一低点买进机会的投资者及短线客的买盘拉起，但由于高点二次受阻而回，令投资者在股价接近前两次高点时纷纷减仓，股价逐步下滑至前两次低点时一些短线买盘开始止损，此时若愈来愈多的投资者意识到大势已去均沽出，则令股价跌破上两次回落的低点（即颈线），于是整个三重顶形态便告形成。三重底则与之相反。

（三）要点提示

（1）三重顶（底）之顶峰与顶峰或底谷与底谷的间隔距离与时间不必相等。

（2）三个顶点价格不必相等，大至相差3％以内就可以了。

（3）三重顶的第三个顶成交量非常小时，即显示出下跌的征兆，而三重底在第二个底部上升时，成交量大增，即显示出股价具有突破颈线的趋势。

（4）从理论上讲，三重底或三重顶最小涨幅或跌幅，底部或顶部愈宽，力量愈强。

四、反转形态——双底（W底）

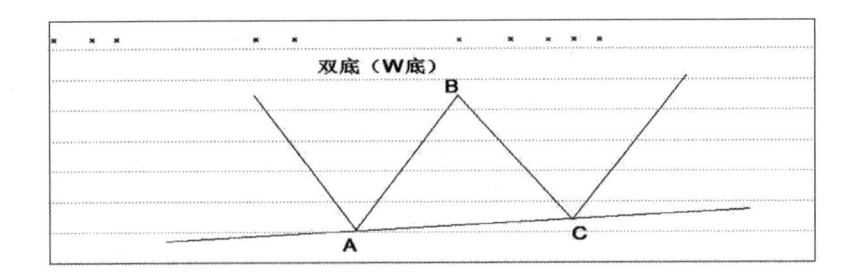

双底（W底）

（一）形态分析

双底也称"W底"，是指一只股票持续下跌到某一低点出现技术性反弹，但回升幅度不大，时间亦不长，股价又再次下跌，当跌至上次低点附近时却获得支持，再一次回升，这次回升时成交量要大于前次反弹时成交量。股价在这段时间的移动轨迹就像一个"W"字。

（二）市场含义

它的形成过程是在下跌行情的末期，市场卖方力量减弱，股价跌到一定程度后不再继续下跌。与此同时，有些投资者见股价较低，开始进入市场买进。这样，在买盘力量的推动下，股价又慢慢地回升。但这时，投资者仍受下跌风险的影响，不敢大胆地买进，因而购买力不强。而卖者觉得价格不理想，在一旁观望。于是股价涨涨停停，到达一定阶段后，市场的股票供应量在增加，价格再次回落。当回落到前一次下跌的低价位，或还没到前低，市场中的买盘力量就开始增加，股价开始反弹，反弹到前次的高点后，便完成"双底"图形。

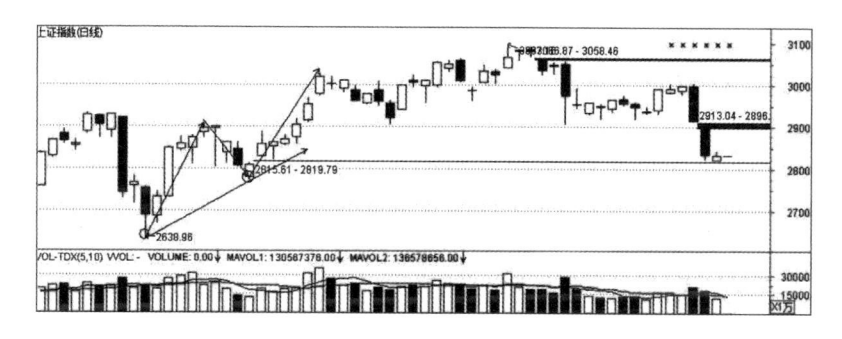

图 1　上证指数（1A0001）

大盘形成双底形态的走势，行情往往看多。

要准确判断双重底形态，首先我们要弄清双重底的内在含义。如果是真正底部技术意义的双重底形态，其反映的是市场在第一次探底消化获利筹码的压力后下探，而后再度发力展开新的行情。既属于技术上的操作，也有逢低吸筹的意义，也就是在第一次上涨中获得的筹码有限，为了获得低位的廉价筹码，所以再度下探。这就反映出两重含义：一是做多的资金实力有限并且参与的时间仓促，所以通过反复的方式获得低位筹码同时消化市场压力，否则市场的底部就会是 V 型的。二是市场的空方压力较大，市场上涨过程中遇到了较大的抛盘压力，市场并没有形成一致看多的共识，不得不再次下探。

一个成功的双重底应该有两个最基本的特征：

1. 技术形态

在两个底部中第二个底部的位置更高，意味着市场做多的力量占据上风，否则就表明当前走势是弱势的，即这种双底是很弱的；双底只是将双顶倒转过来，形成 W 字母状，也就是下跌趋势结束前出现反弹，然后再度下跌，跌势趋于缓和，在前次低价附近止住，

91

开始向上上升。在双重底形成的过程中,如果股价从第二个支撑点反弹后,出现了第三次回跌,其跌幅不得超过第二次跌幅的1/3,而后立刻反弹,创造新的高点。只有在这种情况下才能确认"双重底"已经形成,否则股价可能仍处于低价调整期。

双底完成后,收盘价突破颈线后不再跌破颈线,视为有效突破。两个最低点的连线叫支撑线。

2. 成交量

股票的一买一卖之间交易所形成的成交量,会反映在股票或者大盘指数的"量价关系"上。股票成交量的大小,反映出该股的活跃度和资金的关注度。股票价格上涨需要源源不断的资金进入,以推动股价持续性地上涨;当股票处于一种下跌过程中,资金逐渐淡出,反映在成交量上就是一个递减的过程。正常的"量价关系"是量增价涨、量减价跌,不异常放大量也不异常缩量。涨停一字板的成交量属于一种特殊的类型。

不仅是上涨过程中要有成交量配合,并且在下跌缩量中与前期相比也是明显放大的,表明有新资金介入,成交越大越好。当然,如果是缩量直接涨停则是更强的表现。突破颈线时出现大的多头成交量,也就是双底从第二个底部上升时的多头成交量会高于第一底部上升时的多头成交量,双重底得以确认。而且整个股价走势中,股价的变动与成交量的变动向同一方面变化。

只有具备这两个基本特征,才能判断市场走势已经企稳,后市有一轮上涨行情。

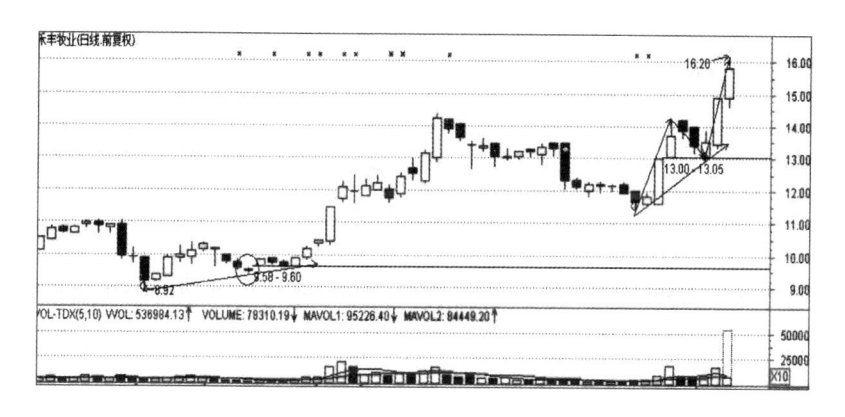

图 2　禾丰牧业（603609）

双底周期级别的大小，影响到后市走势的涨幅。

W 双重底形成后，有两种可能的趋势：

（1）未突破 B 点的压力位置，股价在 A、B、C 三点形成的狭窄范围内上下波动，演变成以后介绍的矩形，成为整理形态。

（2）突破 B 点的压力位置继续向上，这种情况才是双重底反转突破形态的真正出现。前一种情况只能说是一个潜在的双重底。

图 3 双底形态走势清晰流畅，有量幅度，后市走势往往爆发力强。

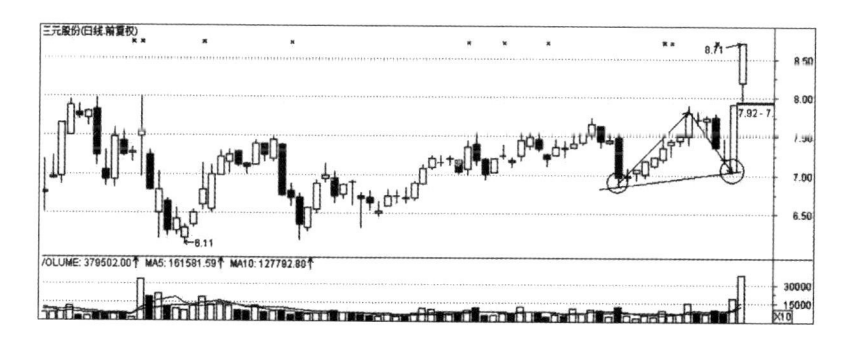

图 3　三元股份（600429）

(三) 要点提示

（1）许多投资者往往喜欢在市场趋势下跌中运用这种技术形态来判断底部和预测未来，但在实际的走势中，如果大的趋势是向下的，途中出现这种短期的双重底多数情况下会演绎成 M 头形态继续走低。真正成功的使用该种技术形态是在大趋势向上途中，市场股指或者个股股价遇到了获利回吐的压力后出现的调整和波动，只有这时成功的概率才较高，而在趋势向下的情况下运用这种形态判断底部常常是错误的。因此，在具体的个股操作时，建议投资者关注那些大趋势向上（至少不是向下）的个股。

（2）双底不一定都是反转信号，有时也会是整理形态，如果两个低点出现时间非常近，在它们之间只有一个次级上升，大部分属于整理形态，股价将继续朝原方向进行变动。相反的，两个低点产生时间相距较远，中间经过几次次级下跌，则反转形态形成的可能性大。

五、反转形态——V 型和伸延 V 型形态

(一) 技术形态

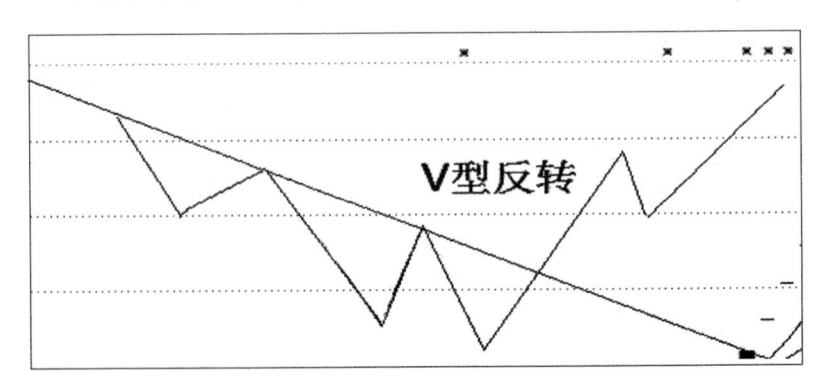

V 型走势，可分为三个部分：

（1）下跌阶段：通常 V 型的左方跌势十分陡峭，而且持续一段短时间。

图 1　新希望（000876）

（2）转势点：V 型的底部十分尖锐，一般来说形成这转势点的时间仅两三个交易日，而且成交量在这低点明显增多。有时候转势点就在恐慌交易日中出现。倒转 V 型和倒转伸延 V 型的形态特征，与 V 型走势刚好相反。

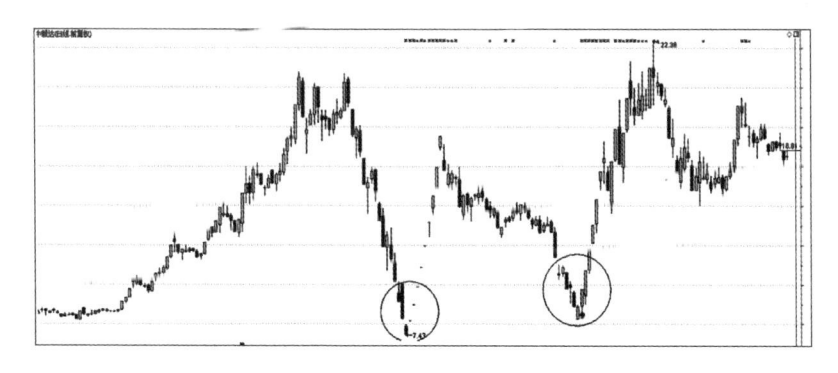

图 2　中毅达（600610）

（3）回升阶段：接着股价从低点回升，成交量亦随之而增加。

"伸延V型"走势是"V型走势"的变形。在形成V型走势期间，其中上升（或是下跌）阶段呈现变异，股价有一部分出现向横发展的成交区域，其后打破这一徘徊区，继续完成整个形态。

图3　利民股份（002734）

（二）市场含义

由于市场中卖方的力量很大，令股价稳定而又持续地挫落，当个股沽售力量消失之后，买方的力量完全控制整个市场，使得股价出现戏剧性的回升，几乎以下跌时同样的速度收复所有失地。因此，在图表上股价的运行形成一个像"V"字般的移动轨迹。倒转V型情形则刚刚相反，市场看好的情绪使得股价节节攀升，可是突如其来的一个因素扭转了整个趋势，卖方以上升时同样的速度下跌，形成一个倒转V型的移动轨迹。通常这种形态是由一些突如其来的因素或一些消息灵通的投资者所预见的因素所造成。V型走势是个转向形态，显示过去的趋势已逆转过来。

伸延V形走势在上升或下跌阶段，其中一部分出现横行的区域，这是因为形成这种走势期间，部分人士对形态没有信心，当个股力量被消化之后，股价又再继续完成整个形态。在出现伸延

V型走势的徘徊区时，我们可以在徘徊区的低点买进，等待整个形态的完成。

伸延V型与V型走势具有同样的预测威力。

（三）要点提示

（1）V型走势在转势点必须有明显的成交量配合，在图形上形成倒V型。

（2）股价在突破伸延V型的徘徊区顶部时，必须有成交量增加的配合，在跌破倒转伸延V型的徘徊底部时，则不必有成交量增加。

六、组合反转形态——吞没型

吞没型形态由两根蜡烛线组成，第二根实体比第一根长，像是一对情侣抱在一起。在下跌的趋势中，红色将蓝色紧抱怀里，红色实体将蓝色实体吞没，说明买方力量大于卖方力量。阳线实体越大越好，尤其是光头大阳线包阴线，是后市看涨的形态。

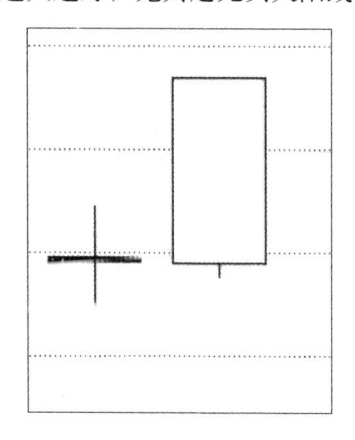

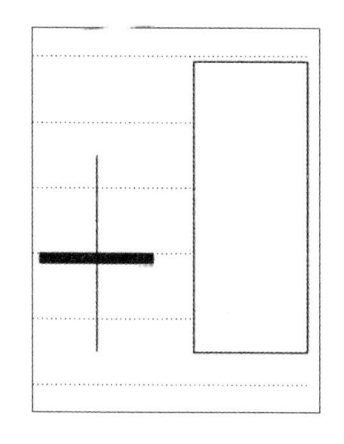

一般情况下，这对蜡烛线颜色应该是相反的，但是同样颜色或者是假阳线，这样也可以。如果颜色一样，当第一根蜡烛线的

小小实体被第二根蜡烛线的巨大实体所吞没，也构成吞没型形态。被阳线吞没的阴线最好是振幅小的阴十字星的形态。

吞没型形态，既有阳线也有阴线。

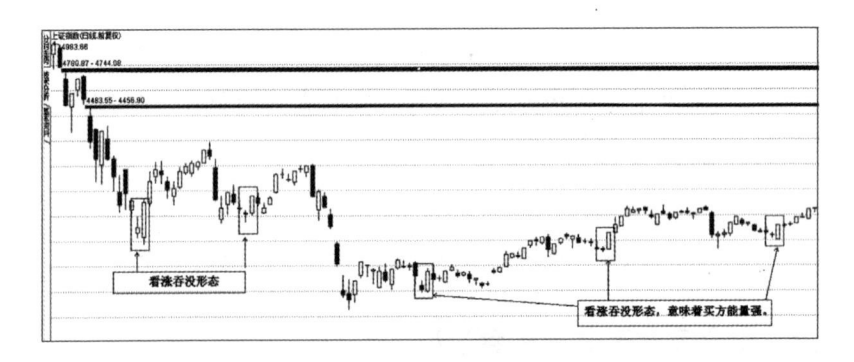

图1　上证指数（1A0001）

涨停板的方式，包阴十字星，典型的见底反转信号。

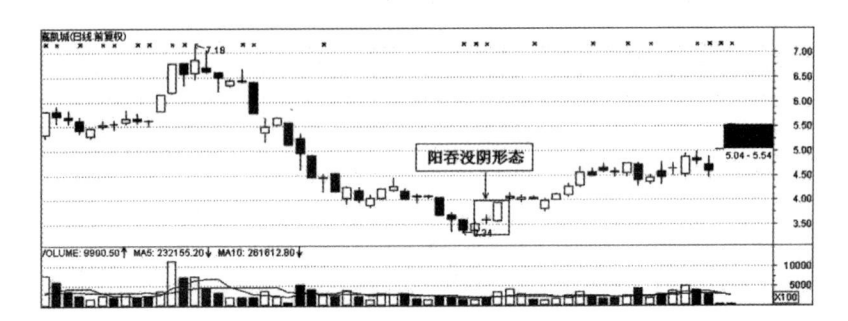

图2　嘉凯城（000918）

大阳或者中阳线,阳包阴,也是后市反转看涨的信号。

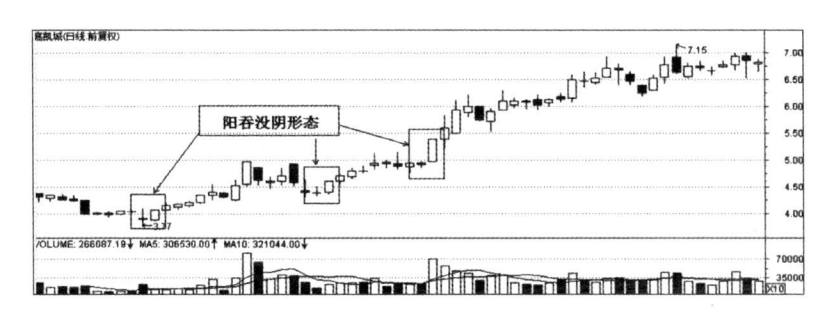

图 3　嘉凯城（000918）

七、组合反转形态——乌云盖顶型

乌云盖顶型形态常由两根阴阳 K 线组合而成,左边是阳线,右边是大阴阴线,阴线的实体深入到阳线的 1/2 以下,下深入越多,构成见顶反转下跌的概率就越大。一般出现在上升趋势后或者水平调整区间的顶部。乌云盖顶型形态出现之后,意味着之前的上涨趋势将要结束了,说明市场上冲的动力不足,多头信心开始动摇,发出下跌信号。如果两个实体都是秃头秃脚的,那么看跌的意味更强一些。

图 1 阴包阳。该阳线可以是中阳或是小阳,阴包阳之后次日不创新高则确认了下跌趋势开始。

图 1 彩虹股份（600707）

图 2 上升趋势末期出现的大阴线，阴包阳。

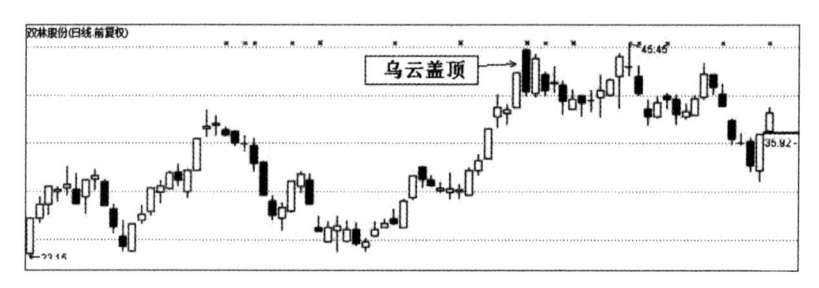

图 2 双林股份（300100）

图 3 调整区间末期的乌云盖顶，强烈的看跌信号。

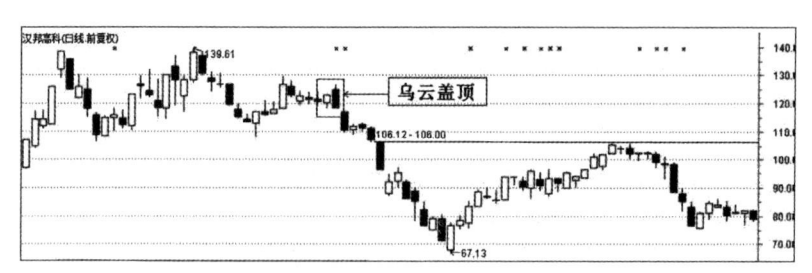

图 3 汉邦高科（300449）

第三节 移动平均线（MA）

移动平均线是以道·琼斯的"平均成本概念"为理论基础，采用统计学中"移动平均"的原理，将一段时期内的股票价格平均值连成曲线，用来显示股价的历史波动情况，进而反映股价指数未来发展趋势的技术分析方法，它是道氏理论的形象化表述。

一、移动平均线的定义

"平均"是指最近n天收市价格的算术平均值；"移动"是指在计算中,始终采用最近n天的价格数据。因此,被平均的数组（最近n天的收市价格）随着新的交易日的更迭逐日向前推移。在计算移动平均值时，通常采用最近n天的收市价格。把新的收市价格逐日地加入数组，而往前倒数的第n+1个收市价则被剔去，然后，再把新的总和除以n，就得到了新的一天的平均值(n天平均值)。移动平均线依算法分为算术移动平均线、线型加权移动平均线、阶梯形移动平均线、平滑移动平均线等多种。移动平均线依计算周期分为短期(如5日、10日)、中期(如20日、30日)和长期(如60日、120日、250日)移动平均线，如下图所示。

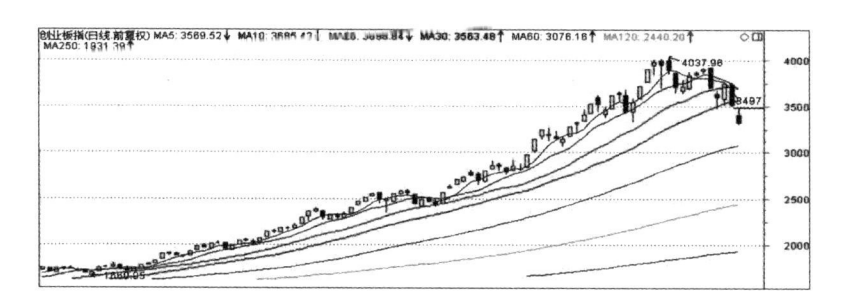

二、移动平均线所表示的意义

上升行情初期，短期移动平均线从下向上突破中长期移动平均线形成的交叉叫黄金交叉。

（1）预示股价将上涨：5日均线上穿10日均线形成的交叉，10日均线再上穿20日、30日均线形成的交叉，均为黄金交叉。

（2）短期移动平均线向下跌破中长期移动平均线形成的交叉叫作死亡交叉，预示股价将下跌。5日均线下穿10日均线形成的交叉、10日均线再下穿20日、30日均线形成的交叉，均为死亡交叉，如下图所示。

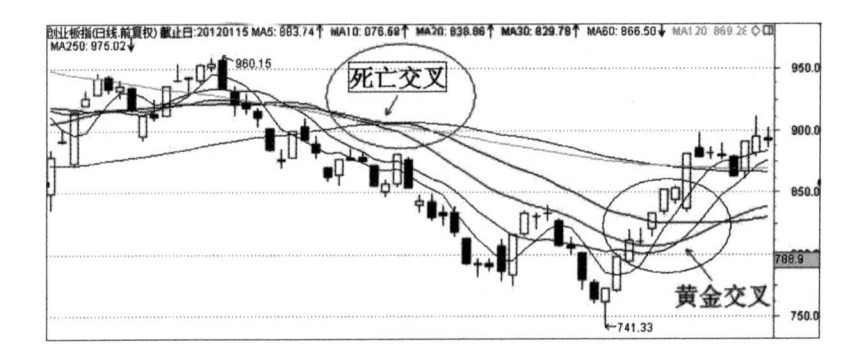

（3）在上升行情中，股价位于移动平均线之上，走多头排列的均线可视为多方的防线。当股价回挡至移动平均线附近，各条移动平均线依次产生支撑力量，买盘入场推动股价再度上升，这就是移动平均线的助涨作用。

在多头行情进入稳定期，5日、10日、20日、30日、60日、120日、250日移动平均线从下而上依次顺序排列，向右上方移动，称为多头排列，如下图所示。

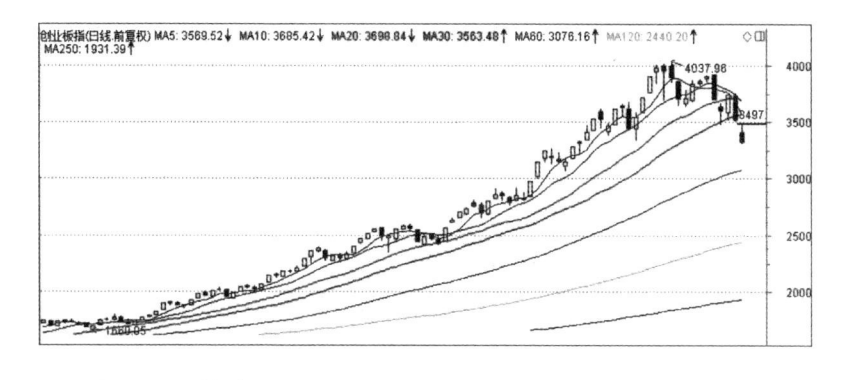

在下跌行情中，股价在移动平均线的下方，呈空头排列的移动平均线可视为空方的防线。当指数反弹到移动平均线附近时，便会遇到阻力，卖盘涌出，促使指数进一步下跌，这就是移动平均线的助跌作用。

在空头行情中，5日、10日、20日、30日、60日、120日、250日移动平均线自上而下依次顺序排列，向右下方移动，称为空头排列，预示股价将大幅下跌，如下图所示。

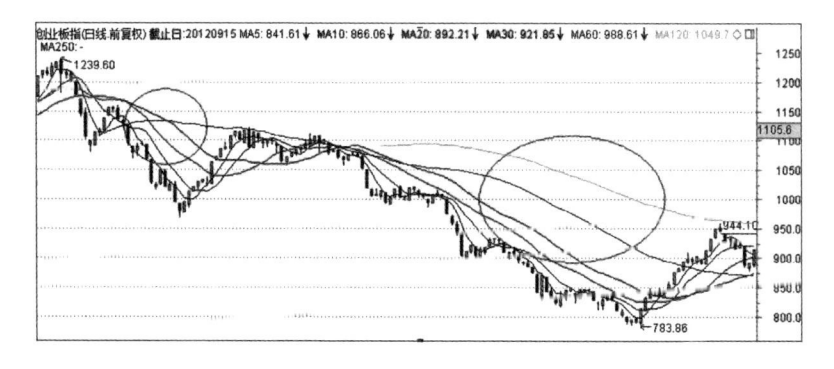

移动平均线由上升转为下降出现最高点和由下降转为上升出现最低点时，是移动平均线的转折点，预示指数走势将发生反转，

如下图所示。

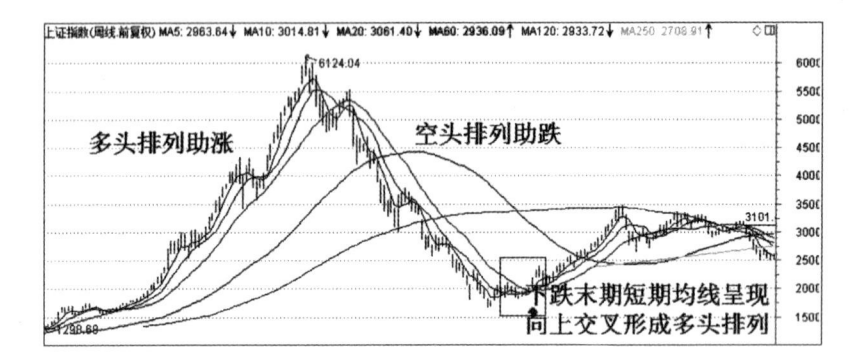

第四节　趋势理论

　　趋势的定义在技术分析体系里面有一个基本的前提假设，那就是价格以趋势方式演变。也就是一旦一个趋势形成，就将会延续，直到趋势发生转变，那么价格又会沿着一个新的趋势发展。把握趋势的正确与否，是决定我们成败的关键。研判趋势的常用方法有移动均线、成本均线、瀑布线等，研究趋势的多头、空头、强势、弱势。短周期均线在长周期均线上方运行称为多头排列，代表强势行情，势头继续看涨；反之，短周期均线在长周期均线下方运行称为均线的空头排列，代表弱势行情，势头继续看跌。这是很简单的道理，但是非常重要。

一、价格运动由一系列波动组成

　　这些波动有时会朝一个方向发展，并产生明显的波峰和波谷，正是这些波峰和波谷构成了趋势；一条有效的趋势线必须由股价第二次触及该线并反弹进行确认；一旦得出一条有效的趋势线，价格通常按趋势线呈现出的斜率和速率进行运动。

　　趋势有三种类型：一系列相继上升的波峰和波谷，为上升趋势；一系列相继下降的波峰和波谷，为下降趋势；一系列上下箱体的波峰和波谷，为无趋势。

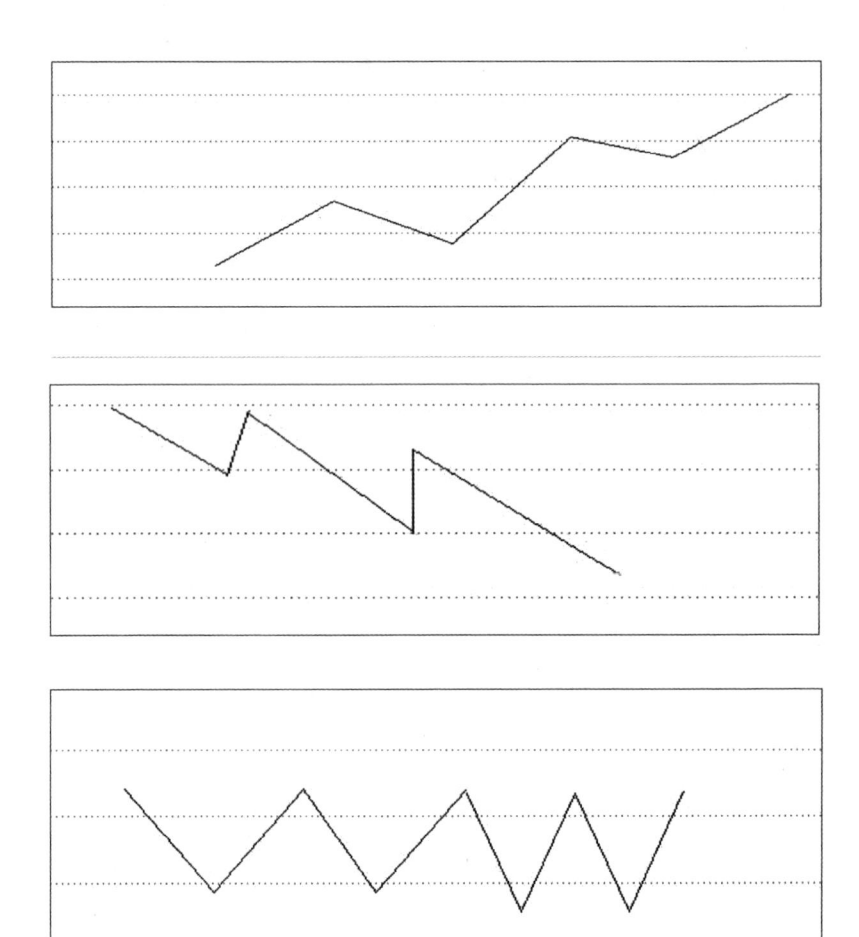

（1）上升趋势线是一条沿相继的反作用最低点向上绘制的直线；在上升趋势中，有上升的波峰和波谷，如下图所示。

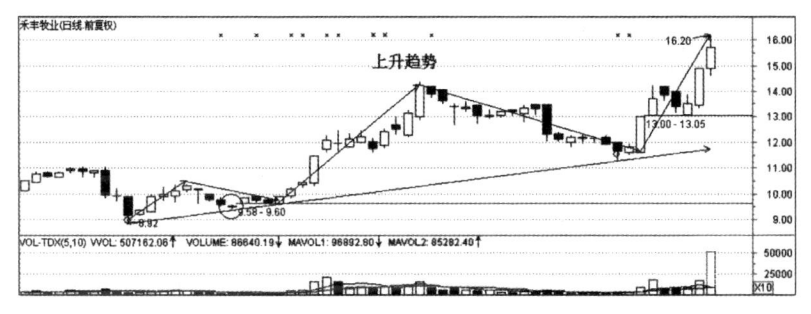

图 1　禾丰牧业（603609）

（2）下降趋势线是一条沿相继的反作用最高点向下绘制的直线；在下降趋势中，有下降的波峰和波谷，如下图所示。

图 2　禾丰牧业（603609）

（3）无趋势，有上下箱体的波峰和波谷，如下图所示。

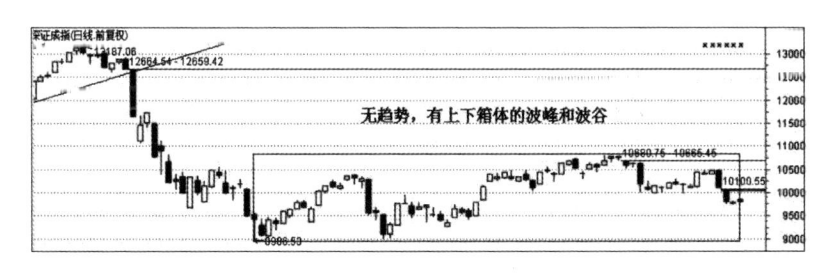

图 3　深证成指（399001）

107

二、支撑和阻力

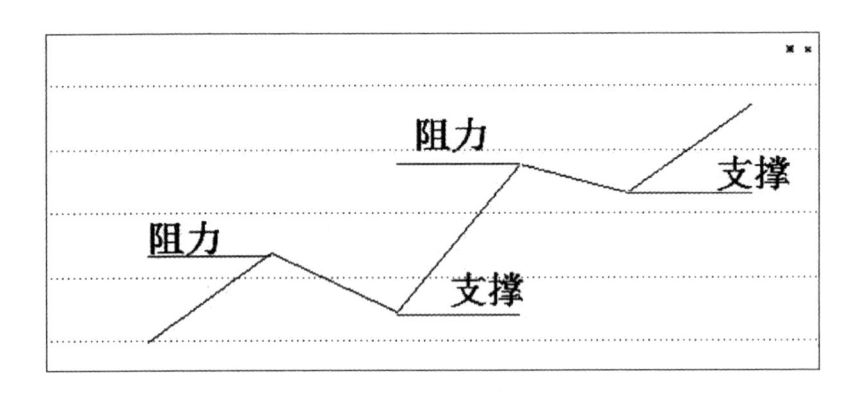

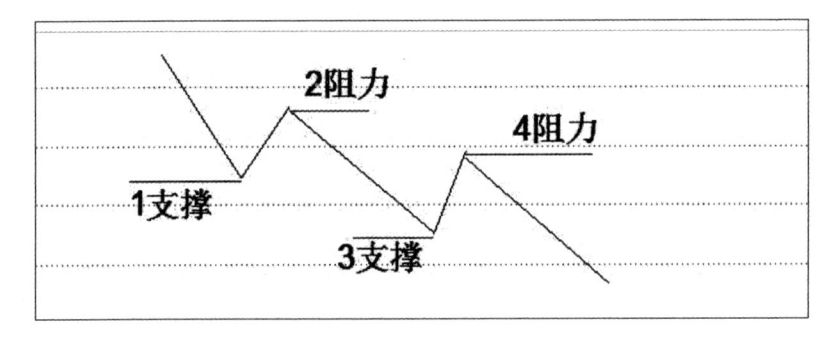

（1）反作用的最低点为支撑，反作用的最高点为阻力。在上升趋势中，阻力代表上升趋势的停顿，并通常会被突破；在下降趋势中，支撑代表下降趋势的停顿，并通常会被突破。上升趋势需要持续，每个支撑位就必须高过前一个支撑位；下降趋势需要持续，每个阻力位就必须低于前一个阻力位。

上升趋势中的阻力和支撑，如下图所示。

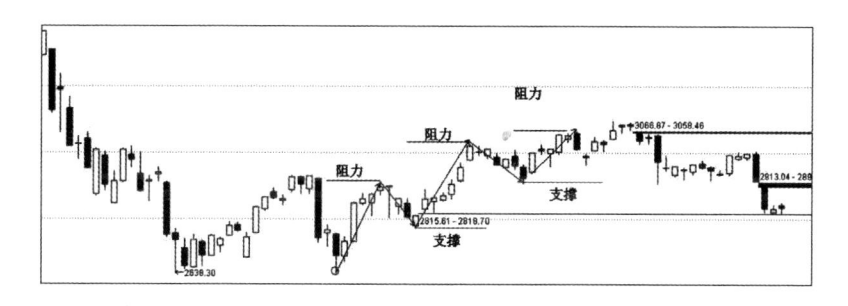

图 1　上证指数（1A0001）

下降趋势中的阻力和支撑，如下图所示。

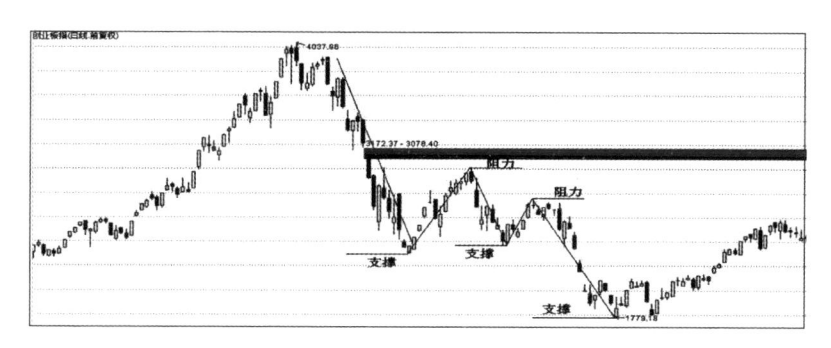

图 2　创业板指（399006）

如果上升趋势不能突破前一个阻力位或下降趋势不能击穿前一个支撑位，是趋势反转的第一个信号。

（2）上升趋势向下击穿支撑位或下降趋势向上突破阻力位，是趋势反转的第二个信号。

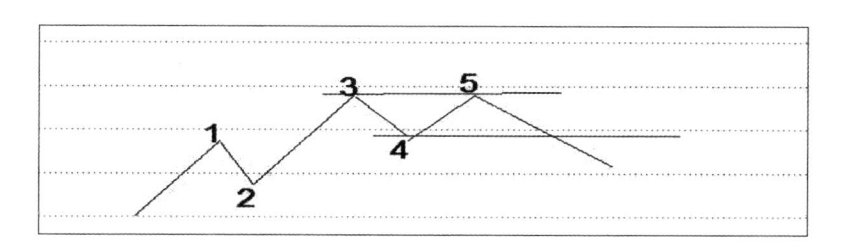

109

图1 双头不创新高就容易暴跌。

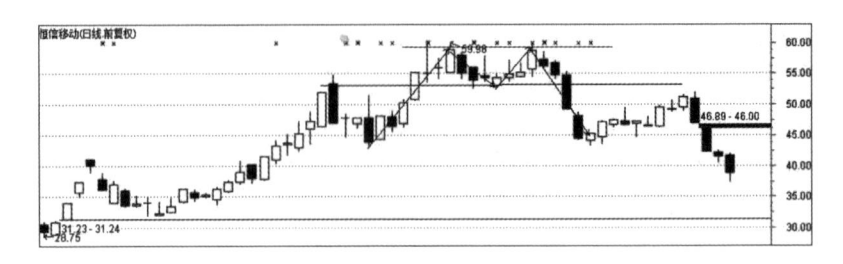

图1　恒信移动（300081）

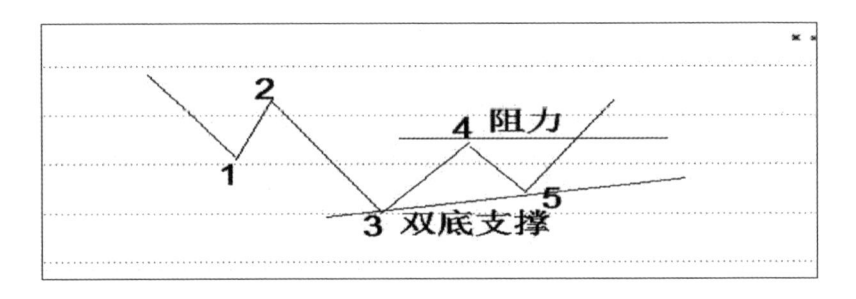

图2 上升五浪趋势结束，反转，下降趋势开始。

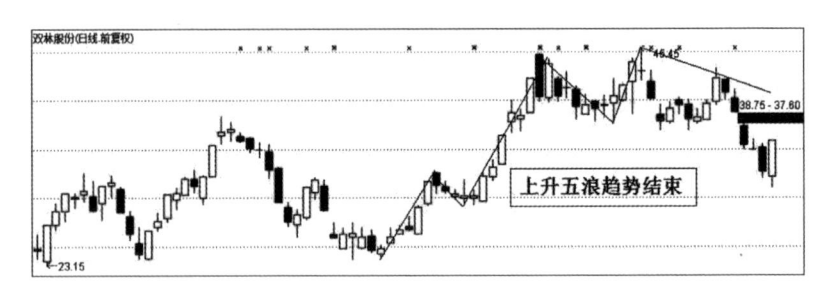

图2　双林股份（300100）

图3 下降趋势获得支撑后形成反转。

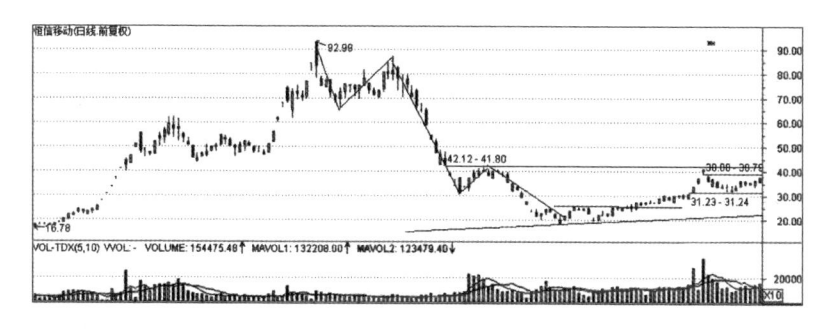

图 3 恒信移动（300081）

图 4 下降趋势结束之后反转，上升趋势开始诞生。

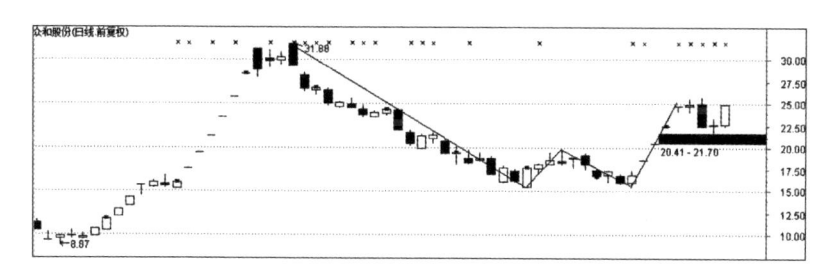

图 4 众和股份（002070）

所以，支撑和阻力一旦被有效穿越，则产生角色互换，如下图所示。

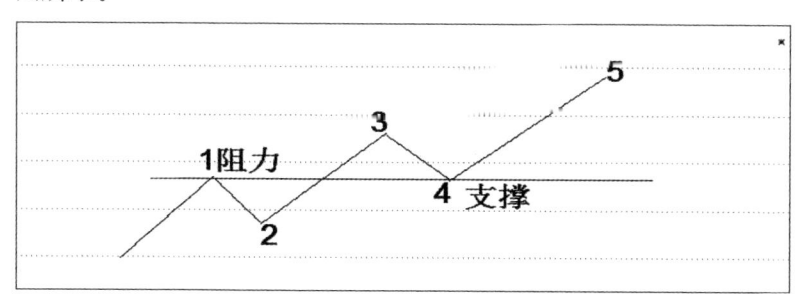

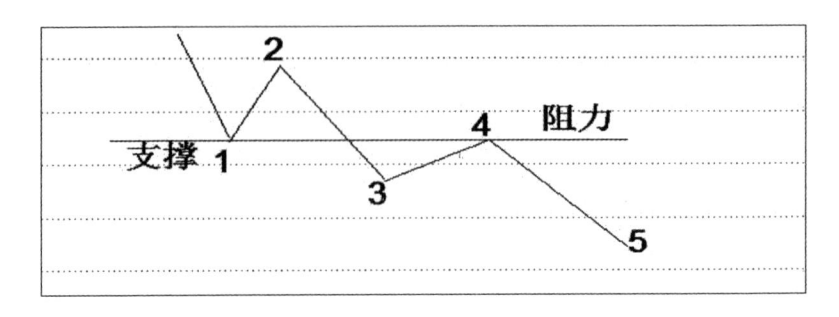

图 5 上升趋势支撑和阻力角色互换。

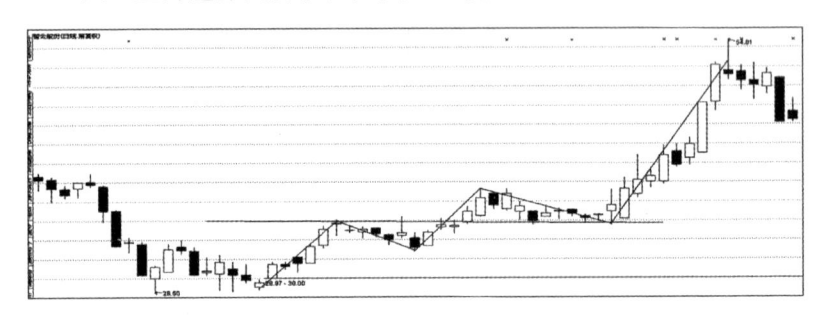

图 5　智云股份（300097）

图 6 显示在支撑区和阻力区交易越久、成交量越活跃，该区域就越重要。

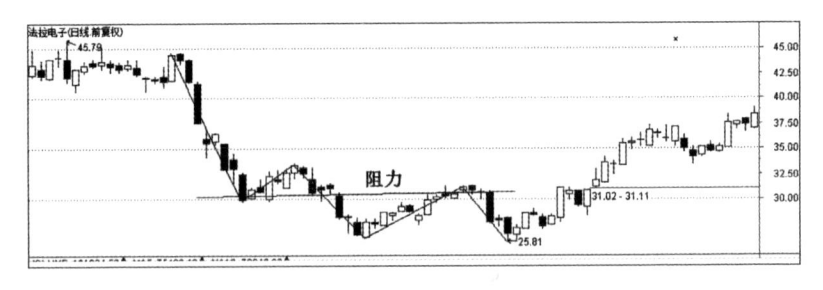

图 6　法拉电子（600563）

(3) 传统的整数价格位置往往会产生支撑或阻力，做多时在整数以上下单，做空时在整数以下下单，避免整数区域无法成交。

市场存在三类人，即多头、空头和观望者。当价格在一个支撑区域波动一段时间后，开始向上运动，多头后悔当初买得太少，当价格回落到支撑区附近时他们将增加自己的头寸。空头则感觉自己站在了错误的一方，他们希望价格回落到支撑区附近，给自己一个不至于亏损太多的离场点，少数交易员会翻空为多，加入多方阵营。而部分获利了结的多头，会兴高采烈地再次在支撑区买进。至于那些开始未打定主意的人也认识到价格开始攀升，决心要在下一个买进良机入场做多。所有人都希望价格回调，所有人都准备在回调后买进，那么这股强烈的买意便形成了牢固的支撑，如图1所示。

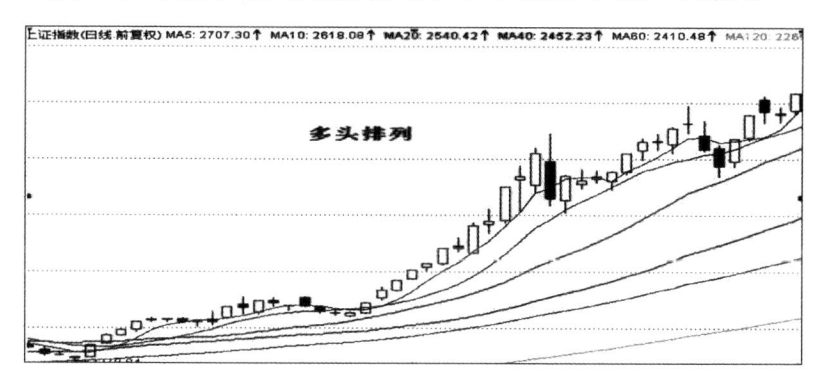

图1　上证指数（1A0001）

然而，如果价格由涨转跌，并跌破前一个支撑区，那么市场参与者的反应恰好相反。最初造就支撑区的是市场下方的买单，可现在，情况完全反了过来，因为支撑区被击穿，多头积极的态度开始转变，观望者不想错过机会也会在曾经的支撑区参与放空，那么曾经一切造成支撑的因素全转为了阻力，一起给价格上方加上了重重的砖板，如图2所示。

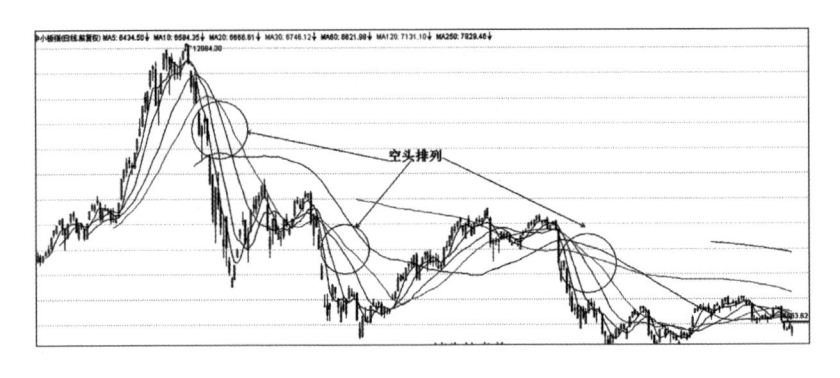

图2 中小板指（399005）

三、不同级别的趋势

趋势按时间长短、波动大小可分为不同级别，如长期趋势、中期趋势、短期趋势，任何一个趋势都成了其下一个更大趋势的组成部分，交易员顺势交易时应从大到小进行考虑。

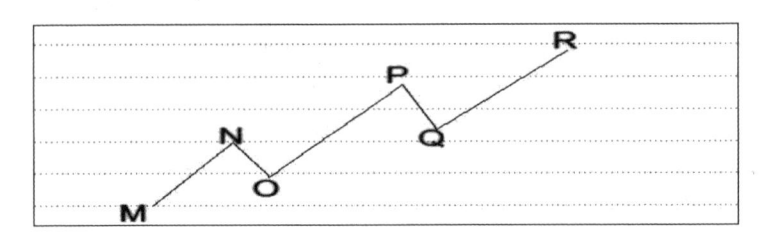

图1 长期趋势

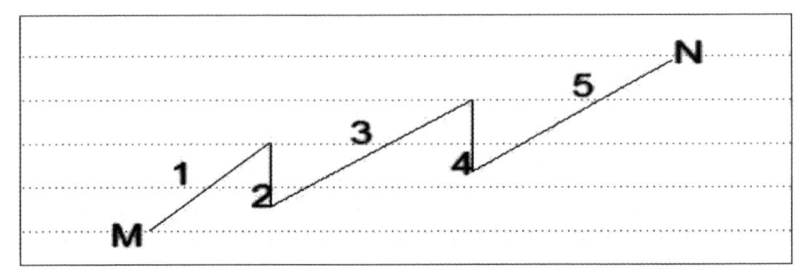

图2 中期趋势

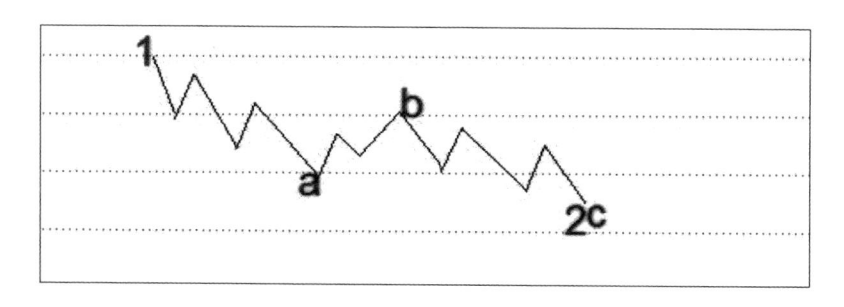

图3 短期趋势

四、趋势线

趋势线是研究趋势的比较重要而且比较实用的方法。如下图所示，点4和点5两个小头部形成两个连续不断抬高的高点，所以把这种行情趋势定义为上升趋势。连接依次抬升的两个低点就得出一根上升趋势线，把点1和点2两点画线得出这根上升趋势线，行情是在趋势线之上运行的，它的角度一般要大于30度向上倾斜，同时，这根上升趋势线也作为上涨行情的支撑线。

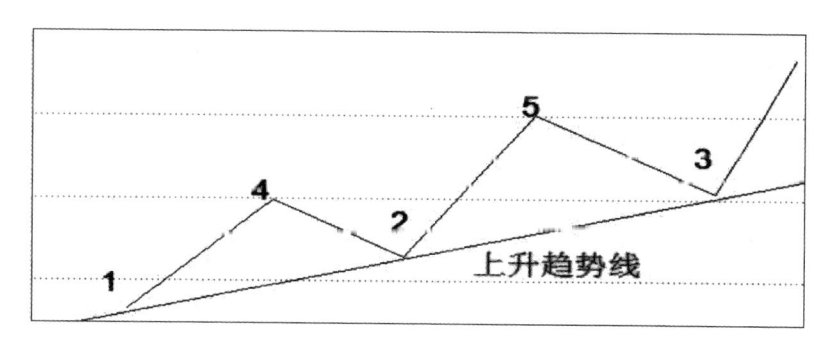

反过来，我们看下面这张图片，点4和点5形成两个连续不断降低的小底部，所以把这种行情趋势定义为下降趋势。连接依次下降的两个高点就得出一根下降趋势线，行情是在下降趋势线

下方运行的，同时，这根下降趋势线也是行情反弹的压力线。

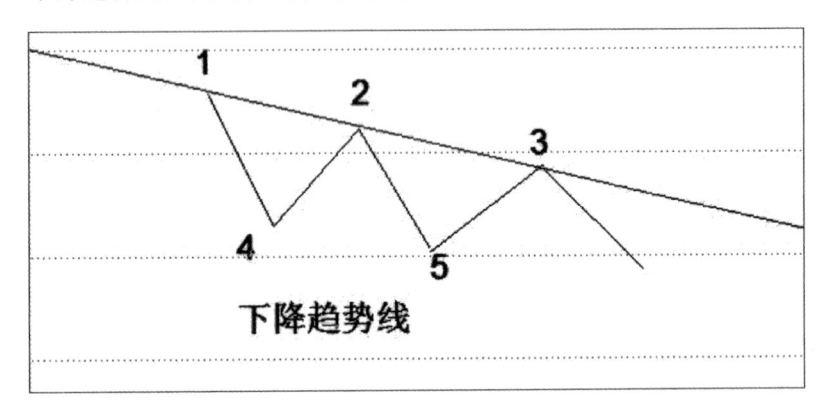

下降趋势线

当趋势线画出来之后，然后继续跟踪行情的发展，通过第三个点来验证趋势线的有效性。在行情发展过程中，趋势线连接验证的点位越多有效性越强。那么，如果后续的走势验证了趋势线是有效的，下一步常常是顺势发展，当它形成一个上升趋势，即便出现短线的回调，也不会轻易改变上涨的发展方向，除非原有的上升趋势特征被破坏了，也就是趋势线破位了。如果有效突破趋势线之后，最好有量能的配合就更好了，就构成行情上涨的一个反转信号。在操作中，这就是一个突破长期趋势线的买入机会。

五、趋势线实盘行情分析

（1）趋势线具有预测行情的作用。下图为上证指数 2014 年行情，在 2014 年 5 月 21 日和 6 月 20 日形成两个连续抬升的小底部，我们取这两个低点画出一根上升趋势线；在 2014 年 7 月 22 日和 2014 年 8 月 29 日取这两个低点画出一根上升趋势线，那么在后来的行情里面，都验证了趋势线的有效性，每当行情走到趋势线的位置都起到支撑行情的作用。操作中，只要上升趋势不变就可以一直持股，当行情每一次回调到趋势线的位置，只要没有有效跌破，都是逢低买入的机会。因为趋势线是提前通过两个低点连线画好的，后来行情走势依托这条之前画好的支持线之上运行，当回调到趋势线附近没有跌破而再次形成支撑，其实就是趋势线之前的指引与预测性起作用。

2015 年 6 月 15 日见顶之后，在 6 月 18 日趋势线破位，确定破位趋势线，反弹至趋势线顶部就应卖出。有些行情，趋势性不是很明朗，可能画趋势线不太适合，这需要我们在实践中不断总结、不断累积经验。还是那句话，多学一个知识点就多一份参考、多一份成功的把握。我们通常是顺应行情的变化发展来画趋势线，直到趋势线破位失效。但有时候会碰到这样一种情况，原来画的趋势线并没有破位，还是有效的，但行情发生了较大的改变，由原来比较平缓的趋势后来变成比较陡峭的趋势。这个时候我们也有必要对趋势线加以调整。只要行情在趋势线之上运行、上升趋势不变我们就可以继续持股，如果某一天行情跌破了趋势线，我们就及时减仓出局。下图是 2015 年 8 月 20 日位置趋势线破位，我们应该及时减仓出局回避风险，这就是趋势线的作用。具有预测行情的作用，但更重要的是它起到当下判断的作用，这就是所谓适应行情做投资。我们看行情的表现决定该怎么操作，是继续持股还是应该减仓出局，心里面就会有个客观标准。

(2) 趋势线的支撑与阻力互换关系。无论是大盘指数还是个股行情的支撑与阻力，都可分为长期趋势、中期趋势和短期趋势，与之相对应的是季线、年线或者周线、月线，乃至于常用的日线、小时、分时级别。

当突破某一级别的趋势之后，原来的阻力线就转换成支撑线了；当这条支撑线随着价格趋势的变化而延伸，一旦这个支撑线的向上延伸被中止之后，价格就回落在该趋势线之下了，那么原来的支撑线就转换成日后的阻力线了。

下图是上升趋势线，连接1、3形成暂定趋势线，5是确认，进行有效趋势线。

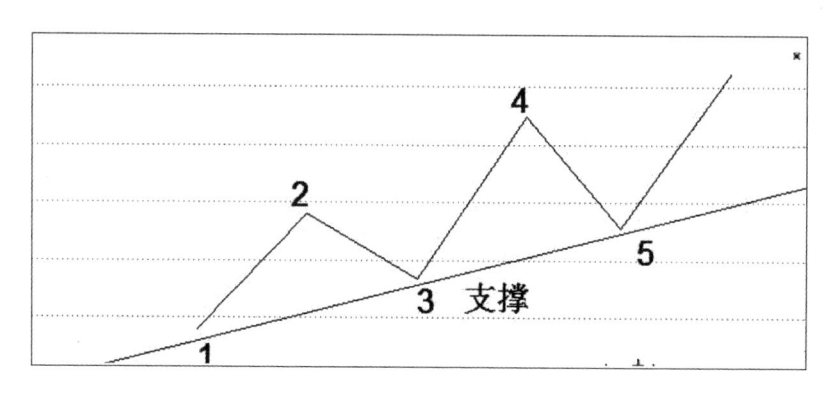

下图是下降趋势线，连接1、3形成暂定趋势线，5是确认，进行有效趋势线。

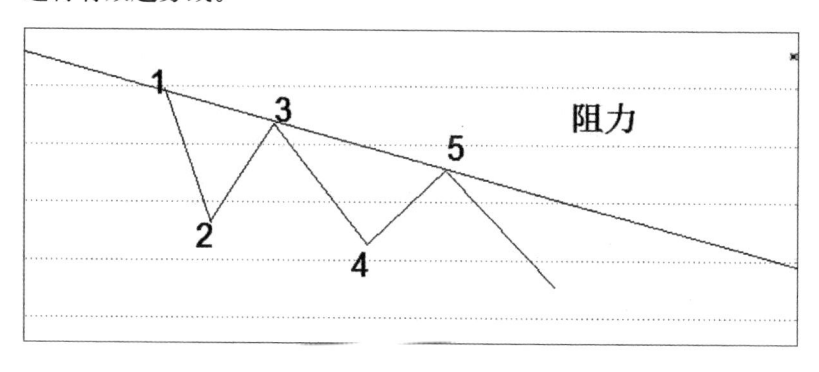

（3）价格对有效趋势线的突破是趋势可能反转的早期警告。为避免趋势线的假突破，可采用"过滤器"进行辅助，分为价格和时间"过滤器"。

价格"过滤器"以价格跌破趋势线的幅度为标准，股票市场一般为3%；时间"过滤器"以价格跌破趋势线后停留在趋势线另一侧的时间为标准，一般为"两天原则"。

（4）趋势线也会角色转换，并十分有效。

上升趋势线转为阻力线，如下图所示。

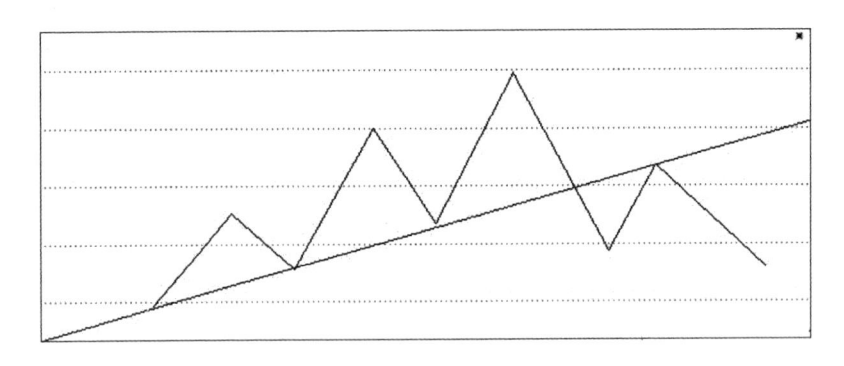

下降趋势线转为支撑线，如下图所示。

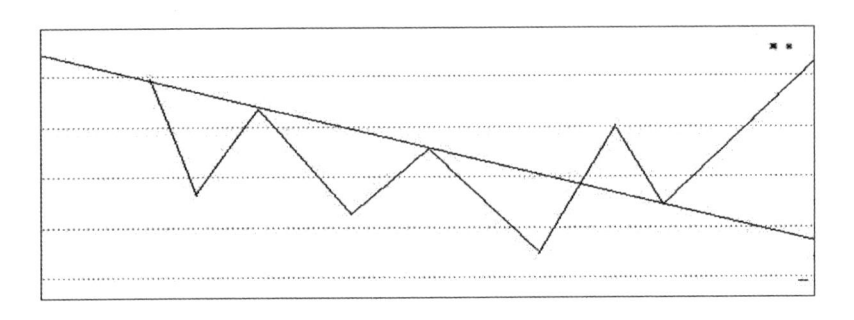

六、扇形原理

价格跌破上升趋势线后，先是稍微下跌接着再度反弹至原上升趋势线（现在的阻力线）下沿；根据反弹的低点绘制第二条趋势线；第二条趋势线再次被跌破，经过又一次反弹失败后，根据反弹的低点绘制第三条趋势线；第三条趋势线被跌破则成为一个有效的转势信号。

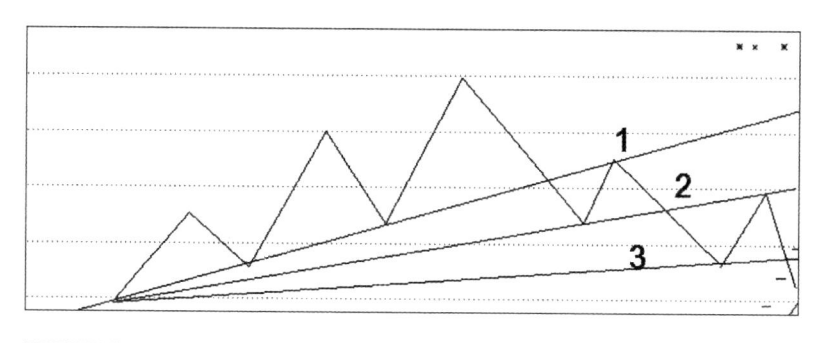

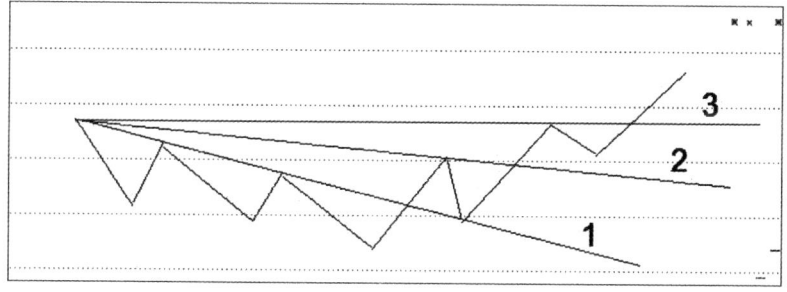

趋势线 3 被跌破通常认为是趋势反转的信号。被跌破的趋势线 1、2 通常反抽不过就转为了阻力线，如下图所示。

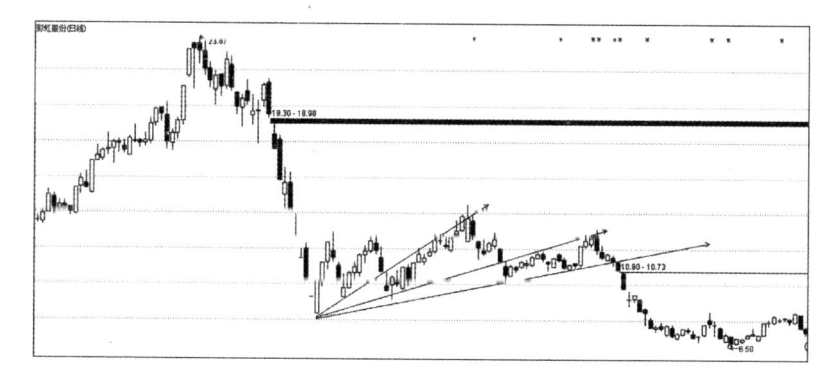

图 1　顶部扇形原理图例

趋势线 3 被突破通常认为是趋势反转的信号。被突破的趋势线 1、2 通常回抽不过就转为了支撑线，如下图所示。

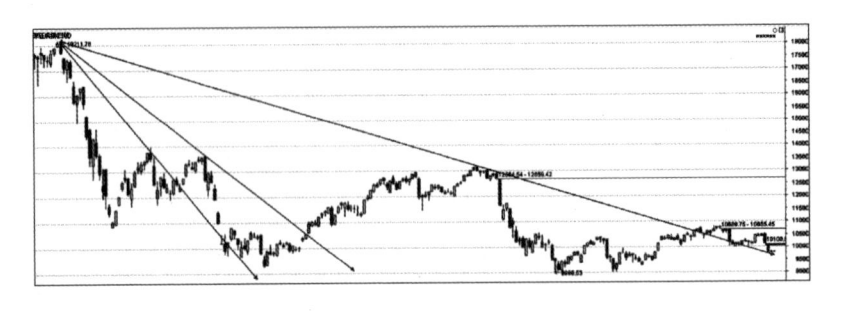

图2 底部扇形原理图例

七、通道线

（1）在一轮上升趋势中，沿各个最低点画出基本趋势线，然后从第一个显著高峰引出一条线，平行于基本上升趋势线，这条线便是通道线，它与基本上升趋势线组成上升通道；行情软件的画线工具中有"平行射线"可以使用。投资者在日常选股中尽量选取处于上升通道类型的股票，并且依托上升通道的趋势持有，这样的好处就是"让利润奔跑"。

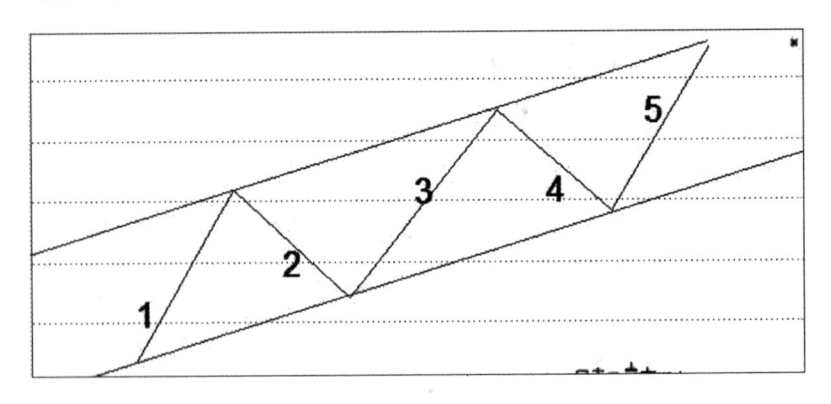

（2）价格在基本上升趋势线受支撑后，若能抵达通道线并折返，那么通道线就被确认有效，通道也很可能存在，如下图所示。

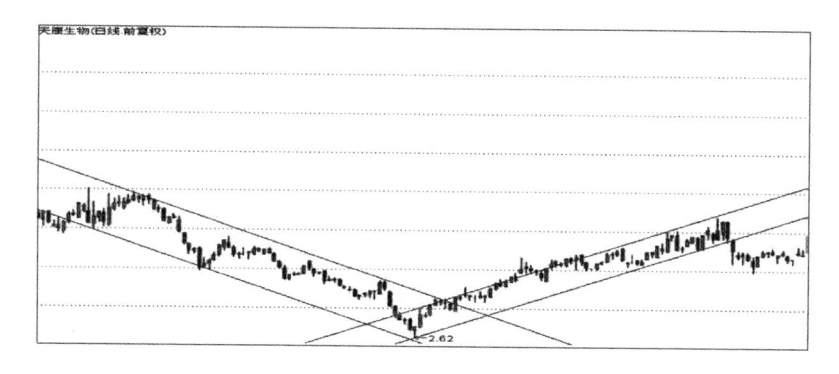

（3）如果价格突破上升通道线，则代表行情开始加速，如下图所示。

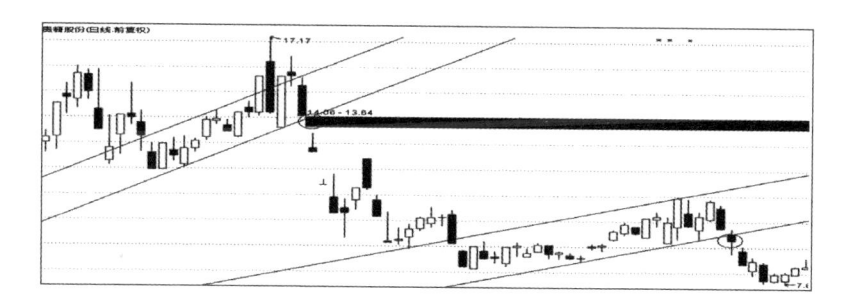

（4）如果价格突破上升通道线代表行情开始加速，如下图所示。

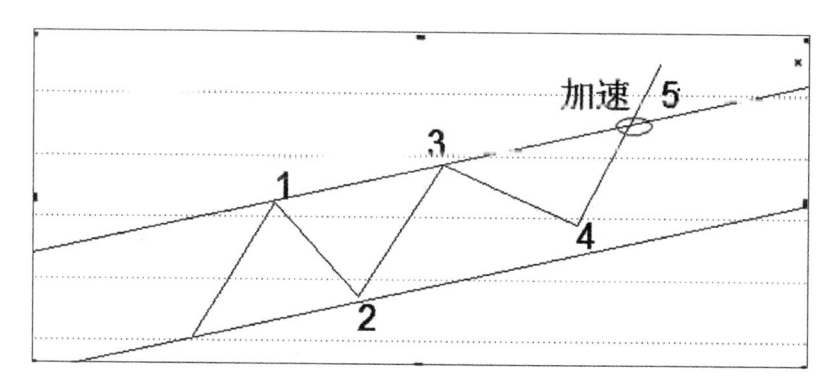

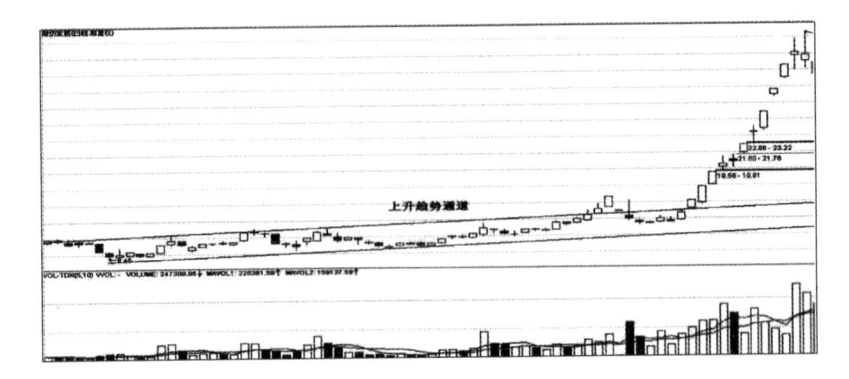

(5) 在一轮下降趋势中，沿各个最高点画出基本趋势线，然后从第一个显著低点引出一条线，平行于基本下降趋势线，这条线便是通道线，它与基本下降趋势线组成下降通道。一只股票处于下降趋势通道之中，就是一个不断创新低的过程，通常情况下，投资者对于这种类型的股票要避而远之，更不要在下跌趋势未结束之前补仓，因为跌势之下不言底。

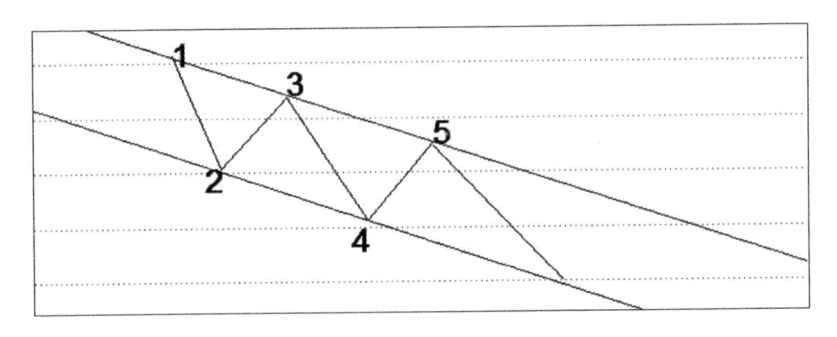

下降通道

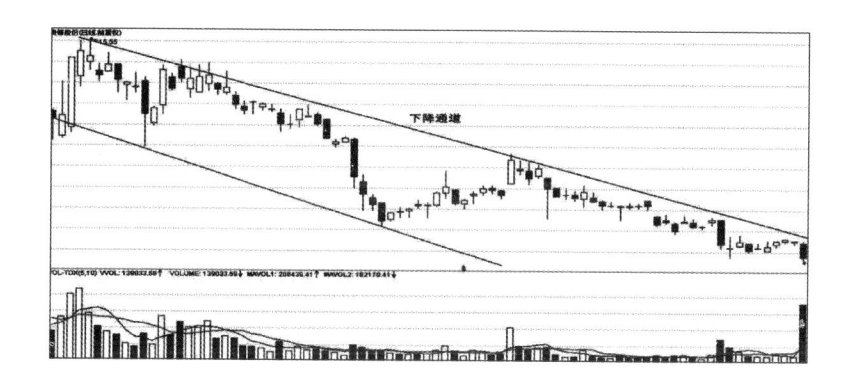

第五节　波浪理论

　　人类的情绪是有韵律的，它们会作波浪式运动。这种现象出现在人类所有的活动中，不论是企业兴衰、政治更替或是人生长河中起起落落。这种现象在那些自由市场中尤其明显，在那里公众对价格运动的参与非常广泛。因此，债券、股票和商品的价格趋势都可以用波浪理论来检验和证明。

　　波浪理论的重要性在于它的实践性，而它的实践性又在于它的趋势性上。尽管把握起来不是十分容易，而且事先的数浪常常不准确，但任何事物的存在总有它的道理，就如股票的反弹常常在它下跌的二分之一位止住一样，细究起来，人们也会问几声为什么会这样！

　　波浪理论的成立，源于潮涨潮落的自然变化，但在几何空间里，其实就是一种形态学意义上的变化，和其他许多技术分析理论一样，是一种互补关系。分析波浪理论不能脱离技术走势单独得出结论，比如波浪理论中的颈线位，其反映的是一个波段的高点或低点，但要形成趋势上突破，必须结合量价理论的分析，否则判断就会出错。

　　学习波浪理论，要认识到时间周期是不可缺少的因素，不同的起点与终点对应不同的时间周期。在实战交易中，由于投资者选择的空间与时间参照物不同，那么浪型结构就有差异，也就是通常所说的"千人千浪"的这种现象。波浪理论对于短线的把握不是十分敏感，但对于中长线走势却有着不容忽视的参考价值，其在图形上构成的波峰与谷底，绝不是一天两天形成的，掌握了波浪理论的精髓，就很容易对中长线作出正确的判断。当然，由于技术分析理论较多，影响个股走势之因素又非常复杂，所以波浪形态的分析一般都不太简单、明了，给人的感觉就是"数不清"。如何避开这个"数不清浪"的陷阱呢？秘诀就是撇开这个"数不清浪"的阶段，尽量选择那些波段清晰，"数得清"的趋势，利用波峰与谷底的时间差，与主力共舞。

实战案例

ST沧大（600230）在2016年3月至4月、2016年8月至9月底这两个非常容易辨别"一上一下"的"数得清"的趋势阶段，跟随主力的波段节奏与之逐浪共舞，获取波段的利润，如下如图所示。

一个完整的波浪运动由五个浪组成。任何一个完整的波浪运动的五个浪中的三个将与运动方向同向，另外两个方向则相反。第一浪、第三浪和第五浪代表向前的驱动，第二浪和第四浪则反向运动，或者说是调整。换言之，以奇数标示的波浪在主方向上，以偶数标示的波浪则与主方向相反，如下图所示。

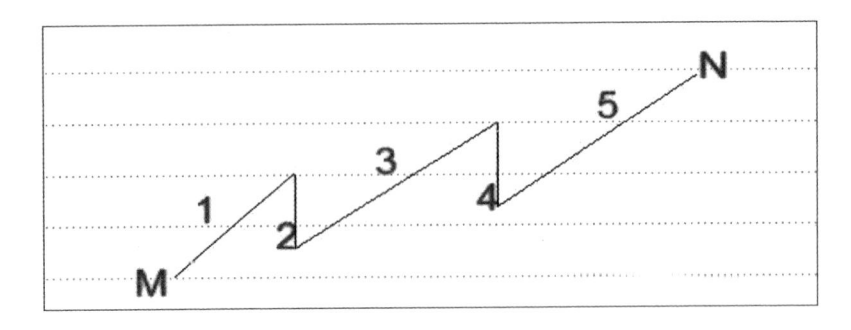

一个维度上的五个浪成为了下一个更长维度或浪级的第一浪，就如上图中从点 M 行进至点 N 的五个浪一样。

在下图中，将可以看到短 M 至 N 的运动只是 M 到 R 的五个浪运动中的一个浪。同理，M 到 R 的运动只是成了更高浪级运动的第一浪。

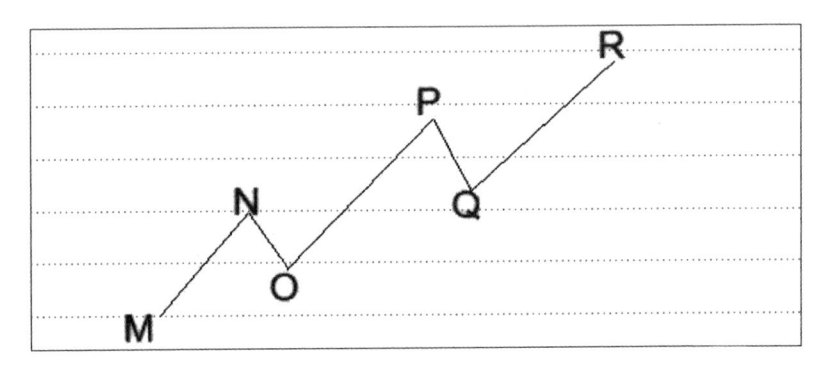

浪一、浪三和浪五是主要方向上的驱动浪，此时浪二和浪四是反向的运动。浪二起到了调整浪一的作用，而浪四起到了调整浪三的作用。反向上的波浪与逆着方向上的波浪之间的差别在于，前者可以细分成小一浪级的五个浪，后者只能细分成小一浪级的三个浪。在之前的讨论中，M 至 N 的运动如下图所示。

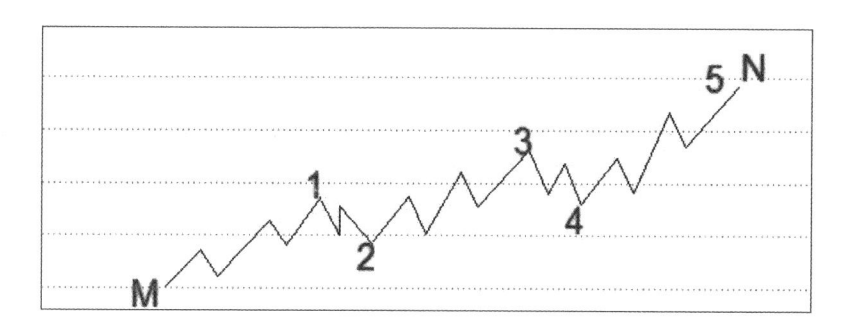

注意，在上图中，第二浪（1~2）与第四浪（3~4）每一个都由三个更小的波浪组成，此时浪一、浪三和浪五每一个都有五个更小的波浪组成。从这种解释可以得出的规则（而且这些规则对整个波浪主题来说是基本的）是：(1) 在主要运动方向上的波浪或者说是奇数浪，由五个更小的波浪组成。(2) 调整浪或者说是与主要运动相反的波浪（用偶数标志的浪），由三个更小的波浪组成。

在市场升势的第一浪及第二浪中，投资大众一般不以为然，仍然视市场处于熊市反弹之中，炒家一般高抛低吸，第三浪的出现才激发市场人众的关注。第三浪的特质如下：

第三浪的上升充满爆炸性。一方面，初段大势未创新低而回升，看好的投资者将急不可耐增持股票；另一方面，原先对市场看空的投资者，陆续开始买入股票，亦加速股价上升的动力。市场经验告诉我们，大势向上飙升的同时，市场通常会传出多个利好消息，一般人以为大势上升是利好消息的出现所引发的，实质上，市场价格与经济环境的变化均由同一套客观规律所推动。因此，一切市场因素是同时出现变化的，基本因素与市场技术因素并无因果的关系。在第三浪的上升中，成交量大幅增加与第二浪的成交量不可同日而语。此外，市场会出现多个上升裂口为第三浪爆炸上升推波助澜。因此，成交量大增与上升裂口成为第三浪的重要标记。

当购买力消耗至差不多的时候，短线投资者开始获利回吐，股市将进入第四浪的调整，第四浪的出现相当富有戏剧性，通常是第三浪呈上升后的大幅下挫，令市场出现相当大的恐慌。不过，由于市场上升趋势已成，仍有不少看好的投资者趁低吸纳，市场继续上升出现第五浪。

下图中的1和2构成双底形态；2和4构成双底形态。当1和2构筑双底完成之后，就开始2→3这个波段的上升。当2和4构筑双底完成之后，就开始4→5这个波段的上升。所以，主升浪就是指双底之后量价齐升的波段，区别在于各个周期的级别不同。

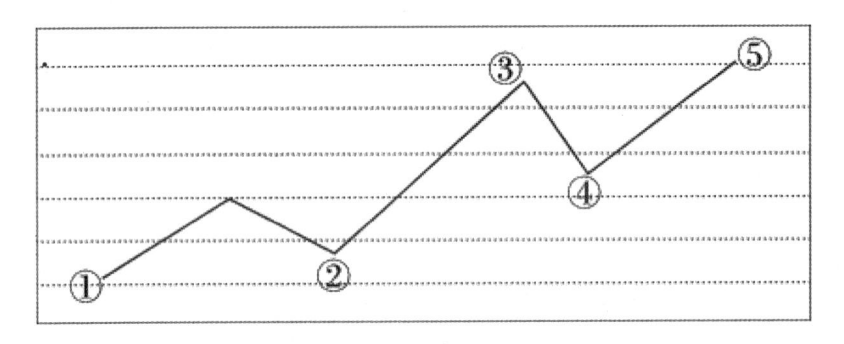

波浪理论之精要点：

波浪理论可以分为三部分。其一为波浪的形态，其二为浪与浪之间的比例，其三则为时间，三者的重要性以排列先后为序。

波浪的形态是波浪理论的立论基础。因此，数浪正确与否，至为重要。数浪的基本规则只有两条。如果坚守不移，可说已经成功了一半。

第一，第三个浪（推动浪）永远不可以是第一至第五浪中最短的一个浪。通常来说，第三个浪是最具爆炸性的，经常成为最长的一个浪。

第二，第四个浪的浪底，不可以低于第一个浪的浪顶。

在分析波浪形态时，有时会遇到较为难以分辨的市势，可能会发现几个同时可以成立的数浪方式，在这种情况下，了解各个波浪的特性则有助于做出正确的判断。现将各个波浪的特性简述如下。

一浪：大约半数的第一浪属于营造底部形态的一部分。跟随这类第一浪出现的第二浪的调整幅度，通常较大；其余一半第一浪则在大型调整形态之后出现，这类第一浪升幅较为可观。

第二浪：有时调整幅度颇大，令市场投资者误以为熊市尚未完结；成交量逐渐缩小，波幅较细，反映出抛售压力逐渐衰竭；出现传统图表中的转向形态，比如头肩底、双底等。

第三浪：通常属于最具爆炸性的波浪；运行时间及幅度经常属于最长的一个波浪；大部分时间成为延伸浪；成交量大增；出现传统型图表的突破讯号，例如缺口跳升等。

第四浪：经常以较为复杂的形态出现，以三角形调整形态运行的机会亦甚多，通常在低一级的对上一个第四浪之范围内完结，浪底不会低于第一浪的顶。

第五浪：股市中第五浪升幅，一般较第三浪小。在期货市场，则出现相反情况，以第五浪成为延伸浪的机会较大；市场乐观情绪高于一切。

利用波浪理论分析走势，最重要的工作是正确辨认大势，数清楚波浪与波浪之间的关系，正确判断现时价位处于什么波浪，从而可以做出正确的投资决策。

第六节　经典分时走势战法

　　周线图看空间，日线图看形态。通过对个股的基本面和技术面的综合研究之后，那么最后一步就要在分时图下单操作了。常言道："细节决定成败。"盘中挂单时，挂什么价格，什么时候下单，分时线高点附近不盲目追涨，分时线低点附近不盲目割肉。分时线战法掌握好，熟练运用，盘中买入即飙升，那种感觉是非常愉快的。甚至会激发一整天的操盘状态，越战越勇。尤其未来 T+0 制度出来之后，对分时战法的要求更高，所以这些都需要细化到分时线的看盘功力了。挂单价格的高低，除了对持股成本高低影响外，又容易对操作者心理状态造成波动。尤其对于短线操作的投资者，更是如此。

　　分时图是一种必不可少的分析图表，每分钟价格的连续线是最直接准确真实描述价格运行的工具，它准确即时反映价格的走势。具体来说，分时线图包含了股价平均线（黄色）、股价线（白色）和成交量。分时图中，首先看量能是否配合良好，其次看回调的力度和回调时间，最好回调幅度较弱，回调时间较短。分析股票的分时图，投资者需要把握时间与幅度两个维度。

　　投资者在进行短线操作时，主要目标是市场上表现强势的个股，尤其是那些具有神股潜力的股票。这类型的股票反应在分时线图上，往往表现为独立于大盘指数的走势，股价线运行的节奏干脆利落，犹如行云流水般流畅，如下图所示。

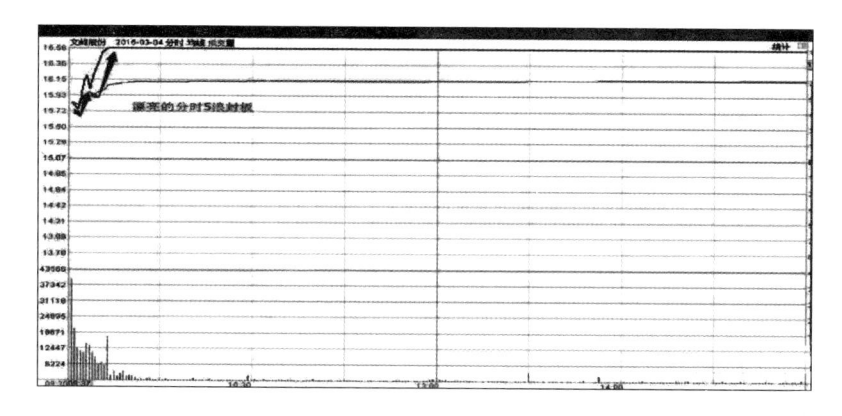

图1 分时线运行非常流畅，上涨角度陡峭，成交量持续增加。

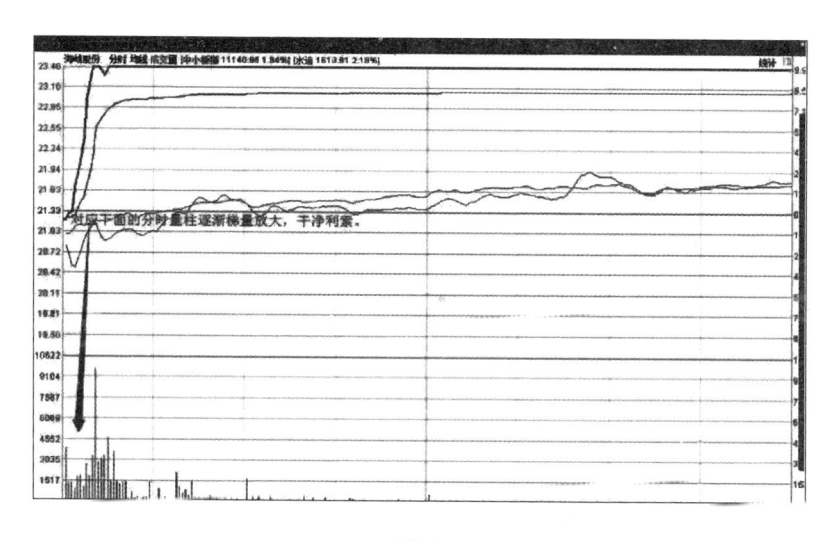

图1

图2 回调时间远小于上涨时间，回调时间越短，再上涨力度幅度越大；上涨放量，回调是缩量。

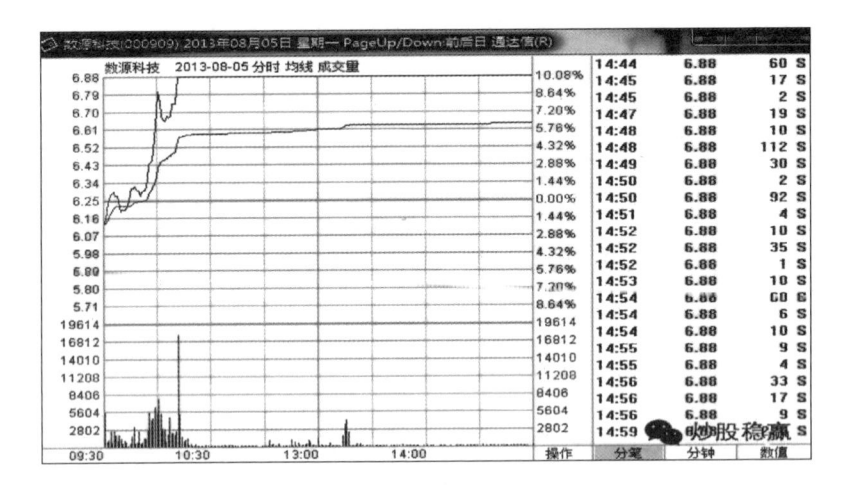

图 2

图 3 长时间回调,回调时间远大于上涨时间,再次上涨时间短。速度快。

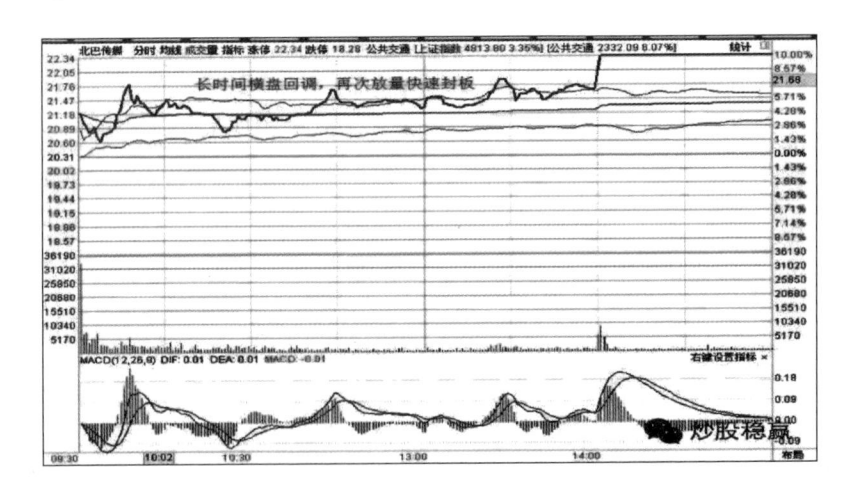

图 3

图 4 强势回调,回调幅度超过二分之一,或是彻底回落,很难再创新高,要尽量回避。

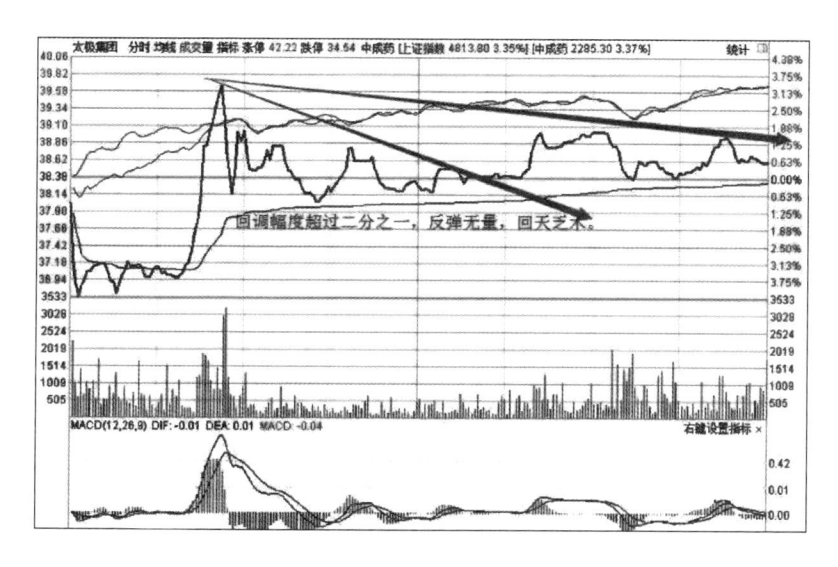

图 4

图 5 中度回调，回调二分之一左右，这是要看量能能否充分放大。

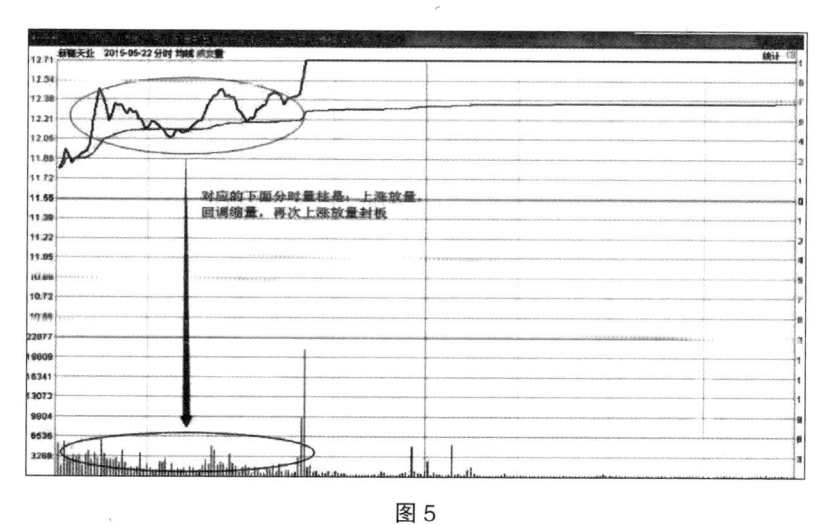

图 5

图 6 回调力度小。强势回调，底部不断抬高，回调不足上涨

135

波段的三分之一，再次突破前高点可以介入。

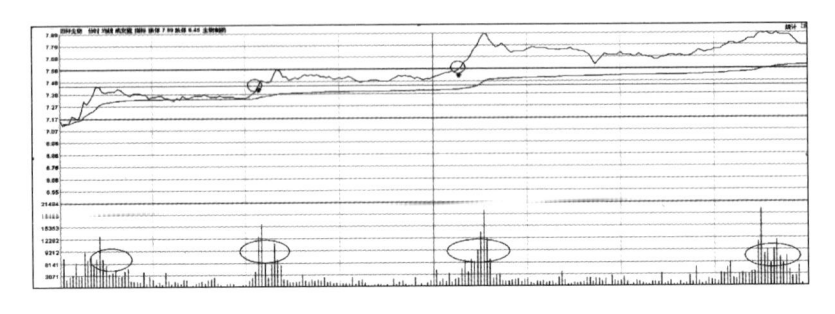

图6

个股从分时图上如何辨强弱是我们实战中应该注意的问题。一个分时走势极弱的个股至少就当天来说是没有参与价值的，强势的个股分时上必然有所显露，这就要求做短线的朋友对个股分时盘口要仔细观察和考究，如下图所示。

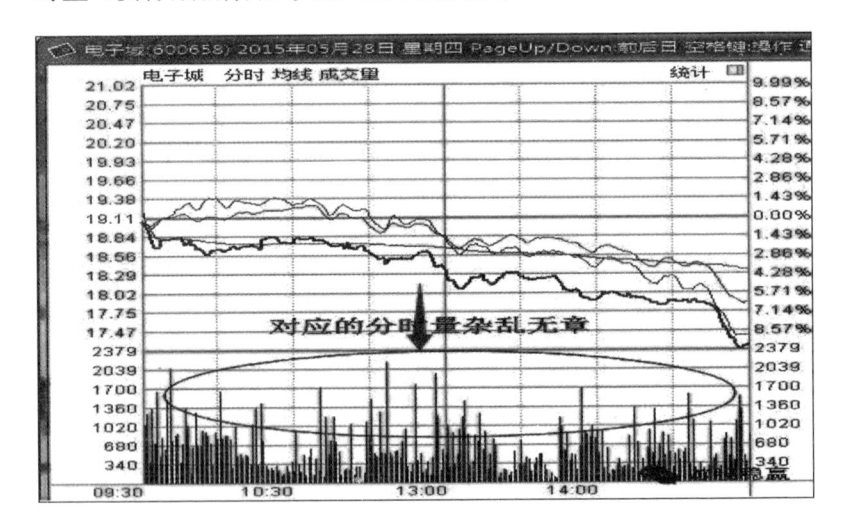

强弱是相对的，强弱比较的标的，一是大盘，二是同板块的个股。

第一，如果一个个股分时走势即便强于大盘，你也不要贸然出击，要仔细观察其所属的板块的强弱，很可能的一种情况就是它虽然强于大盘，但弱于同板块中的大多数个股，甚至低于该板块的平均涨幅，那这样的相对于大盘的强势就没有意义了。因此，比较的第一步是通过大盘和板块的比较选出领涨板块。

第二，通过板块和大盘的对比以辨强弱，然后通过板块中同类个股的比较以定龙头。短线不就是搞龙头吗？龙头，一看K线形态，那些K线形态率先启动或率先调整完毕的个股才能作为龙头；二看分时，那些分时呈现出上涨极大放量而下跌极度缩量的就是强势品种，而且就上涨幅度来看，涨幅居前的才能作为龙头，而且就启动来说，往往是涨停启动的才能作为龙头，如下图所示。当然，龙头股往往还有一些其他特征。

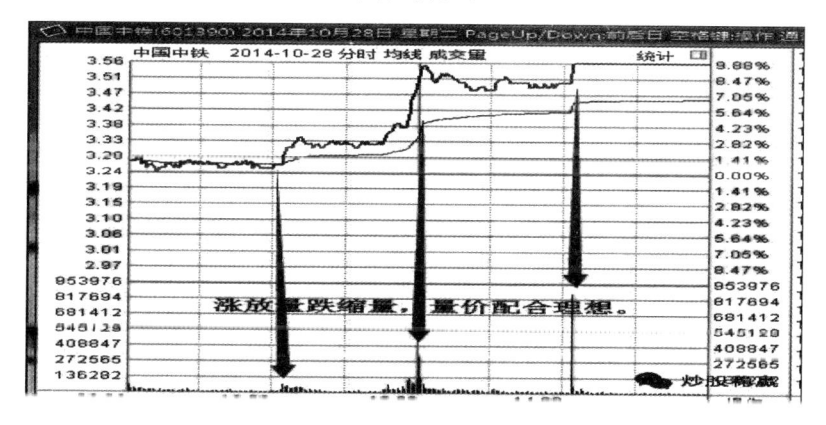

实战案例

比如2014年下半年市场热炒的一带一路概念的股票，我们首先要通过板块和大盘的比较可以定性这个板块是远远强于大盘的，这个通过涨幅就可以很明显地看出来，然后要比较的是该板块中个股的强弱。

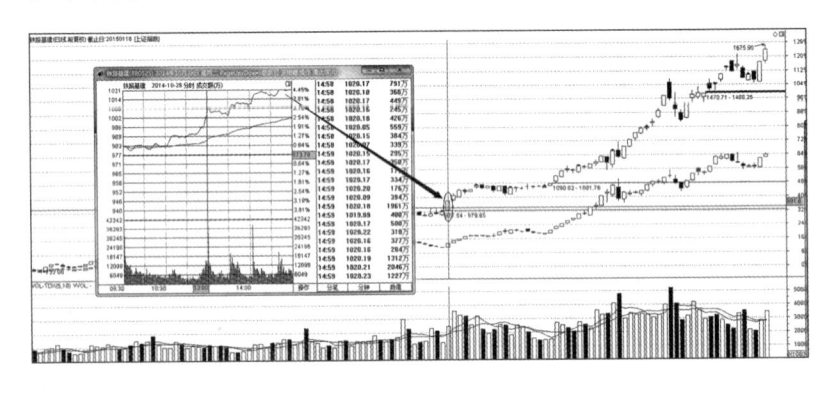

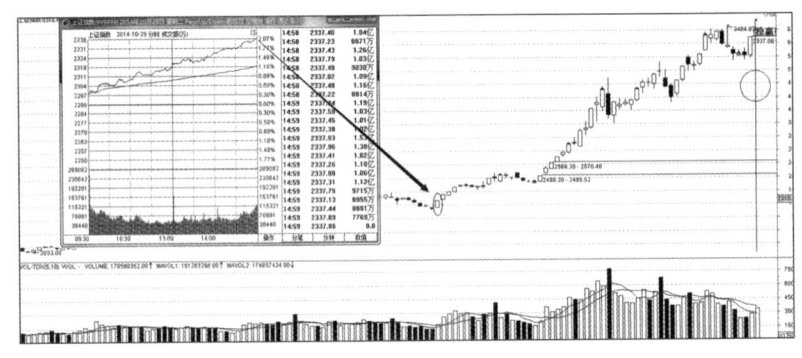

我们通过个股K线形态比较来看，该板块2014年10月28日启动，其中只有中国中铁当天涨停的分时图最漂亮，当天涨停的还有中国铁建。当日强势涨停，这种敢为天下先的股票不就是龙头吗？由于一带一路是国家战略，所以基本可以断定这必然是今年要被反复炒作的板块，如果次日要买那你去买哪只？当然是买龙头了。

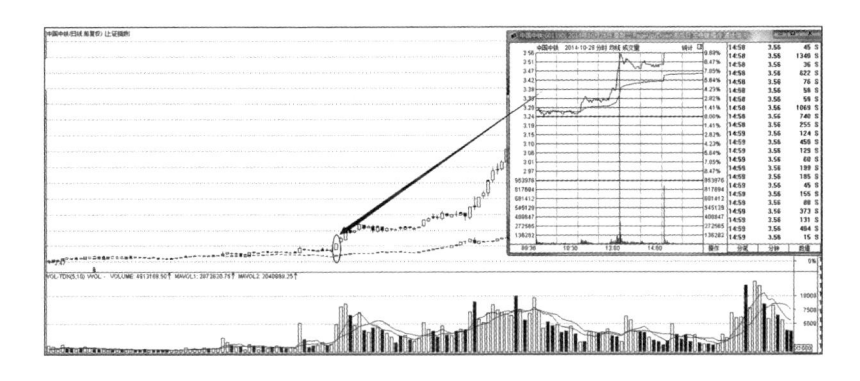

虽然都是一个概念，收盘也都是涨停板。但是，从分时线图中就可以看出，中国中铁与中国铁建的涨幅是有差距的，后来的实际行情走势也验证了这部分的原理。

注意：实盘中必然面临仓位配置的问题，比如中国中铁次日到底能否继续涨停，这个是不确定的，是没有任何理论可以保证其次日必定涨停的，但基本可以断定这个涨停板是行情的标志性立桩阳线，次日开涨认定的情况下可以加大仓位投入，贸然全仓买入也是欠妥当的。作为热点板块，启动初期要追买龙头。

分时图中的逆势特征往往体现在以下几个方面：

（1）指数逐波下跌，但个股却是逐波上涨，这是最强的逆势走势，如下图所示。

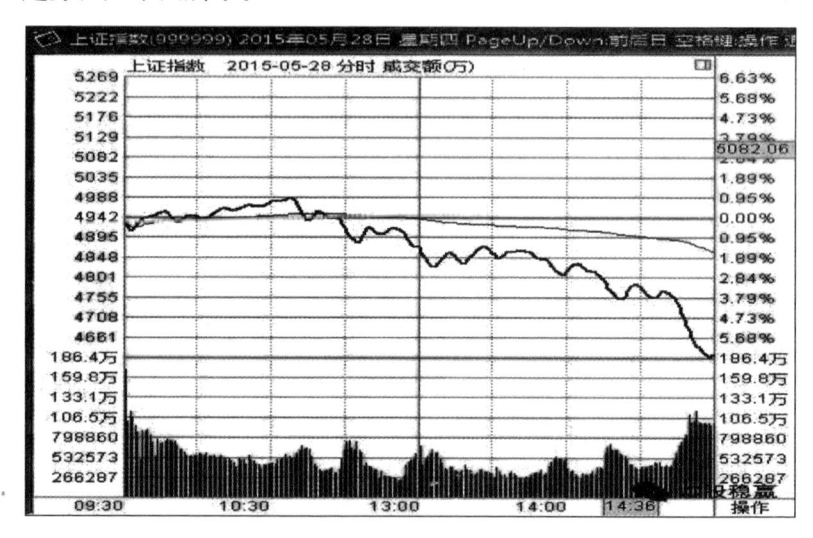

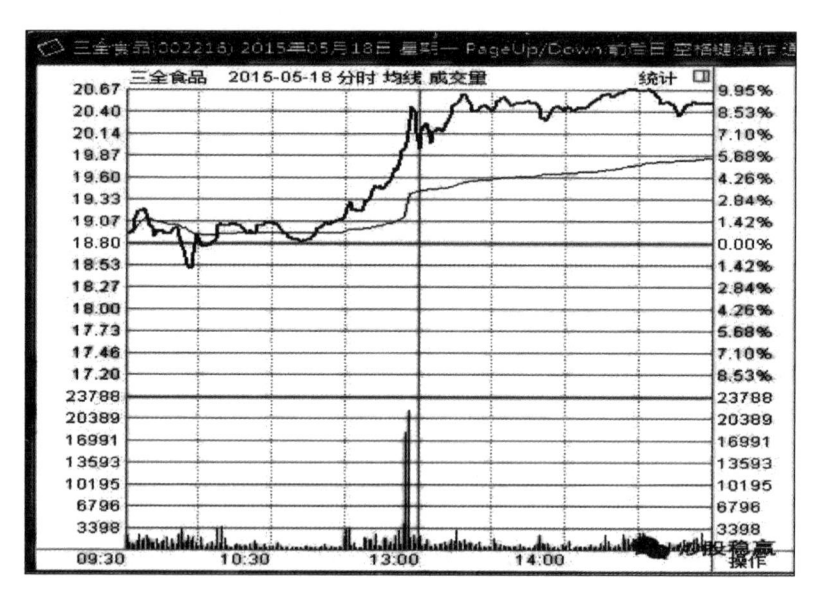

（2）指数下跌，个股盘中横盘震荡，拒绝下跌，如下图所示。

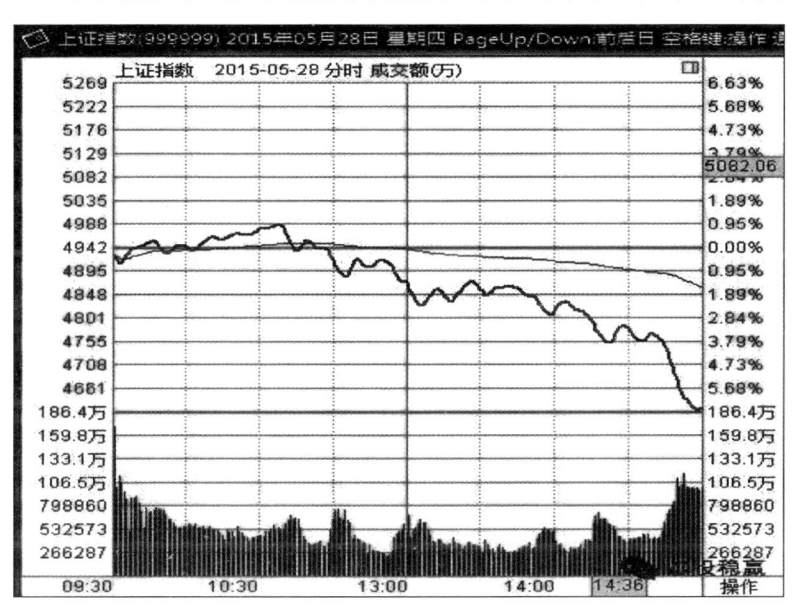

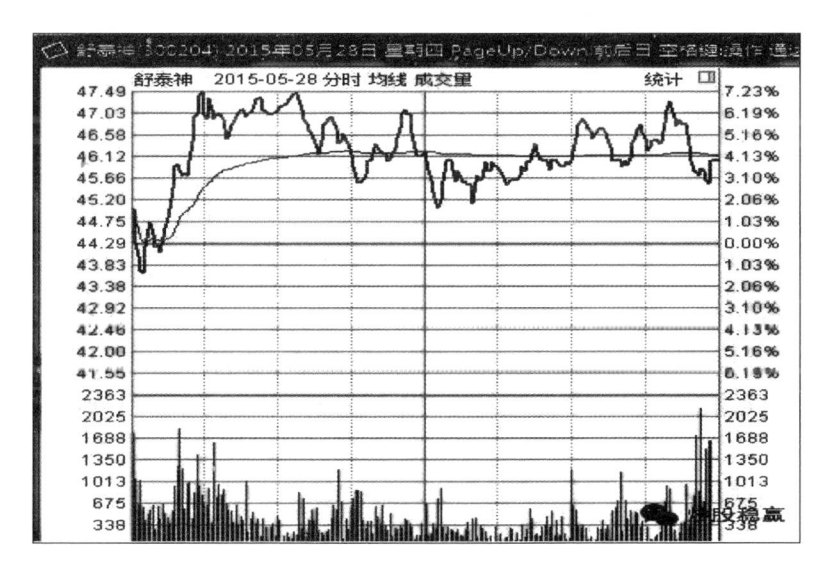

（3）指数下跌，但个股的跌幅远小于指数，并且不随指数创

新低，如下图所示。

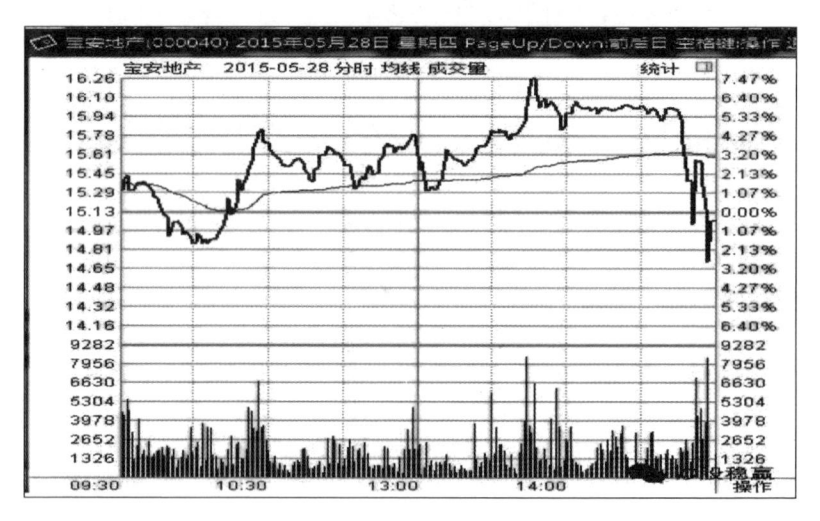

分时图与MACD配合的实战技巧：

MACD是一个相对稳定的指标，无论是在日线图还是分时图对我们实战都有一定的参考价值，这是我一直以来非常重视的一个指标，分时上做短差常能起到意想不到的好效果。

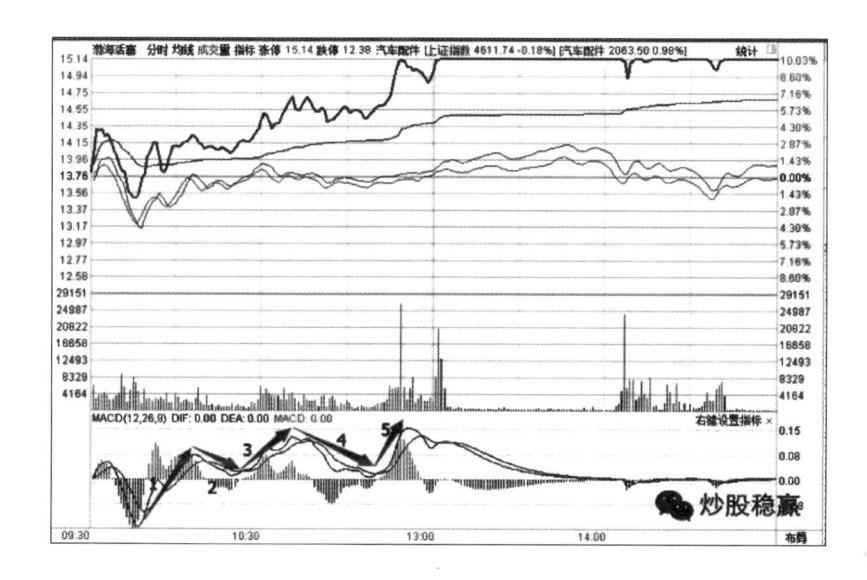

利用MACD的顶背离和底背离进行高抛低吸，尤其在未来A股恢复实行T+0的制度时，这个技术则显得更好用。

顶背离如下图所示。出现顶背离卖出，再次形成金叉时买进。差价在3%-4%之间波动。这个技术既可以手工完成，也可以用稳赢炒股交易系统自动去完成区间交易。

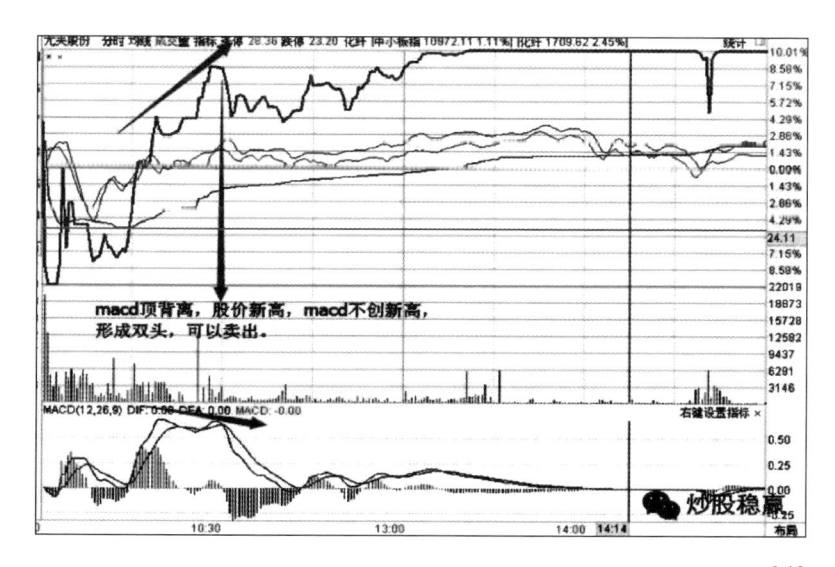

143

底背离如下图所示。持续性的底背离加大了背离的级别，后市涨势力度更大。

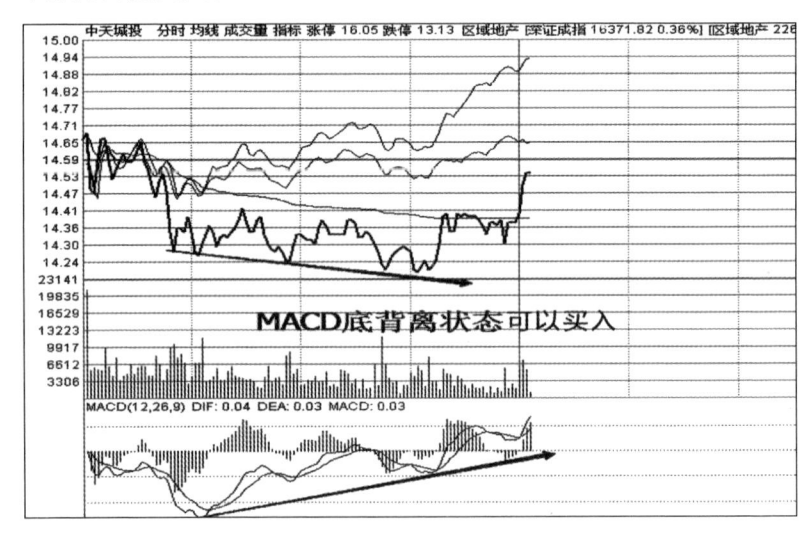

MACD底背离状态可以买入

分时图 MACD 使用上还有一些要注意的地方，如零轴上的 MACD 金叉往往比零轴下 MACD 金叉上涨的力度更强，稳定性也更高。

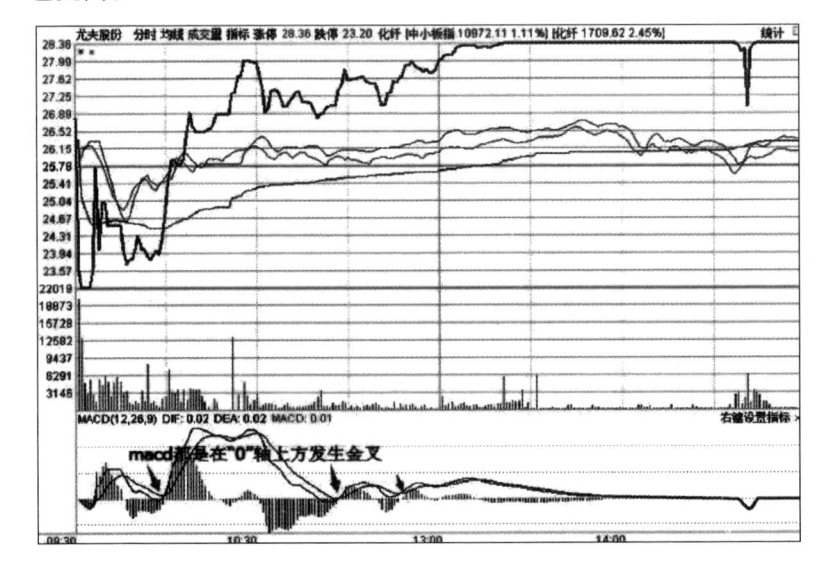

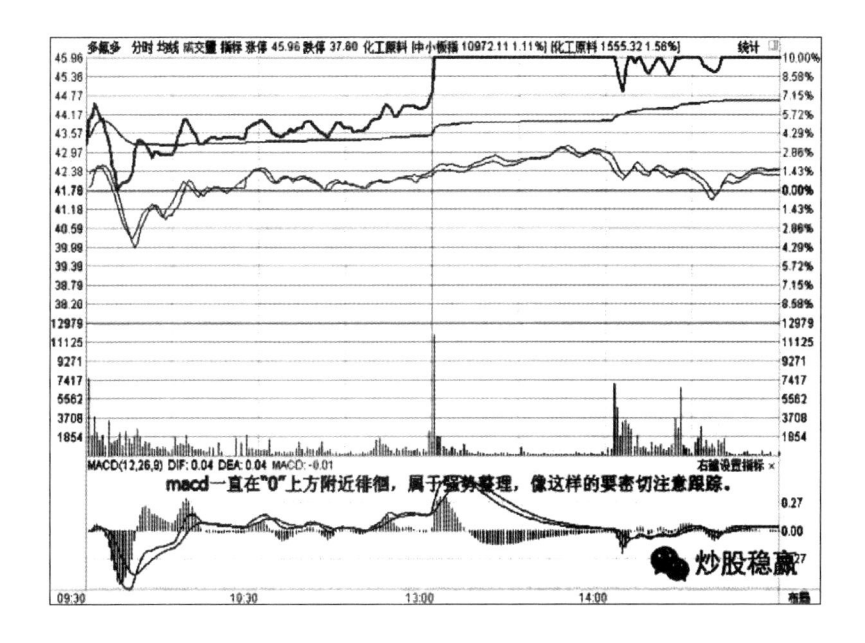

macd一直在"0"上方附近徘徊,属于强势整理,像这样的要密切注意跟踪。

第七节　MACD 实战集锦

在股市投资中，MACD 指标作为一种技术分析的方法，由于其最常见、运用方法比较好理解、实战性强、效果好的特点备受推崇，得到广泛的应用。大道至简，简单的东西才是经典、美妙的；简单的东西才是真实的、永恒的。所谓简单，其实质是一个化繁为简的艰辛过程。极少部分投资者对此持偏见的态度，甚至嗤之以鼻，那可以肯定的是他没有体会到 MACD 的精妙之处，导致感叹"技术指标无用论"。

不懂技术的人好比盲人摸象。佛经里有这样一个故事，故事里，6 位盲人分别摸到了大象身体的一部分，就分别宣称大象是一堵墙、一支矛、一条蛇、一棵树、一个扇子和一根绳子。站在不同的角度，认知当然不同。我在平时培训的过程中接触到很多的投资者，他们花费相当多的精力研究各种指标、修改指标参数，但是对现成的东西往往视而不见。结果是，越学越多，最终迷失、麻木在繁杂的技术分析中。

其实在实战中运用好 MACD，那真是不简单！

一、MACD 指标的原理精解

MACD 称为指数平滑移动平均线，其原理主要集中在 MACD 指标的"金叉"、"死叉"，以及 MACD 指标中的红、绿柱状线的情况两大方面。同时 MACD 指标也用来揭示买卖和观望，以及暴利机会的时机，常配合 K 线形态、量价关系综合起来考虑，以增加确信度。

二、MACD 指标的组成精解

它由长线均线 DEA、短线均线 DIF、红色能量柱（多头）、绿色能量柱（空头）、0 轴（多空分界线）五部分组成。它是利用短期均线 DIF 与长期均线 DEA 交叉作为信号。

当 DIF、DEA 两数值位于 0 轴上方时，说明大势处于多头市场，投资者应当以持股为主要策略。

当 DIF 与、DEA 两数值位于 0 轴下方时，说明目前的大势属于空头市场，投资者应当以持币为主要策略。

尤其需要引起注意的是，若 DIF 第二次由上向下交叉 DEA 时，预示着今后会有一波较大的下跌行情产生。

在 MACD 指标中，红色能量柱和绿色能量柱分别代表了多头和空头能量的强弱和盛衰。能量释放的过程是一个循序渐进的过程，通常是呈逐渐放大的。在使用能量柱时利用红色能量柱结合 K 线走势图就能看出：当 K 线走势图大幅上升加之红色能量柱结合的快速放大，预示着大势的顶部已近。尤其是相邻的两段红色能量柱产生连片时所爆发的行情将更加迅猛。反之，在空头市场中，这种现象也成立。

（一）潜龙腾飞

潜龙腾飞即谷底回升，指的是股价经过持续性的下跌，MACD 进入到了 0 轴的下方。股价不创新低，在低位横盘。MACD 的绿柱子逐渐缩短，当 DIF 上穿 DEA，并且持续向上延伸，穿过了 0 轴。股价在这时往往也就出现了 V 型的反转，探底回升。

147

与波浪理论结合起来，在 DIF 上穿 DEA，持续向上延伸，穿过 0 轴的这个过程，其实就是一浪。DIF 上穿 DEA 的金叉也就是一浪的起点，如下图所示。

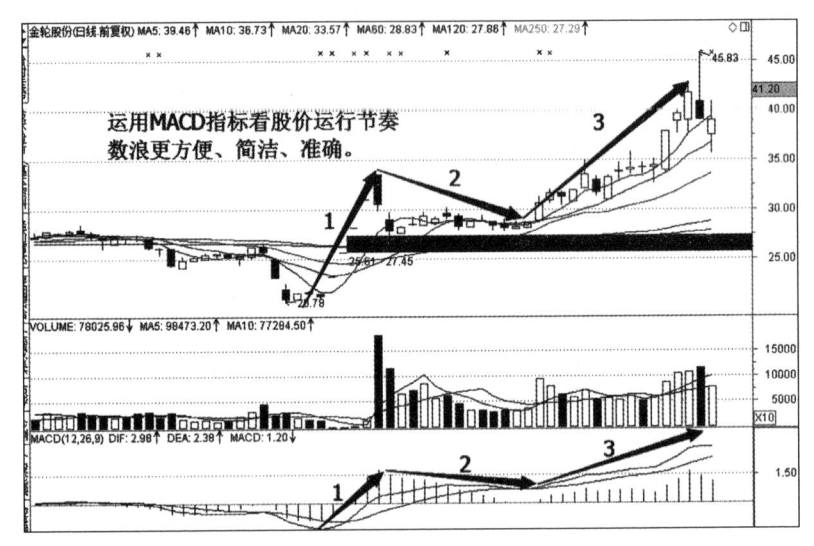

（二）犀牛望月

犀牛望月是指 DIF 与 DEA 在 0 轴以下产生的二次金叉。表明该股开始走出底部，步入上升趋势，可以择机介入。"MACD 低位二次金叉"，出暴涨股的概率和把握更高一些，是因为经过"第一次金叉"之后，空头虽然再度小幅进攻、造成又一次死叉，但是，空头的进攻在多方的"二次金叉"面前遭遇溃败，从而造成多头力量的喷发。如果结合 K 线形态上的攻击形态研判，预测可信度将提高。

该形态的形成多为底部形态，是股价在下跌探底之后、抛盘穷尽之时呈现的底部形态，应理解为主力建仓区域，可择机介入。

重点是 MACD 在 0 轴下方二次金叉，底部要不断抬高，形成双底之形态，如下图所示。

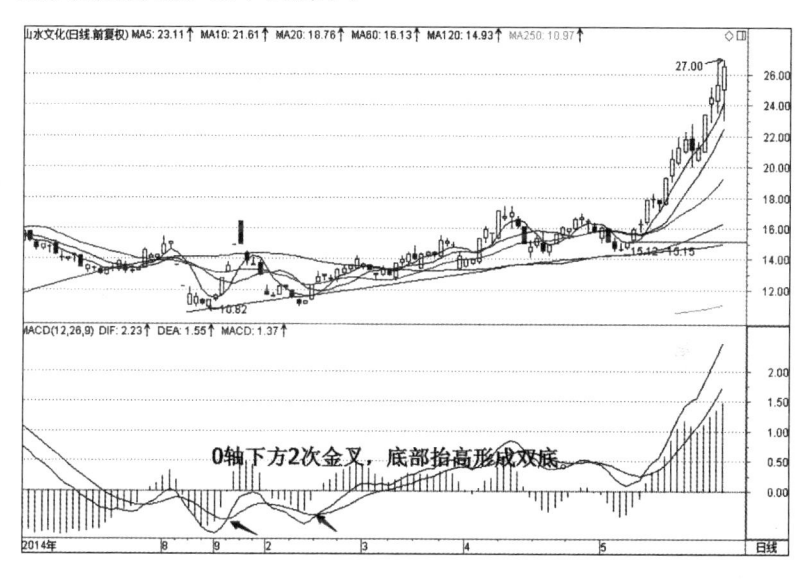

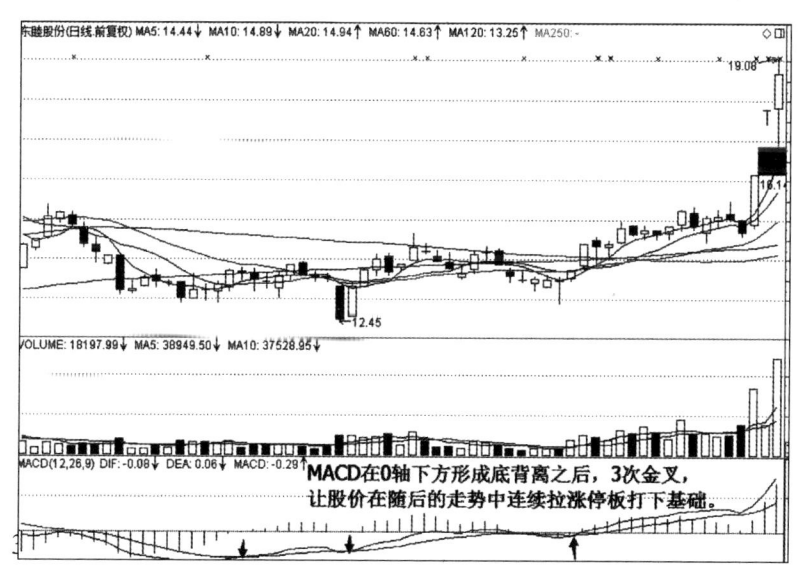

0轴下方2次金叉，底部抬高形成双底

MACD在0轴下方形成底背离之后，3次金叉，让股价在随后的走势中连续拉涨停板打下基础。

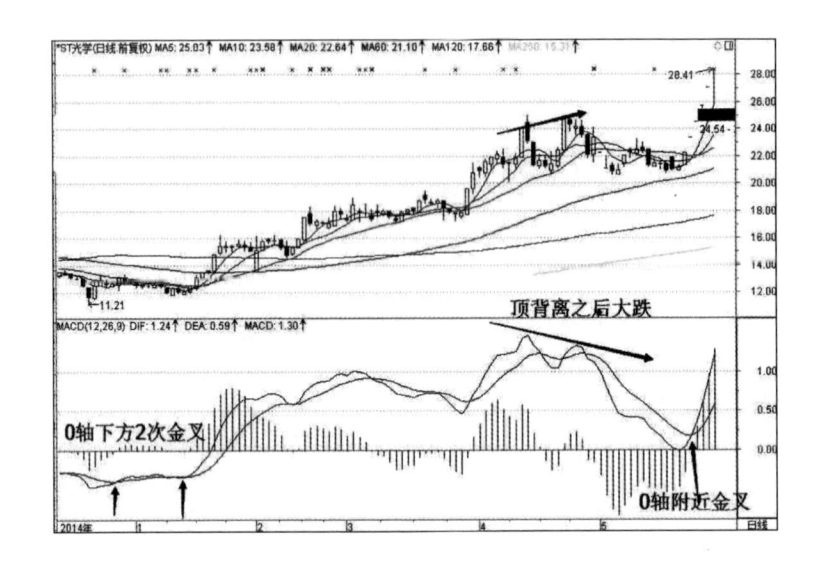

（三）双龙戏珠

双龙戏珠是指 MACD 第一次金叉之后上行，运行一段时间之后，DIF 向 DEA 回靠，两线曲线数值相近、刚接触或两条线非常接近将要死叉（未死叉），不出绿柱子，然后 DIF 开口上行，红柱线重新拉长。DIF 与 DEA 金叉后，随股价的上行而上行，尔后，当主力洗盘时，股价再次回调，而 DIF 线回调到 MACD 线附近时将再次黏合有死叉的迹象，这时 DIF 线反转向上，红柱也再次长高，如下图所示。股价将飙升。

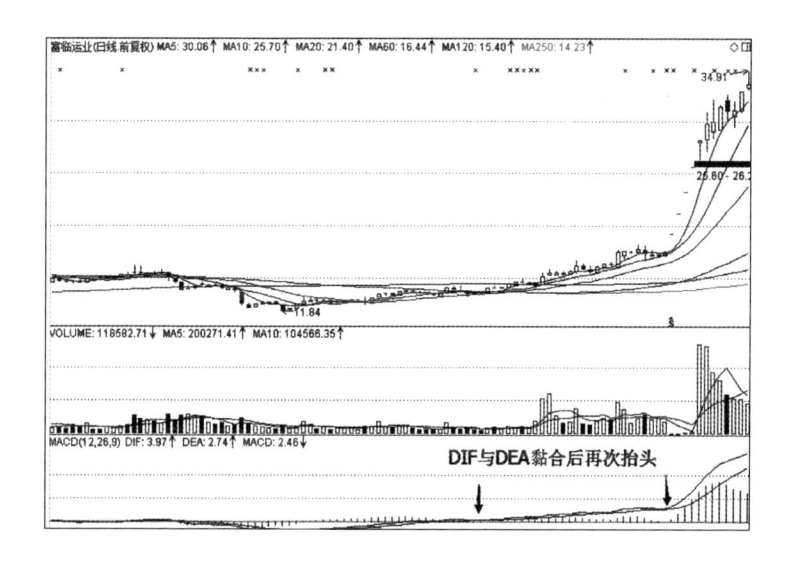

（四）神龙抬头

神龙抬头是指 DIF 与 DEA 金叉后，随股价的上行而上行。尔后，随着主力洗盘，股价回调而下行，绿柱出现。而 DIF 线也回调到 MACD 线 0 轴附近时，绿柱逐渐缩短，DIF 线反转向上，红柱也出现长高并且超过了前期洗盘的红柱高度，便形成了神龙抬头的形态，如下图所示。

152

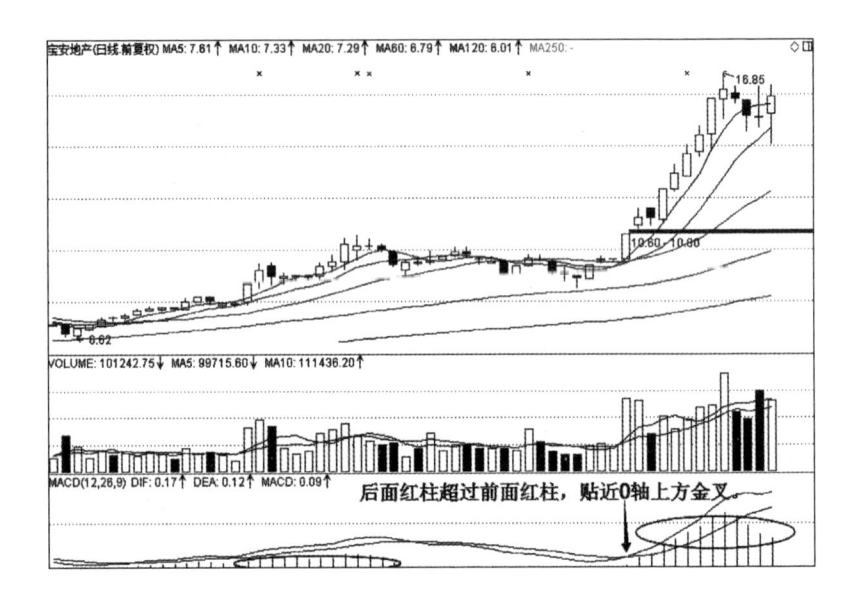

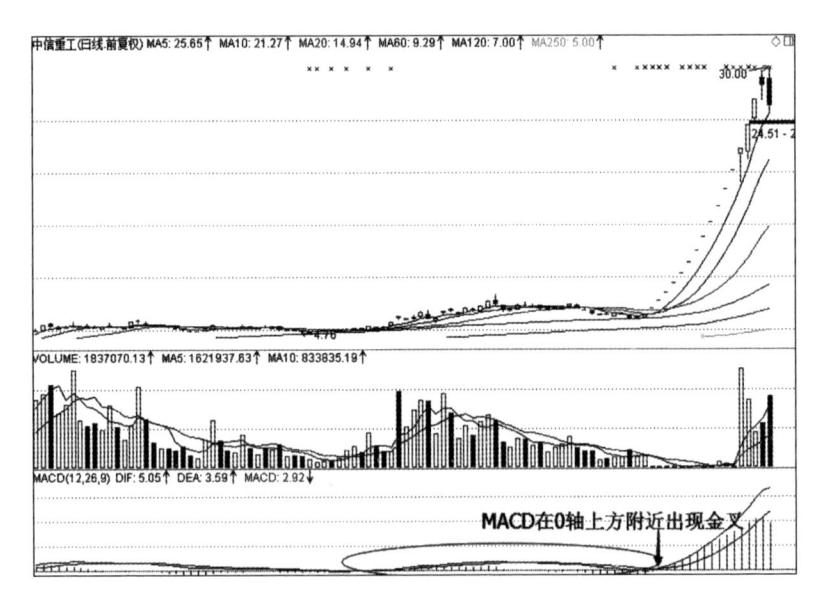

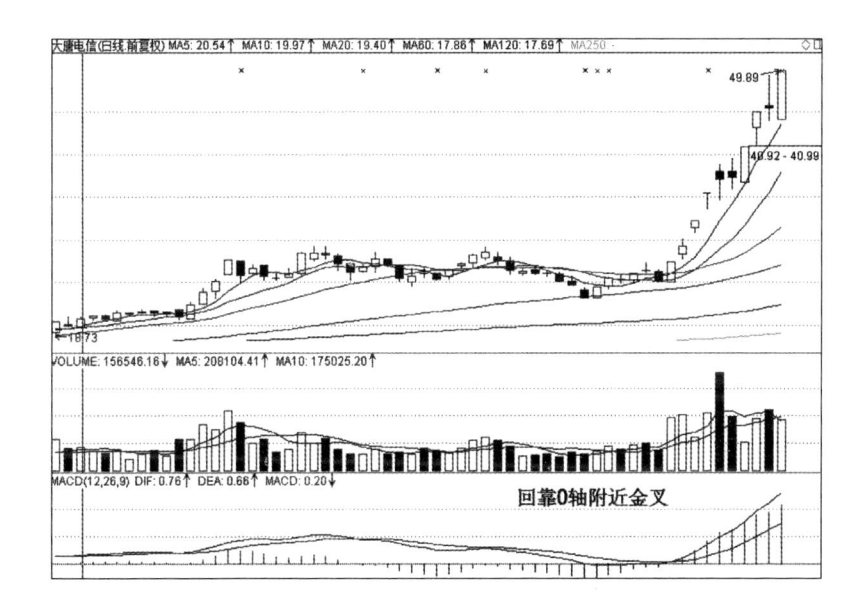

（五）枪打出头鸟

枪打出头鸟是指 MACD 在 0 轴上方金叉之后运行一段时间，DIF 出现峰值之后，形成高位死叉。而后股价再次上涨，MACD 也不继续下行，在 DEA 下方附近徘徊，有再次向上金叉 DIF 的意图。但是就在黏合欲上穿 DIF 时，股价下跌，DIF 又反身向下，绿柱放大。在实战中发现，这时候往往股价下杀的力度很大，遇到这样的枪打出头鸟的形态出现，不可不慎。

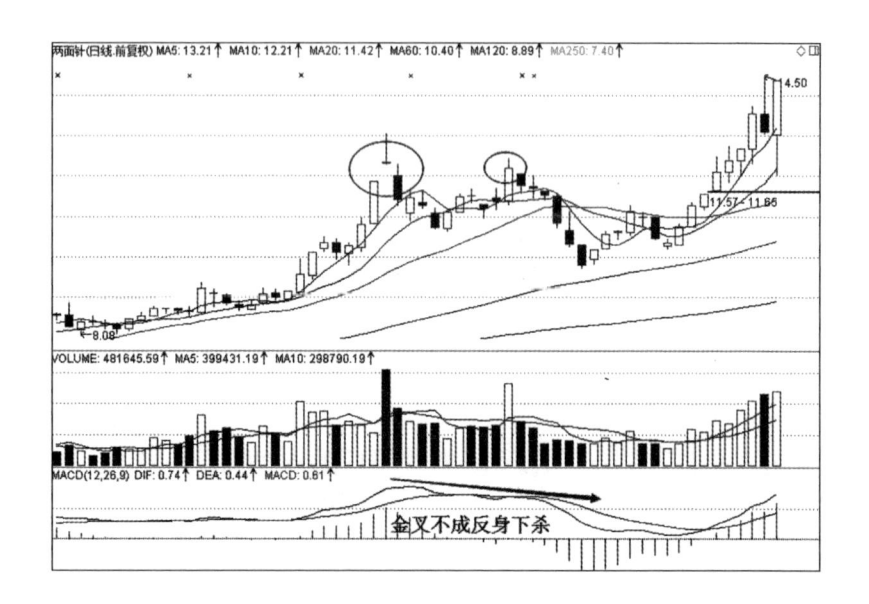

（六）空中加油

空中加油主要指 DIF 线在 0 轴之上死叉 DEA 线，但不下穿 0 轴，过几天即再次在 0 轴以上金叉 DEA。该形态的出现多为上升盘整，是主力洗盘所为，股价做短暂的调整后，呈现强劲上升动力，可理解为积极介入信号，可果断买入，如能连续放量更可坚决看多。

此方法要满足的条件是：MACD 两曲线死叉在 20 交易日内再重新金叉，这样既满足主力洗盘的要求又不至于洗盘太深从而丢失筹码。

这种情况的出现预示着后市该股创新高的潜力，同时表明主力洗盘的实际心理状态是犹抱琵琶半遮面，故意制造 MACD 死叉的假象，这样便会使不坚定者出局，后市有利于主力拉抬。

买入时机：MACD 两曲线重新金叉且当天出现放量阳线时，如下图所示。

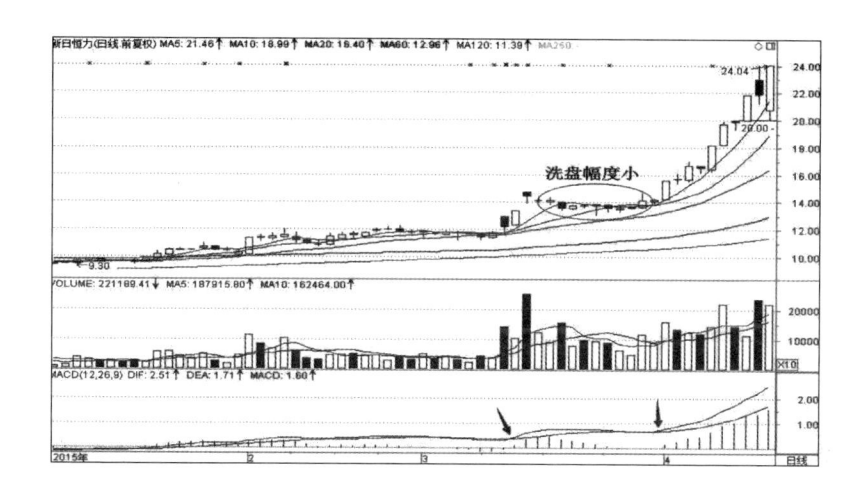

三、MACD背离解析

指标背离原则是整个MACD指标运用的精髓所在，也是这个指标准确性较高的地方。其中细分为顶背离和底背离。

MACD背离产生的本质在于逆反能量的囤积，表现出来的往往是在市场多空双方中一方运行较长时间后出现的，因为这代表一方的力量较强，在此情况下往往容易走过了头，这种股价和指标的不对称就形成了背离。

背离理论之所以受到关注，就是因为其能提前预知反转的可能性。从本质意思上而言，背离表明了股价的超常运动，而回归正常水平的自然运动原理正是反转力量的内在原因，一旦反转力量积聚到足以抗衡原有趋势动力的时候，反转随即产生。因此可见，背离中蕴藏的反转能量大小是反转行情潜力最关键的因素。

（一）顶背离

顶背离引发股价下跌。当股价在创新高，与之对应趋势性指标 MACD 却不创新高，代表涨势能量的红柱也在缩短，这说明股价拉高是强弩之末，在做最后的冲刺，而主力却暗渡陈仓边拉升边在减仓。股价见顶之后将是一波下跌的开始。

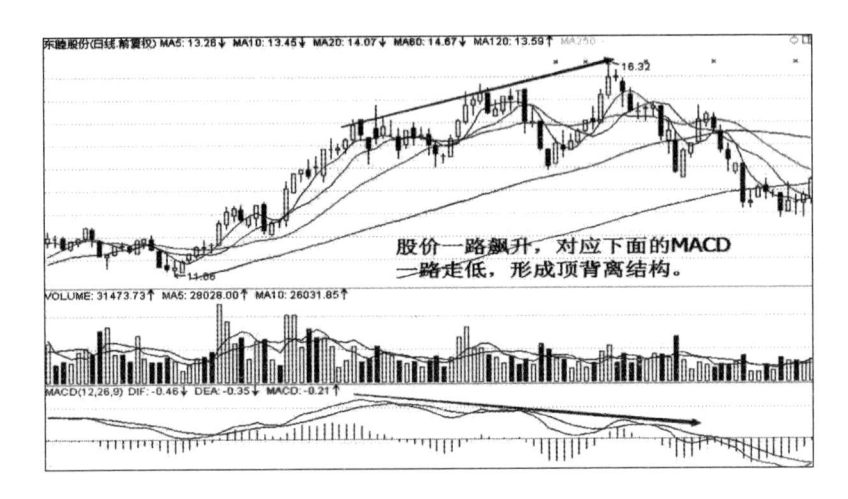

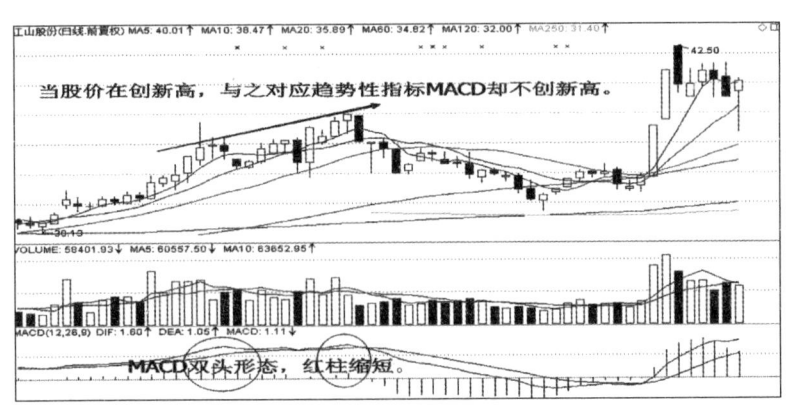

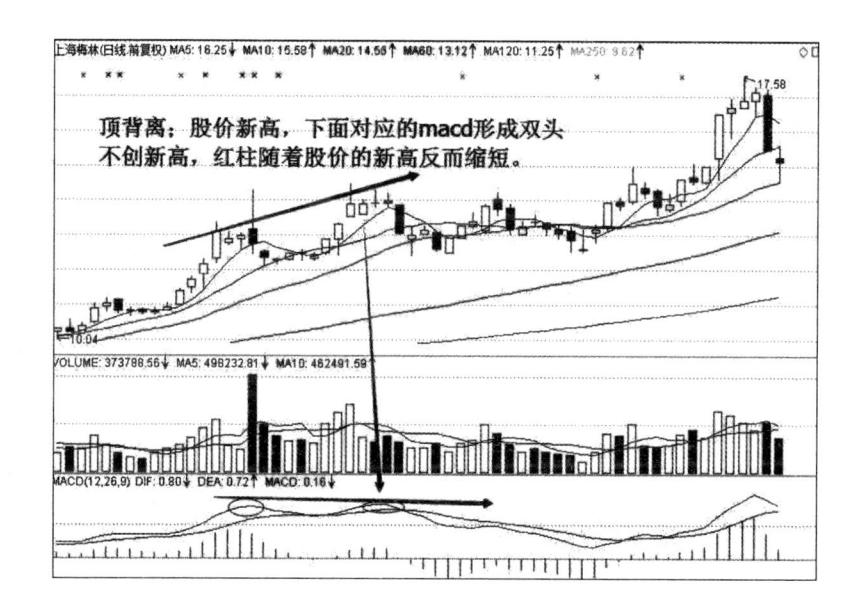

（二）底背离

底背离是指股价还在创新低，与之对应的 MACD 不创新低，代表涨势能量的红柱也在长高。说明空头力量是强弩之末，在做最后的诱空，而主力是在边打压边在悄悄建仓，多头力量在聚结，股价也就将见底了。在第二次金叉之后介入，获利的把握将更高一些。因为经过"第一次金叉"之后，空头虽然再度小幅进攻、造成又一次死叉，但是空头的进攻在多方的"二次金叉"面前遭遇溃败从而造成多头力量的喷发。

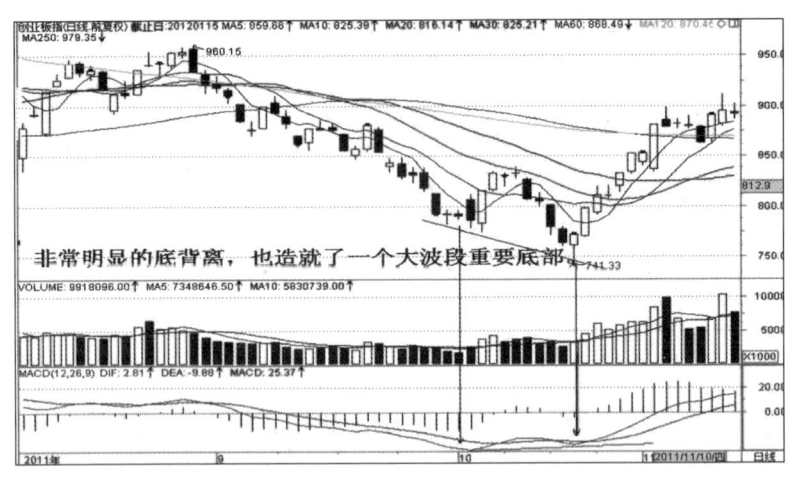

非常明显的底背离，也造就了一个大波段重要底部

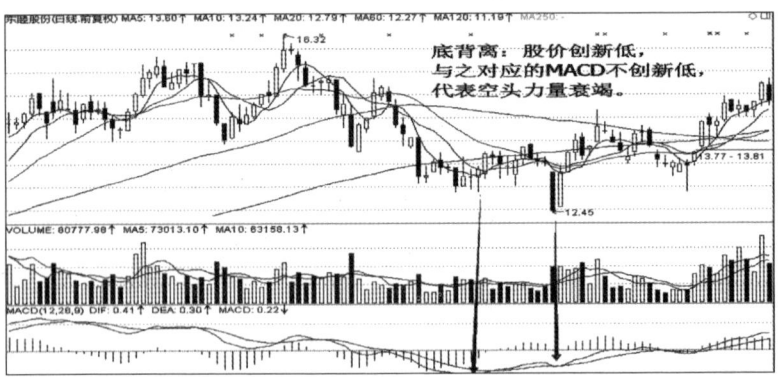

底背离：股价创新低，与之对应的MACD不创新低，代表空头力量衰竭。

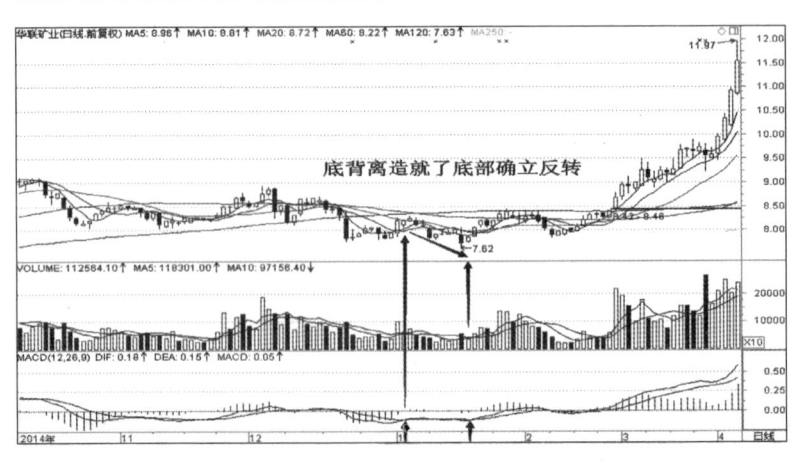

底背离造就了底部确立反转

第三章
股市赢家神股战法

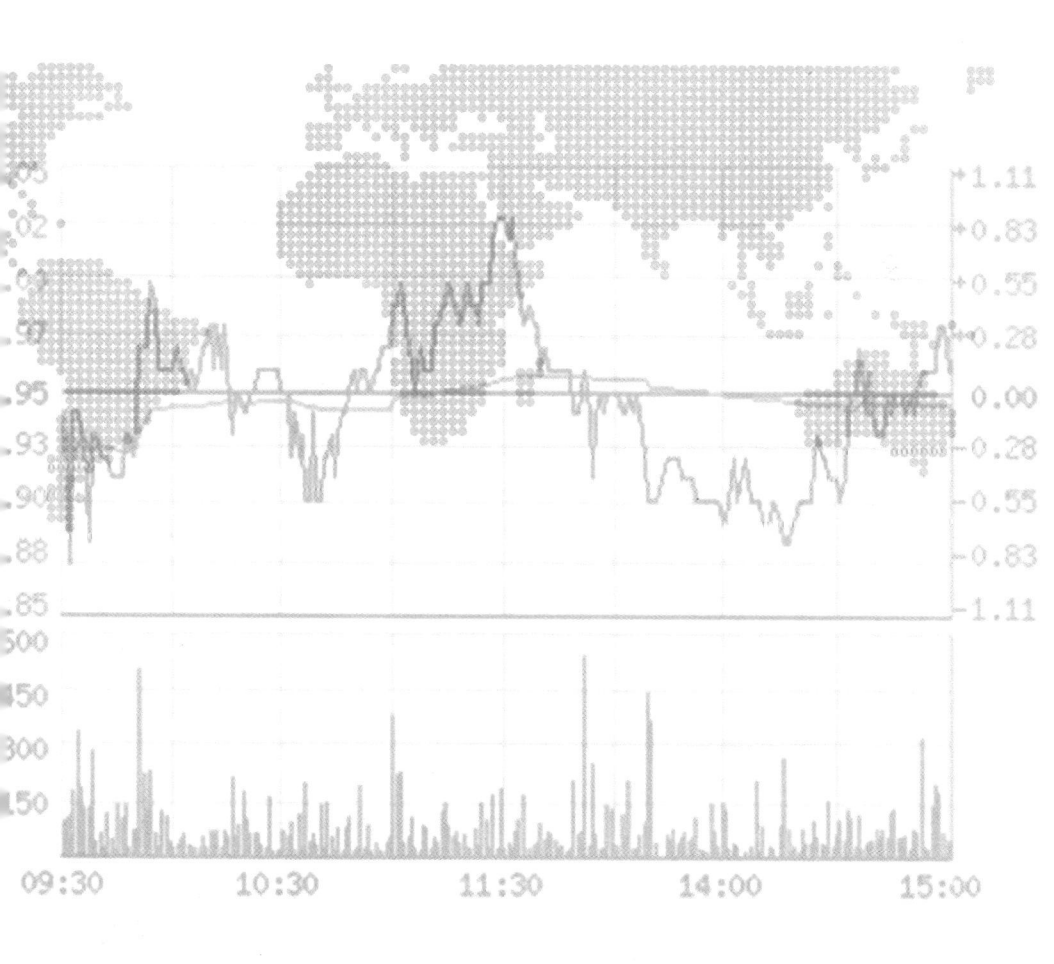

在平时接触到的很多投资者当中，相当多的投资者是开户之后直接进入实战交易的，就如同我自己当初一般。很多投资者连最基本的 K 线知识和均线系统都不了解，更妄谈会注重心理建设的修养，那么从开始也就看到了未来的结果，盈利是偶然的，失败是必然的。想想看，在任何一个行业当中，外行怎么可能会持续生存和盈利呢？尤其是新入市的投资者，情绪亢奋，想着开户马上就可以赚钱，大有赚钱只争朝夕之感。实际上，做股票投资也需要一个过程，如同小学一年级的小朋友，先学习握笔的姿势，再从一横、一竖、一撇、弯钩开始练习，之后将这些单笔组合成一个汉字。在股市中，心理建设、风险管理、分析技能三者缺一不可。当我们经过前面的稳赢股市心法篇中的心理建设，以及稳赢操盘体系篇里面的多种形态学的内容学习训练之后，接下来就要进入选股、买、卖及资金管理的环节。

我可以很负责任地讲，本章节中所传授的实战方法都是可以经受历史的检验，是真实有效的。不只是这些战法现在适用，在过去的历史走势当中也是适用，我相信未来还是会适用的。因为，投机像山岳一样古老。我们的团队已经这样做了，并且还在继续这样做。一些从我们这里学习过的朋友现在也在这样做，也许你就是其中的一个。

对任何事物的定义越严格，它的内涵就越小，实际的操作性才能越强。在我们的交易规则和交易计划的构成和制定中，也必须如此从本质和深处理解和执行，这样才能保证成功率。

如果你正在寻找一种能够简化你的交易从而可以使你全神贯注于交易和自身控制的方法，如果你希望能有一个令人激动的、新的交易状态的话，如果你想要一个长期有效的交易系统来帮助你成功地开始交易，如果你再也不想痛苦地对着镜子中的自己或者是对自己的家人，很不情愿地承认"我今天又赔钱了"，那么，在本书中，你可能会找到答案。本章节介绍的战法将会改变你的交易生涯，这些方法已经帮助我的很多学生获得了巨大的成功。我将向你展示更有效、更安全、更轻松的交易方法，让你可以在交易市场上盈利。

我将要在本章节中讲述三套神股快速翻倍的战法，即从选时、选股到买点、卖点和仓位资金管理的方法。这三套战法既有中线的波段起涨点选股也有短线波段的起涨点选股。这三套战法学起来简单，运用在实战中效果显著。股道至简，有时候最简单的道理是最有用的。一旦一个交易方法或是交易系统被证明在大多数情况下是可以盈利的，那么接下来的事情就简单了，只要有严格的纪律和交易管理，以及适合的风险管理和资金管理，就会保证你能够持续稳定盈利。

法法相融无有障碍，门门相通入佛殿堂。佛法贵在坚持、精进，一门深入，长时熏习。有人也许会问，那么，佛为什么要开八万四千法门呢？那是为了照顾不同根基众生的需要。《华严经》说："欲安一切众生类，出生自在胜三昧，一切所行诸功德，无量方便度众生。"股市亦如此。股市中盈利的方法很多很多，有关炒股的书籍也是汗牛充栋。因人而异、因材施教、一门深入，这些是我们平时培训教学的特点。一套盈利模式是否具有实战性、可操作性、复制性，必须要经历市场和时间的严格检验，验证是可以在交易市场中成功盈利的，这样的方法才值得我们去学习和运用。

这三套神股战法不太适合那些毫无经验的人使用。你至少需要从本书的第一章中有最基本的了解：人性在与股市博弈之间，需要经历哪些心理历程阶段，心理建设为什么对交易结果重要，交易市场的主体是什么，人们为什么在市场中交易，如何在市场中交易等。还要对最基本的股票知识有所掌握，比如什么是股市、主升浪、如何识别各种形态等。另外，你还需要至少做过模拟交易，如果你是在真实交易中遭受过亏损的交易者，那么你的收获会更大。运用这些战法结合严格的交易纪律，一定可以大大提升交易的成功率。

　　请你耐心、认真、反复阅读本章节中的三套战法，配合前面章节的心理建设的训练和经典的基础知识，熟练运用之，必将成就您股市赢家的梦想。

第一节　稳赢股市的途径

一、先稳定后赢利

假如你对股市运行规律有一定的认识，也能看明白大多数股票的走势，但你还不能稳定获利，我建议你只做你最擅长的一种手法，其他的都不做了。稳定专注在自己擅长、熟悉的一种或是少数几种交易策略和战法，时间久了，就会形成你梦寐以求的稳定的获利模式。我们看到很多的投资者在学习的过程中，常常是因为一种方法没有学习透彻，导致交易结果没有达到自己的理想，然后就再去学习其他看起来或者听起来很不错的方法。结果还是没有能够融会贯通，交易结果还是没有达到自己的预期，觉得这种方法也不适合自己。于是，再放弃原来学习的方法，又继续去寻找新的交易圣杯。在学习和交易的过程中，再次因为相似的原因而改学其他交易方法，自然结果还是不够理想。为什么呢？因为，每一种方法都是浅尝辄止，没有真正地深入学习、没有理解后应用在实战中，所以觉得"无用"。虽然股市获利的方法千万种，但是适合自己的交易方法其实可供选择的不多。市场机会是无限的，我们的本金和时间是有限的。"猴子掰玉米"式的学习过程，实在是一个误区。

成功和失败都不是偶然的，操作的失误来源于思维的混乱。手法多而不精，就是多数投资者原先不成功的主要原因。专注少数几种方法，熟能生巧，知行容易一致。

"纸上得来终觉浅，绝知此事要躬行"，这句话说得很形象，有些方法只有亲身经历才能深刻理解。大家原先感觉会的手法也不是真的理解到位，以前我还常向朋友炫耀我的十种战法。说实话，多年来我并没有靠这十种战法赚到大钱，后来终于明白，不是所有的机会都能够把握住的，专注几种自己擅长的战法，摒弃大部分杂乱的方法，舍弃企图抓住市场每一个机会的贪念，只有专而精才能在股市中长久生存和发展。

　　一入股市总想学全股票所有的技术，以为那样才行，所以真是很难克服多学技术的强烈欲望。由于咱们的精力有限，很难样样精通。炒股是所有参与者智慧的较量，差一点也不行，所以炒股不要搞全能，一定要单项冠军。炒股到最后一定要从复杂到简单，把你的全部理念与技术凝聚成少数几套战法，或结合自己的特长找到最适合自己的操作系统，专注少数几套战法会使你对它越来越精通。只专注属于自己的操作模式的市场机会，不再眼红市场眼花缭乱的干扰，恪守本分，耐心等待符合自己战法的机会，就像狙击手在等待目标的出现一样。其实成功的交易者会用 80% 的时间等待，只用 20% 的时间操作。只专注少数几套战法会使你的操作简单明了，虽然你好像失去了大多数机会，其实股市不缺机会。这样你就有了一套完整的攻防策略，就像佛家讲的万法归一。

　　很多成功的投资者都有自己的独特操作体系。当然他们也都经历过"九九八十一难"取经的历程，用"荣耀苦旅"来形容他们是最贴切的。对急于成功的投资者，我想问：你准备好了吗？你技术过关了吗？心态调整好了吗？执行力训练出来了吗？你的交易策略制定好了吗？你形成了自己的一套战法了吗？如果把股市比喻成战场，你是一名合格的战士吗？很多投资者都是想进入股市就开始要赚快钱赚大钱，那是没意识到股市的残酷的另一面。术业有专攻，掌握了赚钱的门道，财富增长那只是一种结果。只要你没有成功，肯定有一个地方有缺陷，找到它，把它完善，那时你离成功才能更近。

二、顺应天道

  "天时、地利、人和，三者不得，虽胜有殃。"
——《孙膑兵法·月战》

  俗话说："会买的是徒弟，会卖的是师傅，会休息的是师爷。"这句话的核心就在于对时机的把握。板块的指数是由相应板块的众多个股集合而成，该板块的多数个股上涨会传导至板块的指数上涨。同理，该板块的多数个股处于下跌状态，代表该板块的指数就会下跌。反过来讲，该板块指数的上涨（下跌），那么同板块的个股必定也是多数个股上涨（下跌）。在一个上涨环境的市场中去挑选个股，赢面就会大些。在一个普跌的市场环境中去选股，由于可供挑选的个股大大减少，则容易失败，这里就是强调"势"的重要性。

  顺应天道，顺势而为，这个理念适应各行各业。这里的顺势而为既包括顺应涨势也包括顺应跌势，与市场共进退，不逆势。

  如何判断时机呢？

  古语有云："进退赢缩，与时变化，圣人之道也。""智者顺势而谋，明者因时而变，知者随事而制。"

股市有云："预知股市三天，富可敌国。"

所以，智慧的方法是我们做一个趋势的跟随者，发现趋势，跟随它，与之共舞，即所谓"顺势者昌"的哲学运用。

从1990年至2015年A股市场历史复盘，大数据统计发现，去头掐尾吃鱼身，用5日和10日及20日均价线作为参照物是比较客观的。这样做的好处是减少市场无序的波动干扰和有效克服人性的心理贪嗔痴，减少了主观性判断带来的模糊性，又抓住趋势发生转折的时机，它兼顾了短中期的操作策略。大多数人亏损的根本原因是凭借直觉进行交易，跟着感觉走，缺乏标准。市场多少点位是高点？多少点位是低点？什么时候到顶？什么时候到底？你说得清楚吗？你猜得准确吗？既然没有人先知先觉，那么我们就用标准化和量化的标准判断，就可以有效避免"佩戴两只手表看时间"的情况。

风起于青萍之末。趋势的转变都是从量变到质变的过程，任何一波行情的上涨都是从5日均价线开始。当行情经过一轮下跌之后，在向上升趋势转变之前，市场上的做多积极因素就会逐渐孕育，表现在指数K线图上的形式就是从一个暴跌——缓跌——止跌——上升开始，直到向上趋势的形成，行情发酵。

比如2014年7月开始的一轮牛市，很多老股民是满仓踏空了。经历了7年漫漫熊市之后，思维定式变成了"凡是上涨都是下跌趋势中的反弹"，以至于上升趋势明朗之后还在犹豫观望，担心一旦进场之后上升行情就结束。这一轮牛市发生以来，伴随着上证指数从7月底的2000点附近一路向上突破，2500点，3000点……A股在成交量、新增账户数、融资融券余额等数据都在不断创下新纪录，但此时老股民的心情却更加忐忑。让老股民和舆论都陷入了深深的自我怀疑之中，一遍又一遍地问：牛市来了吗？反弹什么时候结束？新股民没有漫长熊市下跌所带来亏钱的痛苦记忆，看到上涨行情中出现的赚钱效应则积极大胆开立证券账户进场买股、持股，收益跑赢大部分老股民。

我们用均价线趋势的转变作为进场和退场的依据，根据中短期均价线的趋势变化来调整资金仓位比例。趋势的变化也是一个逐渐从量变到质变的过程。根据这个原理，资金也要分批逐渐建仓和逐渐退场派发。"赚快钱"的心理是人性使然，大多数投资者有常年重仓交易的习惯。但是，若是不能做到交易过程中赚钱的概率大于亏钱的概率，那么这种频繁的、常年重仓的交易模式是不可能做到稳赢股市的。严格执行交易系统、风险管理及资金管理，这样才会保证我们持续稳定地盈利。

短线波段看5日和10日均价线，20日均价线（即月线）用来判定趋势。当板块的指数站上5日均价线并且5日均价线与10日均价线形成向上多头排列爬升，这就是一个短线波段看涨、入场建仓做多的时机。当20日均价线也拐头上行并不断向右边延伸，与5日均价线与10日均价线形成多头排列运行，就代表中期波段趋势上涨的形成。这个阶段就是要顺应涨势看多做多。

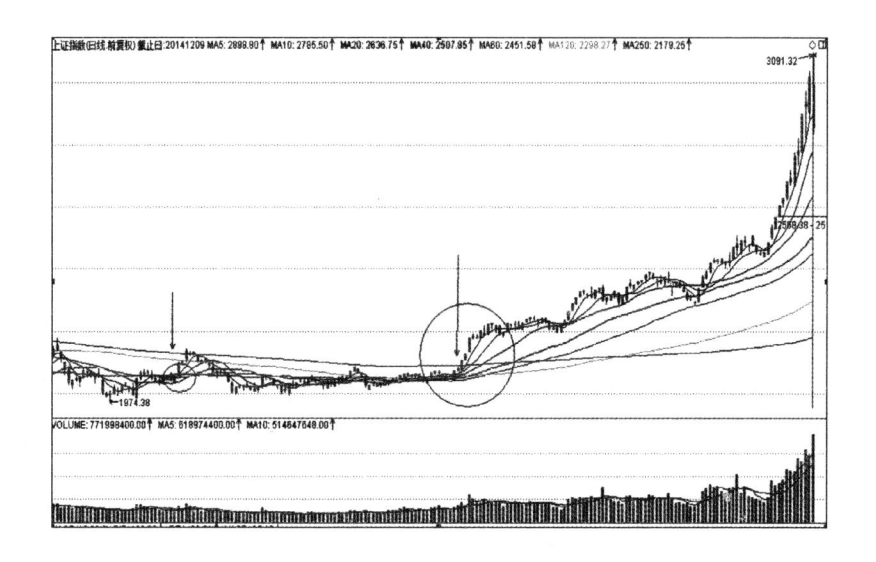

资本市场的风险特征主要是不确定，这个特征也正是股市的魅力所在。细节决定成败，诸事无常，谁也无法确定明天股市是上涨还是下跌。比如2015年的那轮前所未有、惊心动魄的股灾，一时间股市哀鸿遍野，一片萧瑟。短短两个月，上证指数几被腰斩，各路资金夺路而逃，市场极度恐慌。在股灾的初期，众多的投资者都认为当时的下跌是正常的市场调整行为，没有料到后面发展到出现千股跌停、千股停牌、千股涨停的局面，很多投资者在那轮股灾之中损失惨重。如果遵循趋势为王的理念，在市场出现趋势转向的时候做出减仓的决策，则不会干发生这样的事情。投资者应减少个人的主观性，尊重市场已经出现的事实，保持对市场的敬畏。

当板块的指数跌破5日均价线并且被5日均价线压制，10日均价线与5日均价线同步向下运行，这就是一个短线波段看跌、逐步减仓退场看空的时机。当20日均价线在上升趋势达到了峰值，拐头下行，同时10日均价线与5日均价线同步向下运行，就代表中期趋势下跌的形成，这个阶段就要顺应跌势减仓看空。

当下跌趋势确立之后，市场一定有不为人所知道的或是没有及时觉察到的内在因素。比如下图所示的 2015 年发生的股灾，表面上看是杠杆惹的祸，但是从后来披露的信息我们看到其中内幕交易触目心惊，一些兴风作浪的相关人员也得到了法律的制裁。在股市里，有的人把简单的事情复杂化了，有的人把复杂的事情简单化了。

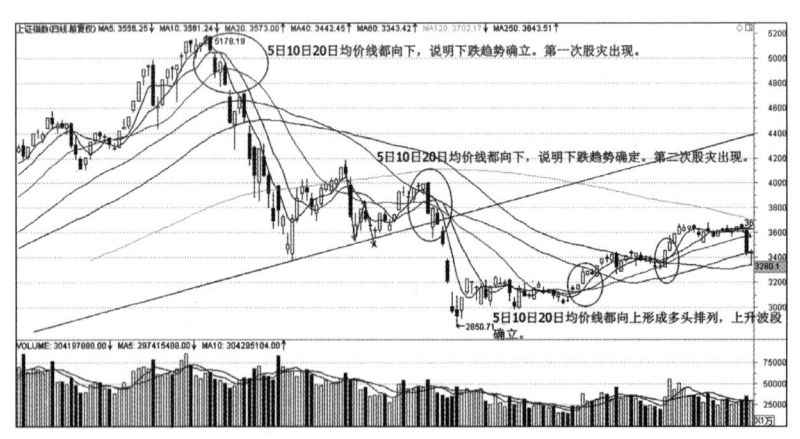

三、复利

复利是世界第八大奇迹。

——爱因斯坦

投资股票，好处多多。人的直觉意识中有一种本能的条件反射：趋吉避凶。那么多的投资者前赴后继涌入股市就是有力的证明。其中显而易见的好处就是投资的本金可大可小，少则几百元、几千元、几万元,多则以亿元为单元,因此也就有了所谓的"小散、大户"之分。本金不在于多少,核心是要能够稳健赢利,利用复利的威力,不断壮大资本账户,实现财富持续性地增长。

复利,也就是把所赚到的钱再进行投资,让钱再生钱。如果能让复利的车轮转起来,那钱就会自动生钱,让金钱为你工作。投资的时间价值会让你的资本增值。不断实现"利滚利",越早开始投资,你的财务自由目标就能越早实现。

复利回报表

年份	年回报 10%（万元）	年回报 20%（万元）	年回报 30%（万元）	年回报 40%（万元）
0	10	10	10	10
1	11	12	13	14
2	12.1	14.4	16.9	19.6
3	13.31	17.28	21.97	27.44
4	14.64	20.74	28.56	38.42
5	16.11	24.88	37.13	53.78
6	17.72	29.86	48.27	75.3
7	19.49	35.83	62.75	105.41
8	21.44	43	81.57	147.58
9	23.58	51.6	106.04	206.61
10	25.94	61.92	137.86	289.25
11	28.53	74.3	179.22	404.96
12	31.38	89.16	232.98	566.94
13	34.52	106.99	302.88	793.71
14	37.97	128.39	393.74	1111.2
15	41.77	154.07	511.86	1555.68

在我国居民投资理财中，投资渠道比较单一，又缺乏公开、公平、透明的投资标的物，而股市由于入场交易的门槛低，本金可大可小，进出灵活方便安全，投资收益存在"丑小鸭变成金凤凰"的特性，因此吸引了众多的投资者参与进来。

"股市是天堂，股市也是地狱"，这如同"朱门酒肉臭，路有冻死骨"，这要看是针对谁而言。那些被称之为世界首富、中国首富的人，他们之所以成为"首富"，请您列举出有哪一位不是与股票投资息息相关呢？我们很多人注定今生不会有马云、李嘉诚这样伟大的成就，但是这并不妨碍我们每个人都积极向上，追求做最好的自己，实现个人和社会价值的最优化。

很多人高估了一年内自己能做的事情，而忽略了自己在十年后能做的事情。

第二节　三种神股战法

下面系列战法的应用是建立在"五位一体"稳赢体系的基础之上的，即大势分析、主升浪、主力资金、热点板块和分时买卖点。

```
          大势分析
分时买点          双底三浪
        稳赢翻倍
    主流热点    主力资金
```

神股，它是指股票市场在某一个时期里表现靓丽、阶段涨幅排名靠前的股票。是某一时期在市场中对同行业板块的其他股票具有影响和号召力的股票，它的涨跌往往对其他同行业板块股票的涨跌起引导和示范作用。龙头股并不是一成不变的，它的地位往往只能维持一段时间。它的特质具有千里挑一，惊艳全场，万众瞩目，龙头范。

上海普天（600680）堪称2015年充电桩概念的龙头。从2015年9月8日见底之后的29个交易日，股价从14元附近涨到接近 60 元。区间涨幅 300%。

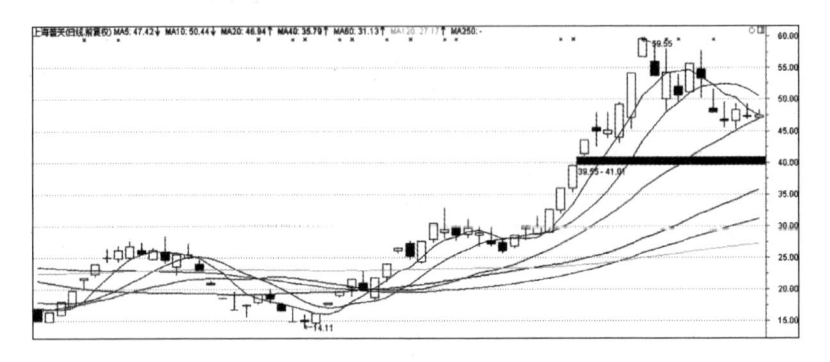

梅雁吉祥（600868）在政府救市阶段，证金公司大举增持，被市场称之为"王的女人"。

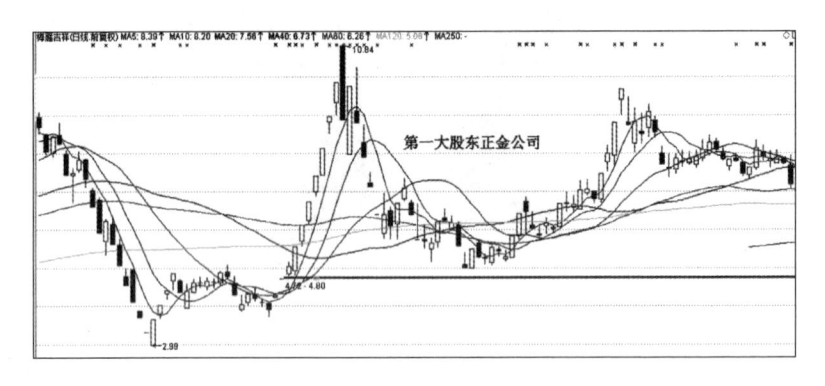

特力 A（000025）堪称 2015 年游资接力推升的"妖股"。

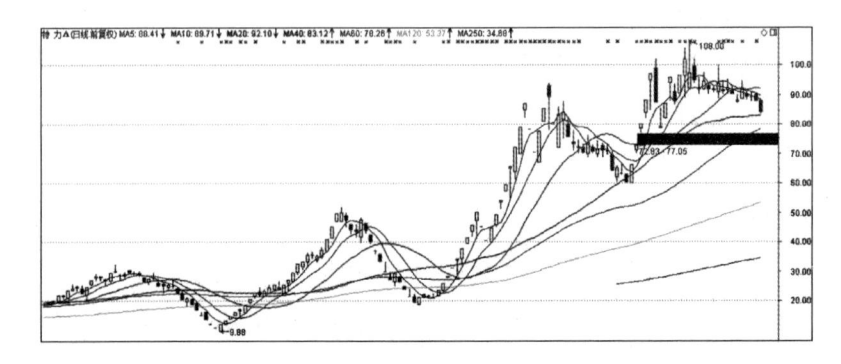

一、"潜龙腾渊"战法

"潜龙"出自于《周易·象辞》："初九，潜龙勿用。"隐喻事物在发展之初，虽然有发展的势头，但是比较弱小，所以应该小心谨慎，不可轻动。所谓"潜龙腾渊"战法，是指该战法模型中的股票必须是该股曾经具备了龙股的特征，已经是市场上很强悍的个股。这首先就概定了选股的范围。其次，该股必须在成为了龙股之后有过潜伏（回调）一段时间，而不是那种连续暴涨、一步到位的走势。把具备这种特征的股票收集起来，耐心等待"潜龙腾渊"的时机，从而龙腾虎啸。

"潜龙腾渊"战法结构形成的市场原理：

首先，当股价从一个波段的低点开始快速上涨，随着股价不断上涨，主力处于一个边拉升边出货的过程，后知后觉的投资者也积累了丰厚的获利盘，另外一种情况是新进主力在建仓完毕后拉高股价。当股价在短短几个交易日上涨超过35%或是60%甚至翻了一倍之后，市场中不再有交易者愿意继续买进。从这点开始，市场从供给过少变成供给过多，价格从而开始停止向上运行，交易者发现价格开始滞涨，就会卖出平仓。前期介入的投资者这种卖出的交易行为就会引发价格下跌。一直等待机会做多的交易者看到调整结束了，便开始入市做多，从而调整结束，价格上扬。

其次，这些做多的交易者，特别是新建仓的主力通过一个月以上的清洗浮筹，挤掉一些超短线的交易者和不坚定的交易者。这样为第二波的上涨打下了基础。看到第二波的涨势出现了，那些原来看空的交易者会认为之前的下跌只是市场的短暂洗盘，价格将会延续上涨趋势，他们便开始重新入市做多。他们不断买进的行为促使价格继续向上运行。

如果涨势得以确认，价格会一直向上运行并突破第一波上升的高点，导致之前横盘或是下跌的趋势结束，新的做多者会进入市场推动价格形成新的上涨趋势。如果前期高点不突破，那价格将不会进一步向上运行。如果突破前方高点之后又回踩下来，使市场重新进入横向运行。这种横向运行可能是力量的积聚而使市场向上突破，也可能是力量的释放而使市场开始向下运行，这时的对策只能静观其变。如果横向运行确实是力量积聚，价格会向上突破。

这种"潜龙腾渊"的模式，适合大资金慢慢布局，同时也适合上班族或是平时工作忙、选股看盘时间少的投资者。该战法具有选股标准量化清晰，不模棱两可，可复制性强，资金利用效率高、安全稳妥，利润波段大的优势。需要注意的是，该战法的核心标准有起手式、防守式和雷霆出击式。

（1）起手式中找到大一浪的起点，测量大一浪的幅度。这个涨幅最低标准应超过40%。

（2）防守式是指从一浪的最高点回调到二浪结束，这期间的要求是：跌幅不能超过一浪涨幅的25%，同时调整的时间应在10个交易日至30个交易日之内。

（3）雷霆出击式是三浪1的爆发点，优选涨停板的方式突破下降趋势线，次选涨幅超过7%的大阳K线。突破之后需要量价持续保持滚量推动。在一浪当中，需要量价齐升，没有异常量；在二浪回调期间，量能逐渐缩小。

从波浪理论的应用上去理解，就是价格运动由一系列波动组成，这些波动有时会朝一个方向发展，并产生明显的波峰和波谷，正是这些波峰和波谷构成了趋势。那么，大一浪其实就是波峰，是旗杆。大二浪其实就是波谷，是调整趋势，是旗面。大三浪是二浪结束，是向另一个上升波峰趋势的转变，如下图所示。

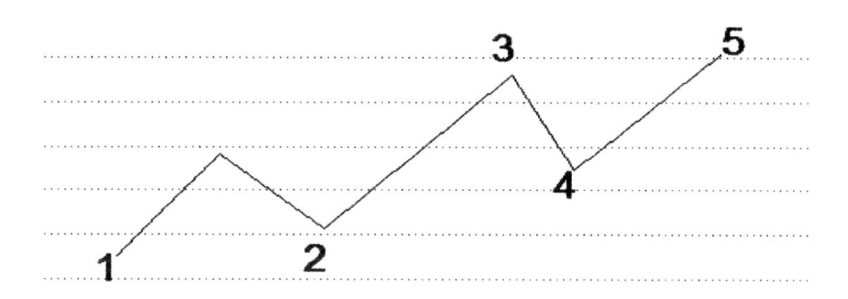

（一）实战案例回放：金安国纪

金安国纪（002636）是从事印制电路用覆铜板产品的研发、生产和销售的高新技术企业，是中国国内行业排名第二的生产商。该公司具有较大的规模优势和较强的行业影响力，现有"金安"和"国纪"两大品牌，可满足客户多元化需求。

1. 图形特征

"一大二小量匹配"。即一浪的涨幅大，二浪回调幅度要小，同时成交量要相应匹配。也就是量增价涨、量缩价跌。

2. 选股原理

（1）低价，股本适中。总股本7.28亿股，其中流通2.46亿股。

（2）高送转和填权题材，这是每年上半年都会有的一波投资机会。公司公告：2014年末期以总股本28000万股为基数，每10股转增16股。

（3）2015年上半年度归属于上市公司股东的净利润盈利359690万元至449613万元，比上年同期上升20.00%至50.00%。

3. 操作要点

（1）起手式：该股从2015年3月18日突破一年来的高点之

后，加速飙升。到2015年4月14日，运行了18个交易日，大一浪的涨幅150%（这就是图形中的"一大"特征）。

（2）防守式：随后见顶，以5浪下跌形态楔型式回调。从2015年4月14日见顶之后，缩量回调到2015年5月7日，时间是17个交易日，跌幅12%（这就是图形中的"二小"特征）。

（3）雷霆出击式：在2015年5月8日再次启动，并且是以涨停板方式突破。启动当天，在盘中监控到，及时介入，次日开涨认定之后再加仓，随后一路飙升。按照持股线，从2015年5月8日至2015年6月1日，又是一个17个交易日的波段，涨幅170%（这就是图形中的"量匹配"的特征），成为当之无愧的市场明星股，凸显出神股风范。

（4）该股的一个亮点之处在于时空周期配合非常理想。一浪、三浪放量上涨与二浪缩量回调的时间周期都是17个交易日，同时该股在大三浪中公司实施了10转增16股的方案，走出了一波填权的行情。从公布高送转的方案到该方案的实施，是一个完整的题材运作。

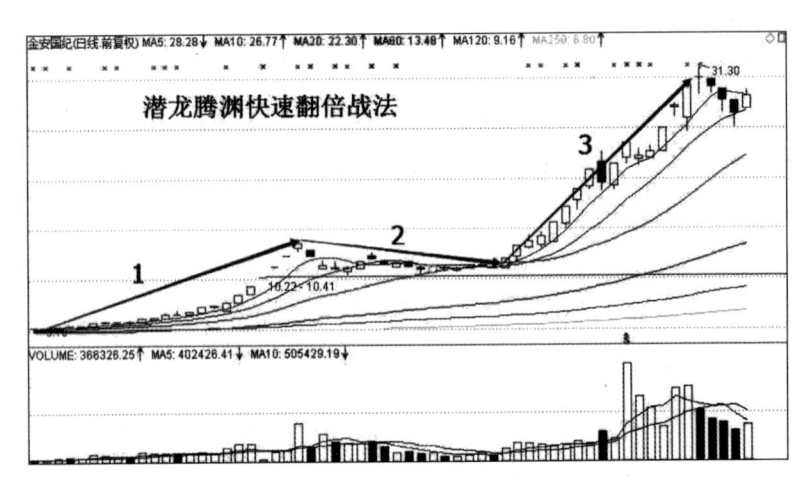

4.注意事项

需要当时大势配合,题材是当下的热点,这样后续爆发力会更强。跌破持股线要果断出局。持股线因人而异,可以是不再涨停,也可以是不创新高,或者跌破5日线等等。

(二)实战案例回放:国祯环保

国祯环保(300388)是我国市政污水处理行业市场化过程中能够提供"一站式六维服务"综合解决方案的专业公司之一,是一家老牌市政污水处理公司。

1.图形特征

"一大二小量匹配"。即一浪的涨幅大,二浪回调幅度要小,同时成交量相应要匹配。也就是量增价涨、量缩价跌。

2.选股原理

(1)中低价,股本适中。总股本2.65亿股,其中流通仅6618万股。

(2)2015年3月18日披露了《关于重大事项停牌公告》,因筹划非公开发行股票事宜,根据深圳证券交易所《创业板股票上市规则》的有关规定,公司股票自2015年3月18日开市起停牌。2015年3月19日开市起复牌。2015年3月24日、25日两天涨停。拟非公开发行不超过1200万股,非公开发行募集资金扣除发行费用后不超过5亿元,全部用于补充生活污水处理投资运营项目配套资金和偿还银行贷款,待方案实施后,财务压力将有望得到缓解。2014年年度权益分派方案已获2015年4月30日召开的2014年年度股东大会审议通过了权益分派方案。本公司2014年年度权益分派方案为:以公司现有总股本88226542股为基数,向全体股东每10股派1.2元人民币现金；同时，以资本公积金向全体股东每10股转增20股。

（3）2015年1月1日上年同期至2015年3月31日盈利903.85万元——归属于上市公司股东的994.24万元，盈利903.85万元，净利润较上年同期相比增长10%。

3.操作要点

（1）起手式：该股从2015年3月24日以涨停板的方式突破上市以来的高点之后，进入飙升的阶段。到2015年4月14日，运行了13个交易日，大一浪的涨幅100%，满足了起手式的要求。

（2）防守式：从2015年4月14日见顶之后，以abc的方式回调到2015年5月7日结束，时间是17个交易日，跌幅16%，满足了防守式的要求。随后见顶回调，形成旗型整理形态。

（3）雷霆出击式：在2015年5月8日再次启动，并且是以涨停板方式启动，次日更是以涨停板越过了下降趋势线的压力。启动当天，在盘中监控到，及时介入，次日开涨认定之后继续加仓，随后一路飙升。按照持股线，从2015年5月8日至2015年5月28日，大三浪运行了15个交易日，涨幅100%，达到了快速翻倍的目标。

（4）该股的一个亮点之处在于利用非公开发行股票、募集资金缓解公司财务压力的实质性利好，给后续的炒作提供了基本面的支持。时空周期配合比较理想。一浪、三浪上涨和二浪回调的时间周期都比较接近对称。同时，该股在大三浪中公司实施了10转增20股的方案。

4. 注意事项

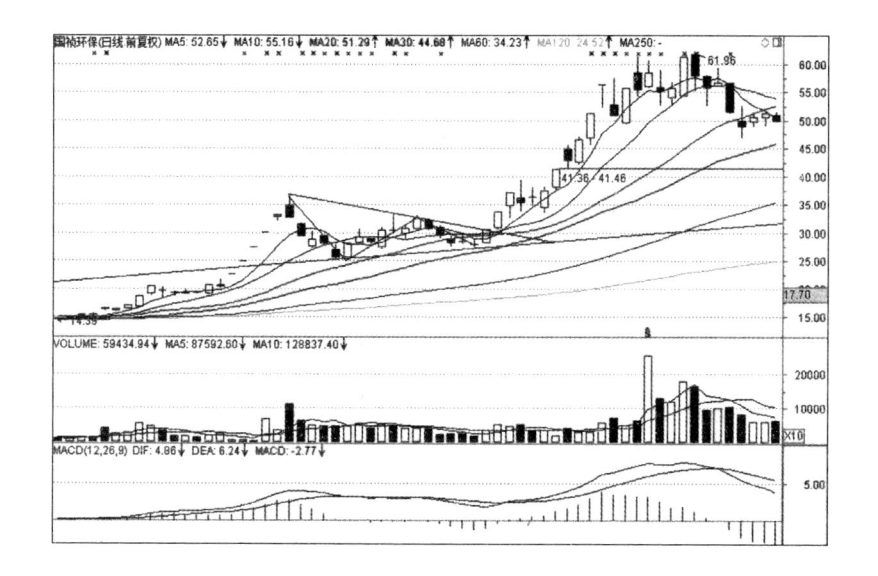

需要当时大势配合，题材是当下的热点，这样后续爆发力会更强。跌破持股线要果断出局。

（三）实战案例回放：罗平锌电

罗平锌电（002114）是国内首家集水力发电、矿山探采选、锌锭加工的企业。

1. 图形特征

"一大二小量匹配"。即一浪的涨幅大，二浪回调幅度要小，同时成交量相应要匹配。也就是量增价涨、量缩价跌。

2. 选股原理

（1）中低价，一浪启动时不足 7 元。小盘股本，总股本 2.72 亿股，其中流通仅 8625 万股。

（2）于 2014 年 3 月 11 日发布了《关于重大事项停牌的公告》，

因本公司控股股东罗平县锌电公司正在筹划可能涉及上市公司的重大事项，公司股票自2014年3月11日开市起停牌。自公司股票停牌以来，锌电公司与云南能投进行了多次协商，相关中介机构亦就此事项对锌电公司进行了尽职调查、审计、评估。2014年6月5日，云南能投提出"双方暂不具备进一步开展工作的条件"，从保护全体股东利益出发，决定停止筹划此次战略合作重大事项，同时控股股东锌电公司承诺：自公司股票复牌之日起六个月内，不再筹划与上市公司相关的重大事项。经向深圳证券交易所申请，公司股票将自2014年6月9日开市起复牌。

3. 操作要点

（1）起手式：该股从2014年3月10日停牌，直到2014年6月9日复牌，在6月10日以底部涨停板的方式确立大一浪的起涨点。稍加整理之后，用3个连续涨停板走完大一浪。到2014年7月4日，运行了19个交易日，大一浪的涨幅85%，满足了起手式的要求。

（2）防守式：随后见顶回调。从2014年7月4日见顶之后，维持高位震荡，回调到2014年7月21日结束，时间是12个交易日，跌幅仅仅4%。满足了防守式的要求。

（3）雷霆出击式：在2014年7月22日再次启动，并且是以涨停板方式突破箱体，次日更是以涨停板开启大三浪。启动当天，同样在盘中监控到了，及时介入，次日在涨停板上方继续加仓，随后一路飙升。按照持股线，从2015年5月8日至2015年5月28日，大三浪运行了15个交易日，涨幅100%，达到了快速翻倍的目标。

（4）该股的一个亮点之处在于利用重组这个概念，引起市场的关注度，主力也是对此类的题材反复炒作。

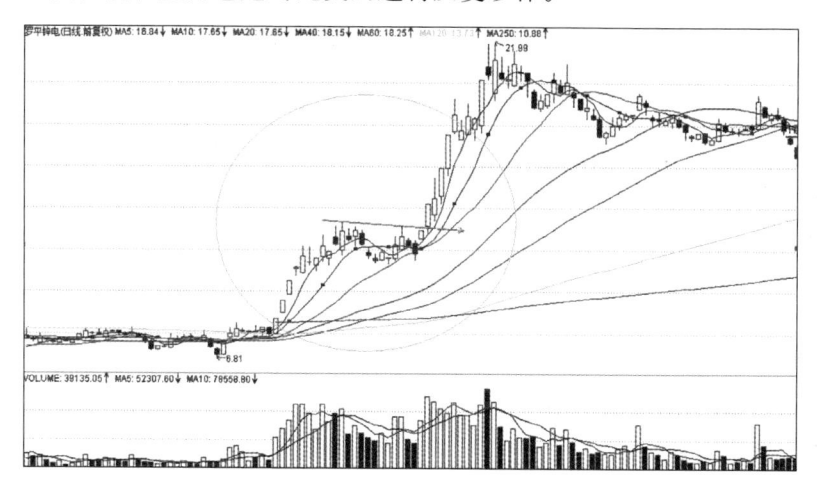

4. 注意事项

需要当时大势配合，跌破持股线要果断出局。题材是当下的热点，这样后续爆发力会更强。

（四）实战案例回放：诚益通

诚益通（300430）是医药、生物工业自动化控制系统整体解决方案的提供商，专注于制药、生物制品生产过程中的自动化控制应用，主要面向大中型制药、生物企业提供个性化的自动化控制系统产品及整体解决方案。

1. 图形特征

"一大二小量匹配"。即一浪的涨幅大，二浪回调幅度要小，同时成交量相应要匹配。也就是量增价涨、量缩价跌。

2. 选股原理

（1）次新中低价股，上市开盘15.49元，一浪启动时不足7元。

小盘股本，上市初总股本不足 1 亿股，其中流通仅 1520 万股。

（2）工业 4.0 属性凸显，逐步渗透到制药、化工行业。公司形成了多项自主研发的专利及非专利核心技术，具备了执行器、控制器等自动化控制系统关键产品的自主设计、研发和加工能力，能够提供发酵／合成、分离纯化、成品制备、辅助工段等四大类自动化控制系统。

3. 操作要点

（1）起手式：该股从 2015 年 3 月 19 日上市，3 月 31 日打开一字板，直到 2015 年 4 月 8 日见高点，运行了 14 个交易日，大一浪的涨幅 190%，满足了起手式的要求。

（2）防守式：2015 年 4 月 8 日见顶随后回调，维持高位窄幅震荡，回调到 2015 年 4 月 28 日结束，时间是 14 个交易日，跌幅仅仅 2.8%，满足了防守式的要求。

（3）雷霆出击式：在 2015 年 4 月 29 日再次启动，并且是以涨停板方式突破箱体，次日稍加整理，之后便是一去不回头了。启动当天，同样在盘中监测到了，及时介入，次日在涨停板上方继续加仓，随后一路飙升。按照持股线，从 2015 年 4 月 29 日至 2015 年 5 月 27 日，大三浪运行了 20 个交易日，涨幅 132%，同样达到了快速翻倍的目标。

（4）新股中签率很低，大多数投资者没有这个享受上市之后连续一字板的机会。那么，次新股上市打开涨停板之后就会进行充分的换手，通常在这个大二浪阶段围绕一个箱体震荡换筹。一旦新的机构介入之后换筹完毕，就很容易走出大三浪的快速翻倍的行情。

4. 注意事项

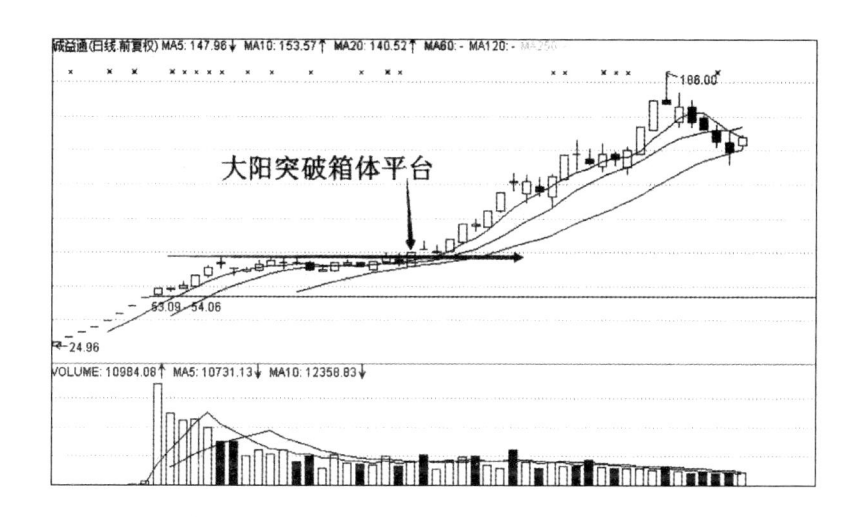

需要当时大势配合，牛市中更容易出现快速翻倍，上市公司的题材也要符合未来的想象空间，这样后续爆发力会更强。跌破持股线要果断出局。

（五）实战案例回放：智慧松得

智慧松得（300173）公司是中国印刷加工设备行业一家处于领导地位的制造服务商，也是当前国内凹印设备的柔印设备制造行业发展速度最快、技术最先进、规模最大的重点高科技民营企业。

1. 图形特征

"一大二小量匹配"。即一浪的涨幅大，二浪回调幅度要小，同时成交量相应要匹配。也就是量增价涨、量缩价跌。

2. 选股原理

（1）中低价，股本适中。总股本 5.86 亿股，其中流通仅 2.44

185

亿股。

（2）根据公司 2014 年度利润分配预案：以截至 2014 年 12 月 31 日的公司总股本 19539.3501 万股为基数，以资本公积金向全体股东每 10 股转增 20 股。公司已于 2015 年 5 月 11 日披露了《关于筹划重大事项的停牌公告》，已于 2015 年 5 月 11 日上午开市起停牌。

3. 操作要点

（1）起手式：该股从 2015 年 3 月 25 日到 2015 年 4 月 6 日挖了一个坑，圆弧底，4 月 7 日以涨停板的方式结束调整走出锅底，恰好公司在 4 月 9 日公布高送转方案，连续一字板回应市场上的期待。到 2015 年 4 月 15 日，运行了 7 个交易日，大一浪的涨幅 66%，满足了起手式的要求。

（2）防守式：随后见顶回调。从 2015 年 4 月 15 日见顶之后，在一个箱体整理，回调到 2015 年 5 月 7 日结束，时间是 15 个交易日，涨幅 1.9%，满足了防守式的要求。

（3）雷霆出击式：在 2015 年 5 月 8 日再次启动，并且是以涨停板方式启动。启动当天，在盘中监控到了，及时介入，不巧的是次日就开始停牌。后来由于各方未能就资产收购事项达成一致，该公司决定终止本次重大事项的筹划，2015 年 5 月 22 日开市起复牌。复牌之后又是连续的一字板，直至 6 月 2 日，共计 9 个交易日，涨幅 95%，而后结束大三浪，也达到了快速翻倍的目标。

（4）该股的一个亮点之处在于利用高送转和重组的信息，在大一浪和大三浪中，以迅雷不及掩耳之势快速完成主力的获利目标。

4. 注意事项

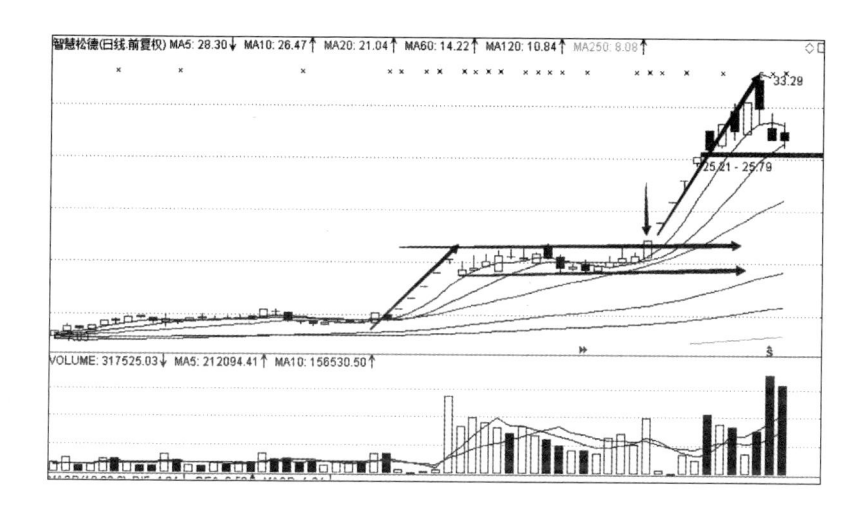

需要当时大势配合，跌破持股线要果断出局。题材是当下的热点，这样后续爆发力会更强。

二、"飞龙"战法

所谓"飞龙"战法，是指连续的涨停板或者是一字板，形成第一波犀利的上升攻势之后，中途强势调整1-2天，视为换挡加油。随后再继续加速狂飙，走势流畅。

这类股票大多是受到突发利好消息影响，导致各路资金集体抢筹，这类股票往往能扮演板块中的龙头品种，聚集市场人气，万众瞩目，容易引起市场人士的共鸣而遭受资金击鼓传花式炒作，短线爆发力极强，往往预示着后市有更大的上涨行情。其走势如行云流水，流畅，简洁，优雅，赏心悦目。

"飞龙"战法的图形特征是"流畅、简洁"，其操作口诀为"起步，换挡，加油门"。

"飞龙"战法的核心标准：

（1）选股模型：周内涨停板。

（2）连续涨停板之后第一次打开，优选调整幅度不跌破涨停板的二分之一，调整时间是一天。第三天突破调整的K线作为买入的标准。买入之后务必要继续再向上攻击，天天创新高。次选的是连续调整两天，调整幅度不跌破涨停板的二分之一，第四天突破调整两天的K线收盘价，作为买入的标准，通常会再次飞出去开始新的一轮快速上涨。

（3）第一次打开涨停，调整一天或是两天，这是第二浪，再次突破算是三浪。第二次调整就是四浪，再起就是五浪。强势的股通常有一个完整的五浪结构。

（4）卖出以持股线为标准，简单客观，不容易因盘中的震荡而被摔下来。另外一种卖出标准是不创昨天的新高则短线卖出。因为这种战法最重要的是讲究"流畅、简洁"，一旦不创新高，那么流畅运行的节奏就破坏了。进出要果断，避免被拖垮。防止出现阶段性的顶部。

如果开板后连续调整两日，第三日仍未能上涨者，估计短线会持续调整，观望为宜。

为什么要以两日为限呢，这是因为：第一日开板后，后进来的机构也会进场，抢筹或是与原来的机构换筹，或者原来的主力利用打开回档的机会清洗一批不坚定的、见好就收的投资者，达到了顺势洗盘的目的。第二日部分短线客头日追涨失败后，估计次日会止损而出，次日早盘抛压较重。如果短线进出趋于平稳后第三日仍未能如愿上行，那说明新进主力不强，出局观望。

这种"飞龙"战法适合中小资金快速建仓，同时也适合有充裕的看盘时间、心理素养稳定、操盘风格果断、追求超短线获取暴利的投资者。该战法具有选股标准量化清晰，不模棱两可，可复制性强，资金利用效力高，利润波段大的优势。

（一）实战案例回放：华贸物流

华贸物流（603128）主营业务分为供应链贸易和跨境综合物流两大板块，占有天时地利的优势条件。

1. 图形特征

"流畅、简洁"。即股价的走势表现在K线图上是波段清晰，涨跌有序，简洁有力，不会是拖泥带水的形式。

2. 选股原理

（1）低价股，股本适中。总股本4亿股，全流通。

（2）作为国家开放战略，国务院正式批准设立中国（上海）自由贸易试验区。属于特大题材类型。

3. 操作要点

（1）起步：该股从2013年8月19日、8月20日连续一字板，到2013年8月21日盘中打开一字板之后又封回去。

（2）换挡：8月22日盘中突破8月21日收盘价,盘中监测到了,及时介入,收盘涨幅3.73%。8月23日冲高回落,收盘跌−1.16%。但是突破了8月22的收盘高点，也在持股线之上，所以继续持股。

（3）加油门：2013年8月26日开盘跳空高开，高开高走，收盘涨停突破了两天调整的收盘价，开始走剽悍的三浪。从8月26日至9月10日，短短12个交易日，涨幅120%。实现了快速翻倍的目标。

（4）连续的一字板：在9月2日盘中打开，这里盘中就完成一个调整浪，我们称之为四浪，9月3日继续突破前一根K线的新高，可继续加仓或是为还没有买入的投资者再提供一次买入的机会，一般也是最后的五浪了。9月9日、9月10日连续两天的上影线，预告了五浪的出现。

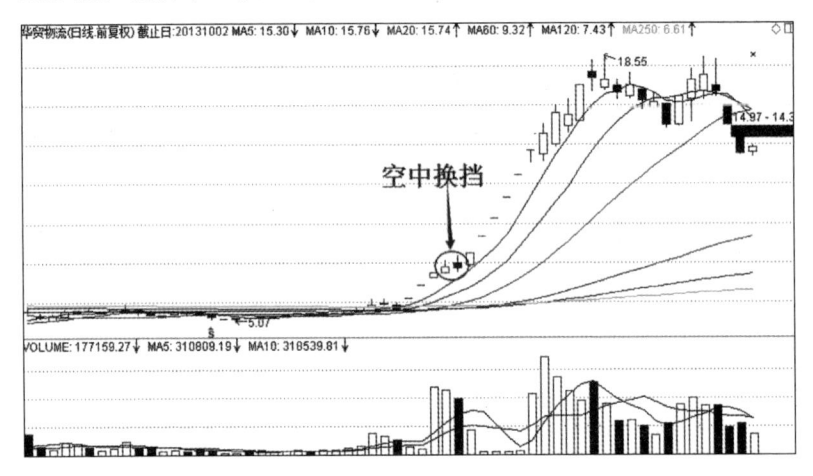

4. 注意事项

需要当时大势配合，题材是当下的热点，这样后续爆发力会更强。买入之后，不创新高、跌破持股线要果断出局，不易恋战，再去做下一只符合"飞龙"战法的股票。

（二）实战案例回放：中国中车

中国中车（601766）主要从事铁路机车、客车、货车、动车组及城轨车辆的研发、制造、销售及翻转以及其他轨道交通装备专有技术延伸产业。

1. 图形特征

"流畅、简洁"。即股价的走势表现在K线图上是波段清晰，涨跌有序，简洁有力，不会是拖泥带水的形式。

2. 选股原理

(1) 中低价股,合并后总股本 273 亿股,其中流通股 229 亿。

(2) 作为国企改革,这是 2015 年国家战略的一部分。中国南车、中国北车合并,进行重组。属于年度的大题材类型。

3. 操作要点

(1) 起步:该股从 2015 年 3 月 27 日因重组停牌,4 月 7 日复牌之后连续一字板,到 2015 年 4 月 9 盘中打开一字板之后又封回去。

(2) 换挡:4 月 10 日调整,收盘价跌 −1.5%,盘中监测到了,及时介入。

(3) 加油门:2015 年 4 月 13 日开盘跳空高开,高开高走,收盘涨停突破了 4 月 10 日调整的收盘价,开始连续拉升,一口气拉了 5 个涨停板。从 4 月 13 日至 4 月 17 日,短短 5 个交易日,涨幅 60%。

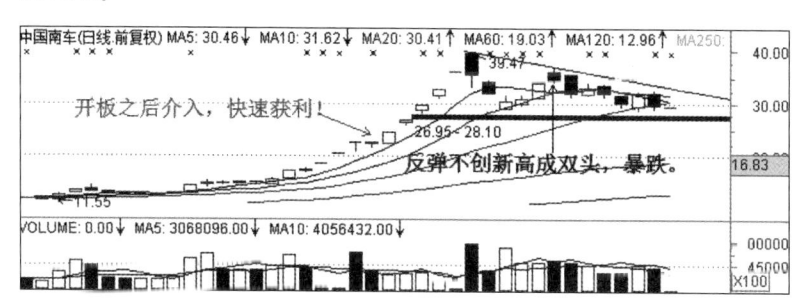

4. 注意事项

需要当时大势配合,题材是当下的热点,这样后续爆发力会更强。买入之后,不创新高跌破持股线要果断出局,不易恋战,再去做下一只符合"飞龙"模型的股票。

（三）实战案例回放：双杰电气

双杰电气（300444）主营业务是运输配电及控制设备的研发、生产和销售，是国内第一批自主研发、制造生产环网配电设备的企业。

1. 图形特征

"流畅、简洁"。即股价的走势表现在 K 线图上是波段清晰，涨跌有序，简洁有力，不会是拖泥带水的形式。

2. 选股原理

（1）次新股，价格低，股本适中。总股本 1.38 亿股，流通 3448 万股。

（2）配电设备主要参与者，环网柜产品国内领先。公司主营配电及控制设备业务，产品包括 12kV 及以下环网柜、箱式变电站、柱上开关等。其中，环网柜为公司主要产品，该产品各项技术指标全面优于传统产品，属国际发明、国内首创，已被列为国家重点新产品。新股上市，炒新气氛浓厚。

3. 操作要点

（1）起步：该股从 2015 年 4 月 23 日上市，之后连续 8 个一字板，到 5 月 6 日盘中也是快速拉升至涨停。

（2）换挡：5 月 7 日低开，跌停。

（3）加油门：5 月 8 日阳包阴，快速收复失地，涨停报收，连续 14 个涨停板，至 5 月 28 日涨停打开，直接快速打到跌停。到 5 月 28 日，15 个交易日，涨幅超过 240%。

4. 注意事项

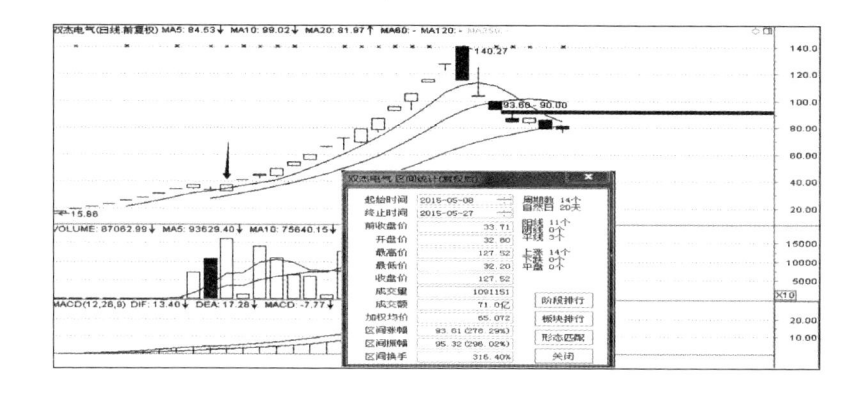

需要当时大势配合，题材是当下的热点，这样后续爆发力会更强。买入之后，不创新高跌破持股线要果断出局，不易恋战，再去做下一只符合"飞龙"模型的股票。

（四）实战案例回放：东方证券

东方证券（600958）的自营业务是公司的核心业务，投资收益已成为其最重要的收入来源。公司已发展成为证券金融控股集团，下属企业有东证资管、东证期货、东证资本投资、东证创新投资、东方金融控股（香港）、东方花旗等公司，覆盖资管、期货、直投、另类投资等业务，形成集团化业务布局，未来将形成较强的业务协同效应。

1. 图形特征

"流畅、简洁"。即股价的走势表现在K线图上是波段清晰，涨跌有序，简洁有力，不会是拖泥带水的形式。

2. 选股原理

（1）次新股，价格低，股本适中。总股本52.8亿股，流通10亿股。

193

(2) 证券研究业务和资产管理业务在业内排名前十。东方证券研究业务发展定位清晰，在行业内具有显著优势，投资咨询业务综合收入在 2012 年和 2013 年行业排名中分别位列第八名和第五名。资产管理业绩近年增速较快，主要得益于拥有较强的专业团队和产品业务创新能力，受托资产管理业务净收入在 2012 年和 2013 年行业排名中分别位列第七名和第八名。净杠杆率在上市券商中最高，新股发行后净杠杆率会有所下降，但预计仍为上市同业中最高的。新股上市，炒新气氛浓厚。

3. 操作要点

(1) 起步：该股从 2015 年 3 月 23 日上市，之后连续 4 个一字板，到 3 月 30 日盘中打开一字板，当天涨幅 4.91%。

(2) 换挡：3 月 31 日和 4 月 1 日，强势横盘。

(3) 加油门：4 月 2 日继续创新高，到 4 月 8 日，7 个交易日，涨幅超过 57%。

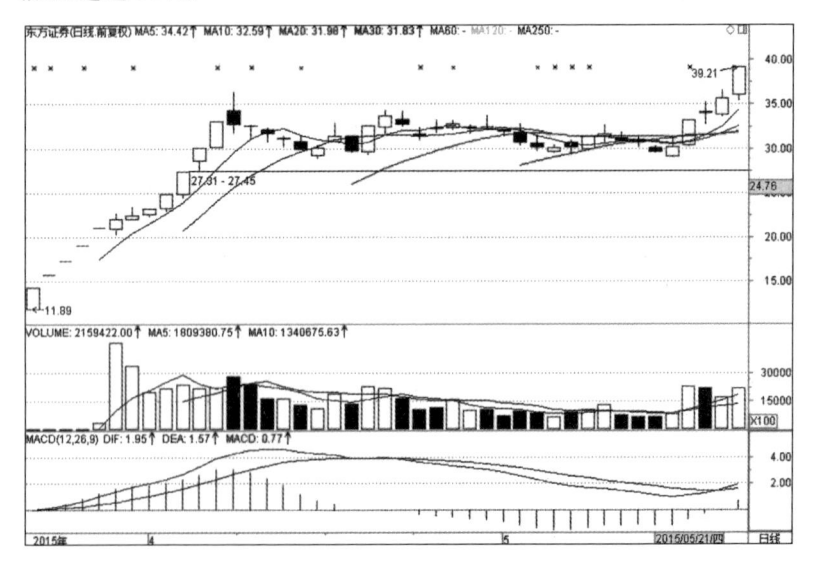

4.注意事项

需要当时大势配合,题材是当下的热点,这样后续爆发力会更强。买入之后,不创新高跌破持股线要果断出局,不易恋战,再去做下一只符合"飞龙"模型的股票。

三、"回眸一笑"战法

所谓"回眸一笑"战法,是指在一波连续上升趋势波段里,涨幅是在15%以上,之后回调的时间在5天之内,回调幅度小于回调前的涨幅的二分之一,再次上涨要求过顶创新高。

常言道:"性格决定命运。"对于股票也同样如此,股票过往走势记载了该只股票的气质,一只经常出现涨停的股票在关键时刻就往往敢于涨停。一只经年累月不见一个涨停板的股票其涨停的概率必然就小,这就是股票的内在基因。在我们的神股系列战法运用上,这种基因尤其是要强调的,具有重要的参考意义。股票走势的背后是该股操盘手的性格记载,一些性格豪爽、心胸开阔的操盘手操作股票时往往大开大合,有事没事就常拉个涨停板给你瞧瞧;一些谨小慎微、瞻前顾后的操盘手操作起股票来往往几个月甚至几年都不见一个涨停板,这是气质决定的。依我的个人经验来看,拉涨停板还真不是什么严谨的技术活,就是一种气势,关键时刻该出手时就出手,敢拉涨停跟风盘就多,只要大盘环境不太坏,往往会比那些畏畏缩缩的小家子器的股票走势更能提高操盘资金的使用效率。

"回眸一笑"战法特别强调是在一波连续上升趋势波段中,形态要求简单漂亮,上涨有力度硬朗(这是"一走")。回调洗盘时间周期要控制在5天之内(量能同比缩小,价跌量减),并且幅度不能太大(这是指"二看")。若是洗盘太深太凶悍拖泥带水,那么回眸一笑不是百媚生了,那就是恐怖了。洗盘结束重新上涨,放量(量比一般在 1 之上)突破前高(一走)买入(这就是"三通过")。

因此,在做选股作业时,要尽量选取是市场热点板块的龙头个股,这作为优先考虑,因为这类股很容易得到市场的青睐,最强也最安全。

这种战法适用于大多数投资者,是一种波段起爆点的模型,资金大小皆宜。对于"恐高"一族是比较稳健的一种战法。

(一)实战案例回放:金一文化

金一文化(002721)的三大优势:第一,积极探索"工业4.0"新领域,走在黄金珠宝产业转型升级最前沿;第二,收购浙江、江苏优质珠宝企业,为发展成为全国性金银珠宝品牌打下基础;第三,积极布局互联网平台,"触网"概念大幅提升估值,盈利能力和竞争能力有望再度提高。

1. 图形特征

一走二看三通过。连阳硬朗、洗盘时间短,过顶创新高。

2. 选股原理

(1)2014 年上市,股本适中。总股本 2.16 亿股,流通 7368 万股。

(2)公司 2015 年 4 月 21 日发布公告,公司与中国黄金协会、沈阳机床根据加速高端装备制造升级推动中国黄金珠宝产业转型的战略需要,三方共同决定在中国黄金珠宝产业开展合作。

3. 操作要点

(1)一走:该股从 2015 年 2 月 13 日停牌,到 4 月 8 日一字板复盘,至 4 月 13 日,共计 4 个交易日,在这个连续上涨趋势波段中,涨幅 40%。

（2）二看：4月14日至4月20日，夹阴夹阳的走势，回调了5天，回调幅度5.86%。

（3）三通过：4月20日尾盘60分钟走出5浪底，盘中监测到了，买入底仓跟踪，4月21日加重仓。4月21日涨停板突破了调整了5天的小平台创了新高。4月22日及随后几天的时间，在微信公众号公开发表文章《你有文化吗？》一文，详细分析了该股。从4月20日到28日，短短6个交易日获利70%。

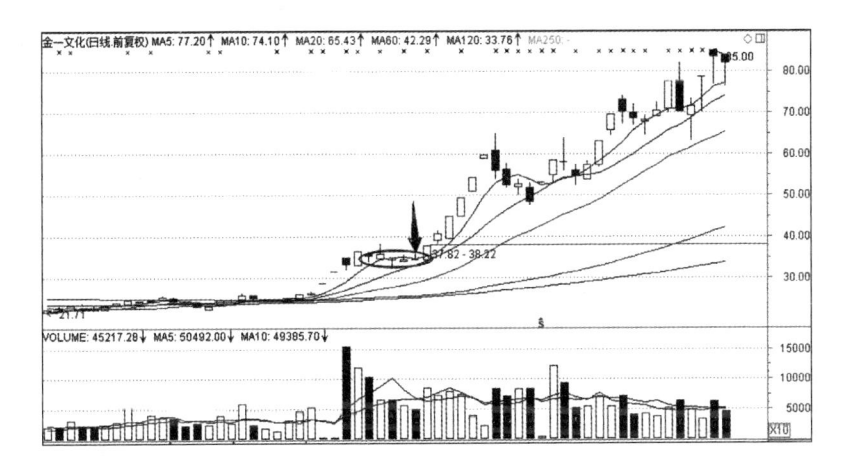

4. 注意事项

需要当时大势配合，题材是当下的热点，这样后续爆发力会更强。买入之后，不创新高跌破持股线要果断出局，不易恋战，再去做下一只符合"回眸一笑"模型的股票。

（二）实战案例回放：群兴玩具

群兴玩具（002575）是国内最大的自主品牌电子电动玩具企业之一。

1. 图形特征

一走二看三通过。连阳硬朗、洗盘时间短，过顶创新高。

2. 选股原理

（1）股本适中。总股本5.89亿股，流通5.8亿股。

（2）打造综合文娱集团。随着生而互联的九零后消费群体的崛起，实现优质娱乐内容的多渠道便成为公司关注发力的重点。整合星创互联是公司布局高品质游戏开发商的第一步，后续通过对星创互联实现战略、企业文化及人员的整合后，公司将持续发力布局互联网、游戏、动漫、娱乐、教育、在线阅读等领域，享受ACGN行业增加的红利。

3. 操作要点

（1）一走：该股从2015年3月2日开始上涨，连拉8阳，涨幅17%。达到了"一走"的要求。

（2）二看：2015年3月12日跌幅4.76%，3月13日止跌。

（3）三通过：3月16日突破了3月12日的高点，过顶买进。从3月16日到3月25日，仅仅8个交易日，获利80%。

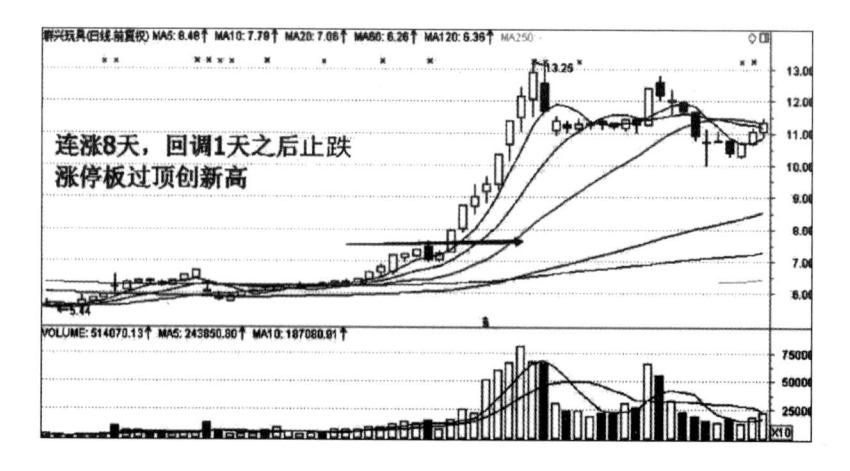

4. 注意事项

需要当时大势配合,题材是当下的热点,这样后续爆发力会更强。买入之后,不创新高跌破持股线要果断出局,不易恋战,再去做下一只符合"回眸一笑"模型的股票。

(三)实战案例回放:广州发展

广州发展(600098)作为面向珠三角的大型综合能源供应商,是广州市最大的电力供应商,建立了以电力、煤炭、天然气为核心的综合能源业务,电力、天然气业务区域垄断优势突出。

1. 图形特征

一走二看三通过。连阳硬朗、洗盘时间短,过顶创新高。

2. 选股原理

(1)低价股(2015年5月18日收盘价为9.82元),小股本,总股本27.3亿,流通股27.3亿。

(2)布局新电源点,发展新能源。公司积极整合煤炭、油品和航运物流资源,加大南方市场直销力度,积极开拓北方市场,形成"电煤为基础,南北方市场互为支撑"的新格局,同时建设电商平台,提升出单效率,经营规模取得新突破。

3. 操作要点

(1)一走:该股从2015年5月18日见底之后开始上涨,连拉7阳,涨幅20%。达到了"一走"的要求。

(2)二看:2015年5月27日、28日连跌2天,跌幅-5.68%。

(3)三通过:5月29日涨停板突破了27日、28日两天的高点,过顶买进。从5月29日到6月9日,短短7个交易日获利60%。

4. 注意事项

需要当时大势配合，题材是当下的热点，这样后续爆发力会更强。买入之后，不创新高跌破持股线要果断出局，不易恋战，再去做下一只符合"回眸一笑"模型的股票。

（四）实战案例回放：联络互动

联络互动（002280）是定位于移动互联网平台级的公司。

1. 图形特征

一走二看三通过。连阳硬朗、洗盘时间短，过顶创新高。

2. 选股原理

（1）股本适中。总股本 7.02 亿股，流通 1.45 亿股。

（2）公司游戏联运业务以巨量用户沉淀为基础，具备天然优势，预计成为行业中位列前茅的参与者仅是时间问题。公司从去年才开始启动游戏联运，内容和渠道搭建均有巨大突破，不仅与各类 CP 建立全面合作关系、签下十多个手游版权，并且成为中移动游戏、MM 等各类基地的内容提供商、渠道承包商。A 股稀缺上亿用户量级移动互联网平台标的。

3. 操作要点

(1) 一走：该股从 2015 年 1 月 16 日突破小平台之后开始上涨，连拉 5 阳，到 1 月 22 日涨幅 30%。达到了"一走"的要求。

(2) 二看：2015 年 1 月 23 日跌幅 −6.98%。

(3) 三通过：1 月 26 日止跌收阳，涨幅 6.87%，基本上就是形成"阳包阴"的形态，当天即可买底仓，次日过顶创新高加仓。随后从 1 月 26 日到 2 月 3 日，短短 7 个交易日，涨幅 46%。2015 年 2 月 27 日至 3 月 25 日，这期间运用同样的战法，表现也是相当的精彩。

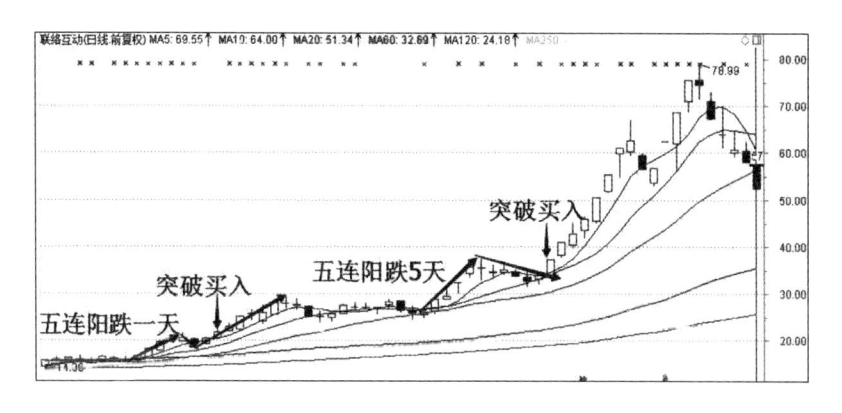

4. 注意事项

需要当时大势配合，题材是当下的热点，这样后续爆发力会更强。买入之后，不创新高跌破持股线要果断出局，不易恋战，再去做下一只符合"回眸一笑"模型的股票。

(五) 实战案例回放：托普集团

托普集团（601689）主要从事汽车 NVH（即减震降噪及舒适性控制）领域橡胶减震产品和隔音产品的研发、生产与销售，致力于消除来自汽车动力总成、路面及空气的振动与噪声，提升整车的舒适性及平顺性。

1. 图形特征

一走二看三通过。连阳硬朗、洗盘时间短，过顶创新高。

2. 选股原理

（1）新股上市，股本适中。总股本 6.49 亿股，流通 1.29 亿股。

（2）国内优秀的 NVH 零部件供应商，不仅能利用自身技术积累帮助自主车企提升汽车品质，更具备较强的综合实力替代进口和外资品牌。

3. 操作要点

（1）一走：该股从 2015 年 5 月 8 日止跌之后开始上涨，连拉 7 阳，到 5 月 18 日涨幅 40%。达到了"一走"的要求。

（2）二看：2015 年 5 月 19 日至 5 月 21 日，abc 回调洗盘 3 天，跌幅 −5%。

（3）三通过：2015 年 5 月 22 日涨停板收盘，基本上突破了 3 天的调整。一位朋友上午在微信群中及时分享，随后从 5 月 22 日到 5 月 28 日，连续 4 个涨停板，涨幅 46%。

4.注意事项

需要当时大势配合，题材是当下的热点，这样后续爆发力会更强。买入之后，不创新高跌破持股线要果断出局，不易恋战，再去做下一只符合"回眸一笑"模型的股票。

始终保持持有底部不要太高并处于上升趋势的股票，那么时间就是金钱，股票投资就是一项持续性的被动式收入。上升趋势结束了卖出股票，再选择买入那些处于上升趋势的另外的股票。股市是一个巨大的现金流聚宝盆，生生不息，坚持投资，随着时间的推移，财富复利增长就像潮水一样，源源不断！

第四章
程序化量化
智能自动化交易系统

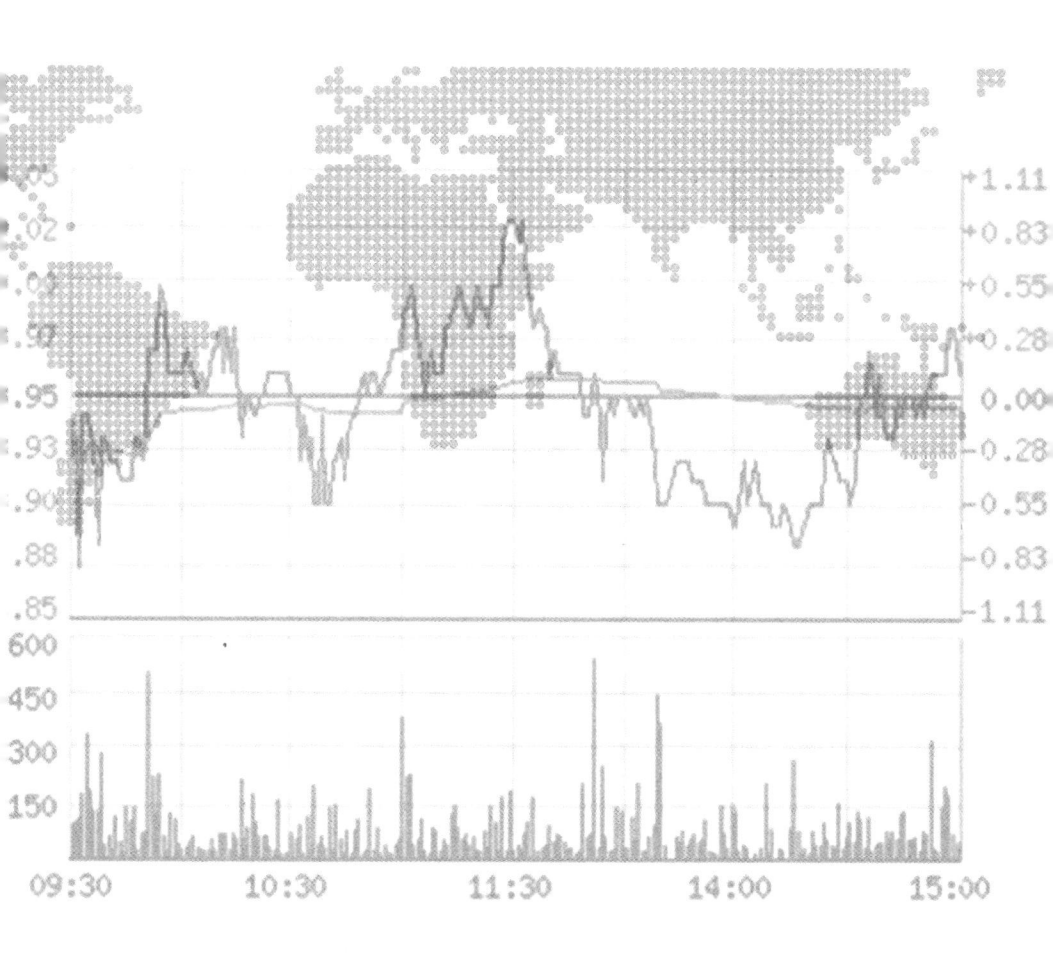

第一节 缘起

法国文艺复兴后期的代表人物蒙田说过:"人最难做的是始终如一,而最易做的是变幻无常。做个一成不变的人是一件了不起的大事。"

交易行为的本质就是一种人性之间的交锋。只要在市场中显露了人性的弱点,市场就会给你以相应的惩罚。

因此,在踏进这个市场以前,首先就应该了解自己、了解自身(人性)的弱点,如贪婪、恐惧等,然后找出合适的方法去克服它,而建立、使用适合自己的交易风格的操作系统就是最好的方法之一。使用程序化交易系统就是要把投资者自身的弱点限制在最小的程度。因为系统是完整的、客观的、有序的、定量的,所以它在某种程度上会让人达到知行合一。

学会控制情绪,这不仅是做人的一大准则、是一个人成熟的标志,也是投资交易中应该做到的。投资者大多有这样的切身体验:如果在狂躁、懊恼、苦闷或者是患得患失的情绪中交易,大多会以失败而告终。反之,当投资者在平静、理性的情绪中交易的时候,犯错的概率就会小很多。对投资者来说,要取得交易的成功,学会控制自己的情绪是很重要的一环。

诸事无常,人生充满无数的不确定性,面对突发而至的事件或者是和别人闹矛盾了,有的人就怨气冲天、气不打一处来,如此这般,人际关系就会很差。所谓"定能生慧",一个不能"定"的人,想要在冷静中处理问题几乎是不可能的。而对于做交易的人来说,要么是盈利,要么是亏损,盈利则喜、亏损则怒,如果有这样的心态,交易就带有很大的"不定"性,这就容易陷入情绪化的交易之中。

正如《技术分析的艺术与科学》的作者格莱姆斯所作出的论断:有记录的股市价格的历史就是人们"犯下情绪化错误的历史"。情绪化是人性普遍的弱点——盲从、贪婪、恐惧,糟糕的情绪往往会导致糟糕的投资。在情绪化的交易里面,投资者很容易陷入"赌"的心态之中,如果亏了,恨不得全仓一只股票后全部捞回来,或者通过重仓某一只股票实现发家致富。但从经验来看,把全部或者大部分资金重仓在一只股票上面并企图扭转乾坤的投资者,最终没几个能善终,大部分都被"拍死在沙滩上"了。交易发生后,股价上涨,情绪型投资者很容易见好就收,结果卖掉之后股价继续往上爬;股价下跌,情绪型投资者又很容易割肉离场,然后寻找新的"牛股",最后被套、再割肉。如此循环往复下去,投资者的情绪越来越差,交易结果当然也是越来越差。

在多年的培训授课经历中,我们发现很多投资者付出了大量的心血,参加了很多的培训班,钻研了浩瀚的股市投资方面的技巧,但结果还是令人不满意,付出与收获不成比例。比如,参加短期培训班时,觉得老师讲的内容很好,自己也听明白了。但是,离开老师回到家之后,自己操作就不是那么一回事了。究其原因,我们认为核心问题在于:"江山易改,本性难移。"情绪化的交易是导致交易结果差的直接原因。但是很多投资者没有认识到这个问题,或者也明白情绪化交易的危害大,但是不知道怎么去化解。最终导致在学习过程中误入歧途,也不明白导致自己屡战屡败的根源在哪里。

要完全做到"任凭风浪起,稳坐钓鱼台",对于有七情六欲的人类是非常大的考验。为了减少损失和风险，在交易中立于不败之地，就必须注重自我管理，尽最大的努力克服和减少投资者自身情绪化交易带来的随意性和更多的不确定性。情绪控制好了，任凭市场波动，我心岿然不动。做到这样，就离稳赢股市不远了。运用程序化量化智能自动化交易系统可规范我们的交易行为，防止我们迷失于直觉交易的"陷阱"中。人性的诸多弱点都可以通过程序化量化智能自动化交易进行客观限制，从而帮助初学者克服自己心态情绪化的一些弱点，通过程序化交易可以增强投资者生存的能力，是一条可行的途径。

近20年来，随着金融信息化建设的不断完善及金融工程学和金融数学理论的不断发展，量化交易逐渐从幕后走向前台。人工智能已有60年的历史，无数次出现在科幻作品中，它本身并不神秘，并且人工智能和深度学习的算法已经在很多方面得到应用。诸多科技公司都在寻找人类智慧与人工智能的有机结合。2016年3月9-15日，举世瞩目的一场"人机大战"——人类与人工智能的围棋对抗赛在韩国首尔举行。在韩国九段棋手李世石与谷歌人工智能机器人的连续5局对决中，结果是总比分1比4遗憾告负，人工智能在围棋这一领域击败了人类最优秀的棋手之一！人工智能从诞生以来，理论和技术日益成熟，应用领域也不断扩大，可以设想，未来人工智能带来的科技产品将会是人类智慧的"容器"。

程序化量化智能自动化交易的核心其实是智慧与智能的深度融合。它是投资者自己设计出的各种交易策略，把成熟的交易模式用计算机语言描述出来，编写成程序然后存入计算机，然后由计算机给出交易建议或直接发送交易指令到交易系统中去，从而完成一笔交易的过程。

程序化量化智能自动化交易模式适用于跟踪、追随趋势，它强调的是对"当下"市场的反映，它不期盼领先市场，只是忠诚、忠实地反映当前市场的变化。自动交易始于买入终止于卖出，整个过程让电脑自动执行。对于程序化量化智能自动化交易模式来说，不存在既定的判断，漫无边际的价值之争也被暂时束之高阁，复杂的各类信息在这里被简化了。在这里，交易行为是按照电脑程序发出的信号顺序依次进行的。信号指令具有简单、直观、明确、不模棱两可、容易掌握的特点，而且因为是在盘中自动完成交易，交易一旦完成就不会再变。

在实战交易中，盘中日间的波动对投资者的心理会产生很大的影响，这种现象的出现容易导致投资者产生焦虑的情绪，很难判断上涨趋势是否还会延续。因为，趋势的方向性常常会掩盖波动的无序性，使投资者往往忽略了盘面的随机波动，投资者往往会花主要的精力去盯住随机波动，从而忽略了主趋势。由于随机波动是无序和随机的，导致投资者对市场的看法陷于混乱，从而忽略了市场的真正趋势。

市场经常会出现于趋势方向相反的较大波动和较小波动，并且这种反向波动经常以令人生畏的形式表现出来，对投资者的心理进行打击，使投资者分不清眼前的波动是什么性质的。当一有风吹草动之时，投资者就会惶恐不安，不知所措，很多投资者会选择不等待系统发出卖出的交易指令而将持有的股票抛出。由于这些投资者在价格波动中已找不到持有的依据，只能被市场无情地清洗出场。在反复被清洗几次之后，市场却仍按原有趋势方向继续运行。这会导致投资者执行交易计划的失败。程序化量化智能自动化交易模式就是不管价格波动得怎样剧烈，只要收盘价始终运行在持股标准之上，这个波动过程就被认为是合理的波动。既然价格在合理的范围波动，心理上就会容易接受，交易方法和交易心理也会在这个过程中不断成熟起来。一个没有观望和回避的交易系统不是一个完善的交易系统，一个优秀的程序化量化智能自动化交易系统，不限制赢利，只限制亏损。它强调的是长期的稳定的整体收益，而不是强调一城一地的得失。

程序化量化智能自动化交易模式占了很大的优势，即处理数据的计算能力和速度及在控制人性弱点方面都比人类有优势。最早在国外主要应用在期货市场。量化投资在海外的发展已有三十多年的历史，其投资业绩稳定，市场规模和份额不断扩大，得到了越来越多投资者的认可。

量化投资并不算新，国内投资者早有耳闻。但是，真正的量化基金在国内还比较罕见，最近几年已经开始应用在股票市场。事实上，人工智能互联网发展到下一个领域就会实现量化投资，从而进行自动化交易。2013年的光大证券"8·16乌龙指事件"，根据官方公开调查版本，是光大证券ETF套利策略系统出现错误，订单生成系统发出了26082笔预期外市价委托订单，而订单执行系统对高频交易没有设定资金额度，于是两者叠加造成数十亿元股票订单执行完毕，拉动大盘逾2%，大盘蓝筹股集体涨停。虽然错误来自于ETF套利的高频交易程序的订单生成和执行系统的错误，但是被视为神秘的"高频交易"却成为市场上的热门词汇。这种由强大的计算机系统和复杂的运算所主导的股票交易能在毫秒之内自动完成大量买卖及取消指令，其先进的交易方式、强大的盈利能力引起了众多投资者对程序化量化智能自动化交易的强烈兴趣。

  所以，基金公司和部分机构投资者开始纷纷投入大量人力财力研究程序化量化智能自动化系统。它代表着市场的发展方向，在量化投资形成规模和工具之前，我们个人投资者也要开始把思路或方法尽量去转化，对于先进的投资理念和投资工具要积极吸纳，紧随时代的脚步。随着人工智能的快速发展，未来将会越来越广泛地应用在股市投资中。

第二节　应用

通过对本书的学习，可以帮助投资者树立正确的投资理念，掌握正确的投资方法，将其融会贯通，你一定能够实现稳赢股市的梦想。当然，要达到财富倍增的目标，实现更稳健、更持久、更轻松愉快的股市赢家的梦想，运用程序化量化智能自动化交易系统会让我们如虎添翼。若是你的领悟能力足够强和具有计算机编程设计能力，你完全可以举一反三，将前面所学习的内容，比如对于大势走势的判断和实战选股战法，进行归纳总结，构建适合自己操盘风格的程序化量化智能自动化交易系统。

接下来，我应用程序化量化智能自动化交易系统，以沪市的历史走势和学员操作的部分股票实战案例为例，抛砖引玉，供读者朋友们参考。

比如，设置20日均价线（即月线）用来判定大势波段趋势的走向。为什么采用单根20日均价线呢？当然你也可以采用10日、30日、60日均价线或者其他几条均价线的组合。这里为了方便读者朋友们的理解和便于说明，所以以20日均价线为例。其实，从A股1990年至2016年的历史走势会发现一个规律：每一波中级上升行情的发展都是始于20日均价线拐头向上，市场70%多的时间是在休息震荡的，而人们也通常在这70%多的震荡行情中出现致命的亏损。实际上，市场是复杂的，并非所有的行情都能明确划分为趋势市和振荡市。

对于波段操作交易风格的投资者，20日均价线波动幅度及频率都要比5日、10日均价线小，稳定性较好，也能够反映中期趋势的走势。20日均价线一般是股票趋势的生命线，具有中期方向明确性高，操作风格相对稳健的特点。A股周期比较长，不方便一一上图，现在仅以上证指数2014年7月份突破下降趋势站上20日均价线，被市场称之为开启牛市的起点，到2016年5月份至今的走势，来用20日均价线做一个进场和出场时机的分析。时间跨度近两年，从2078点到5178点再到2638点，千点的跨度，简单粗暴地可以看出进场和出场时机。倘若我们真的能够按照上述的20日均价线操作要点来执行自己的交易，那我们肯定是能够获利丰厚。更重要的是既能够享受大牛市的盛宴，同时也能够及时逃离暴跌，那么后续发生的前所未有的股灾1.0版、2.0版、3.0版也将与我们无缘。但严格执行一套交易规则真的很难，所以说炒股炒的就是人性。

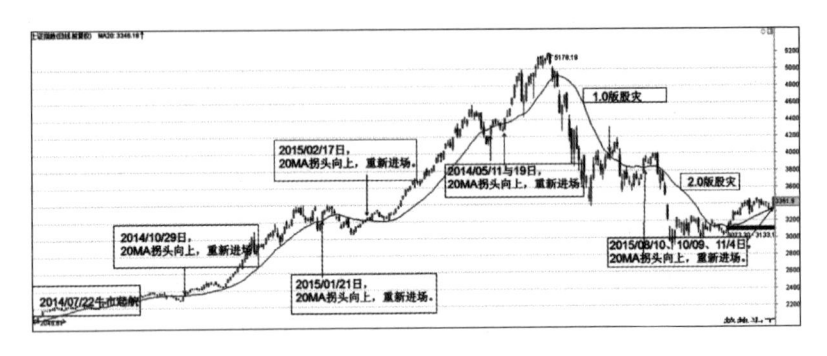

沪市走势图1

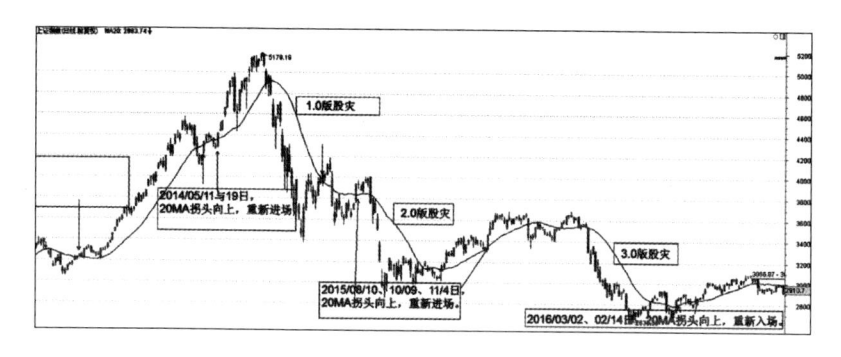

沪市走势图2

单根均价线的程序化量化智能自动化交易用法可分为四个步骤：第一步，K线从下往上上穿均价线，并且均价线向上翘，这是上涨趋势开始的位置，系统开始自动建仓买入股票。第二步，则开始持股，当上涨趋势是持续期间，这个过程就是持股待涨的过程。第三步，当上涨行情结束，下跌趋势开始了，跌破均价线的位置就自动清仓卖出股票，也是卖出的第一时间。第四步，在下跌趋势持续过程就是持币观望的过程。这四步像流水作业，依次展开，进场和出场过程是严格按照程序顺序依次完成的。

程序化量化智能自动化交易系统充分体现了"截断亏损，让利润奔跑"的原则，利用其"小亏大赚"交易机理实现了长期、稳定获利这一目标。对于用这样的方式来捕获大牛市、回避股灾式的暴跌，你是不是觉得非常的简单、易懂、实战操作性强呢？

有没有什么办法适合中小投资者把握进场和出场的节奏呢？既不踏空又不被套在山冈上。

答案是：有！

怎么做？

你根据自己的操作风格，设定进场和出场的量化标准，而后遵守自己的规矩。

就这么简单？

是的，就是这么简单。但是将简单的事情复杂化，是很多投资者的通病。把复杂的事情简单化，那是真的不简单，不是为了简单而简单，而是化繁为简，将复杂的股市运用简单易执行且胜算概率高的方法处理，则是大智慧。

也许你会认为，这么简单就可以把握大势的波段趋势，那不是每个投资者都不会被深套也不会亏钱。是的，就是这样一种方式，但能够严格遵守执行的投资者却是寥寥无几。你可以通过自己复盘历史走势，你也可以回看检视自己的交易记录，你还可以问问你身边的那些股友，自己得出答案。

大道至简的哲学，能够领悟到的投资者却是凤毛麟角。道理很多投资者都是知道的，但是从"知道"到"做到"，这中间存在巨大的鸿沟。知道了不等于做到。为什么做不到呢？因为我们"想法太多"了。涨时信心爆棚，跌时放大恐惧。互联网时代信息爆炸，给我们带来了很多的便利和免费的午餐。媒体上的多空论战时时让我们左右为难，公说公有理婆说婆有理。倘若我们坚持一种方法、一个标准去作为判断的依据，没有那么多的选项，自然就排除了很多的干扰，情绪的变化也就不会那么激烈。面对外界的各种诱惑，我自岿然不动，任凭东南西北风，坦然自若对待。

美国著名经济学家加尔·布雷斯说过一句话："以为自己能够预测未来的人只有两种，一种是无知的，另一种是不知道自己是无知的。"

一、对行情未来的走势不做预测

都说股市唯一不变的就是变。的确,由于国内外的经济、政治、社会因素和突发事件、投资者群体心理因素及个股大小非解禁等市场本身提供的消息等各类信息的不可预测性、不确定性和随机性,大势的涨跌波动也具有不确定性和随机波动性及不可预测性。一个有效的股指或个股股价应该是随机波动的,这种波动反映市场信息对股指和股价不同程度的冲击。制度不健全的风险引发的价格波动,在新兴股市表现得尤为突出。作为年轻的A股,各项基础制度建设处于一个不断完善的过程,在中国经济转型升级的大背景下,首先作为新兴市场,从试点到规范运作,要有一个政策、法规出台和调整过程。每一项政策、制度出台或调整,对股票市场都会有一定的影响,有的甚至产生很大的影响,从而引起大势走势的大幅波动。其次,经济政策调整,如银行利率的提高或下调、产业或区域政策的调整、税率的变化等,这些市场信息会对股指造成不同程度的冲击。

以前,每年年初各大券商机构都会推出自己的下一个年度的投资策略报告,预测下年度指数的走势,以及推荐出10大、20大金股,甚至还包括所谓的市场重量级的"专家"对于市场未来走向的分析,到了年末经过市场验证,其结果往往是市场的实际表现不是那么的"配合"。普通投资者从资金规模、研发实力、信息渠道上来看,客观讲那是跟机构没有办法做抗衡和比较的。客观认识自己才能扬长避短,股票价格的向上波动或向下波动或横向波动是受外界不确定因素决定的。因此,没有永远的上涨,而是涨一段时间后就有一定幅度的下跌。上涨的这一阶段的形态就是上涨趋势。

市场走势的本质永远是涨涨跌跌，是上涨、横盘、下跌生生不息的循环往复。同样也没有永远的下跌，表现的形式往往是下跌一段时间后就开始反弹。下跌的这一阶段的趋势就是下跌趋势。若是反弹比较弱，就进入一段时间的横盘波动，这个就是横盘趋势。横盘久了积蓄不了上涨的动能就会再下跌。下跌动能衰竭就开始反弹，反弹的力度若是够强，就从反弹演变成反转，开始一段上升趋势。

客观来说，只要认清了指数价格波动的趋势就能够与市场共舞同进退。指数价格波动通过图表的形式表现出来，若干大大小小的价格波动就形成了不同级别的趋势特征。因此，作为市场的参与者，必须谨记：涨会涨过头跌也会跌过头。不管多么低的位置，不要主观地认为低；不管涨了多少，新高之后还有新高，一定要用市场的表现来说话。当不知道大盘上涨、下跌、调整何时以何种方式结束的时候，不必去做某种可能的判断，当新的向上趋势到来之前，市场还处于酝酿新的原动力的初期，尽可耐心等待。在整个市场资金对下一轮运作周期、流动方向、运行方式等还没有达成理性共识的时候，等待和观望无疑是最好的选择。

稳赢体系中有一个著名的思想：趋势为王，其余皆为妄想。

程序化量化智能自动化交易主要的决策依据基础是行情交易软件中已有的公开交易数据，是建立在概率统计规律之上，其本质是根据事实做出决策，而不是处理未知。是根据历史统计结果并结合盘中信息来发出交易信号，而不是通过预测市场未来走向来提供交易决策。在金融行业中，这种利用概率优势来获得盈利的运作方式很是很常见的。其判断基础是纯粹趋势的分析，是"顺势而为"的最好体现，因而并不具备正确预测价格走势的基础和能力。同时，作为被动跟随行情走势的程序化量化智能自动化交易，也完全没有主观预测未来价格走势的必要。不但如此，在使用程序化量化智能自动化交易的过程中，投资者还应该主动避免对行情做出预测，主动避免受其他交易系统或方法预测的干扰。这种程序化量化智能自动化交易系统，其操盘模式的过程是按照事先设置好的程序顺序依次展开的，不需要人为参与股价波动方向的分析，也不用去听信任何信息，不需要基本面的辅助分析手段，更不需要掺杂人为的感情因素，所有的信息都会反映在图表趋势波动中。因此，系统只需要自动跟随在图表中的波动位置，只要求图表信息数据准确。

这个模式的前提是，要求投资者要承认价格是沿着趋势运动的、有方向感的，是可以跟踪、追随的，只有承认价格是沿着趋势运动的、有方向感的，是可以跟踪、追随的，就跟踪、追随着当前趋势走向。因为根据基本面或其他交易方法进行的预测和进行程序化交易在原理上往往大不相同，因此往往会和程序化量化智能自动化交易系统的决策过程形成冲突，并可能减少其收益，甚至导致亏损。程序化量化智能自动化交易系统通过自动紧紧追随行情、步步跟进操作，从而成功把握住了上涨波段的获利机会。与此形成鲜明对比的是许多根据主观判断进行交易的投资者或因为恐惧而不敢继续跟进、或因贪婪而过早入场抄底，最终只能白白错失了一次难得的大趋势性行情。

所以，在利用程序化量化智能自动化交易系统的过程中，应该主动避免干扰，同时运用基本面、消息面、心理面分析来预测后期行情走势。只有这样才能有效地消除系统外在因素的干扰，最大可能在概率上实现交易系统内在具有的盈利的期望值结果。

投资者只有在运用程序化交易系统时了解其原理和本质,才能避免外界和内心的种种干扰,充分利用程序化交易这一先进的交易手段来获取理想的收益。

二、短线、中线、长线趋势行情的划分

程序化量化智能自动化交易不注重短线、中线、长线的分类,只注重趋势走向是向上趋势还是向下趋势或横向趋势,趋势没走完就是趋势没结束的时候,这个趋势什么时候走完是不能预先知道的。因此操作时只能跟着当前趋势的方向走,趋势走到什么时候、走到哪里结束,只有当趋势自己按照程序的顺序表现出来时才知道。不必主观认为行情会涨到哪里和跌到哪里是底部,也不必自行设定持有的时间长短。等系统自动发出卖出信号,交易结束后往回看,才能知道这是一波短线行情还是中线行情或是长线行情。

我们以上证指数的走势为例,指数从2014年7月22日的2078.48点开始牛市起步,形成上涨趋势,到2015年6月18日5178.19点收盘,上涨趋势结束。这长达接近12个月的上升趋势期间,有4次跌破20日均价线之后再次重新站上20日均价线,延续上升趋势。这一波的上涨趋势经历了将近一年的周期,事先是没有人能够预测到的,那么你说这是算长线、中线、短线行情呢?放在不同的历史周期,自然就有不同的答案。如果行情没有结束,向上还有多大空间不作人为的预测,符合持股标准就坚决持有。所以说,行情没结束前不知道一段行情是长线、中线、短线的,必须等行情结束后回过头看才知道是长线、中线、短线的。

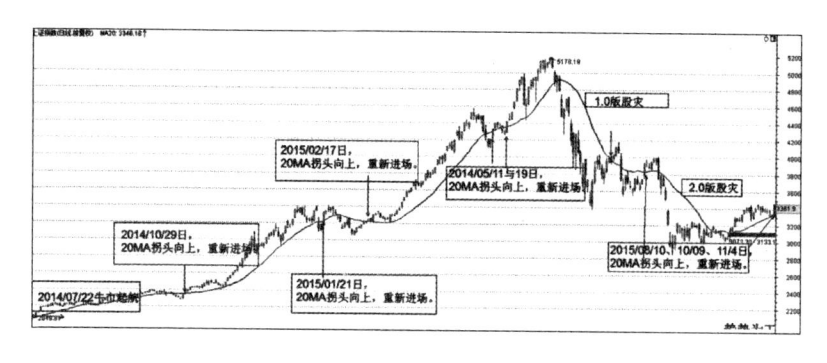

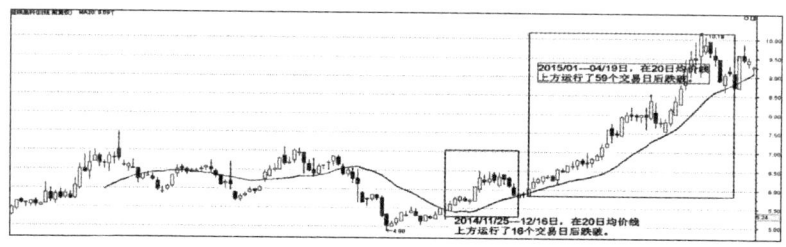

投资者一定要认识到，在股市当中，并不是越复杂越难懂的股票理论赚钱就越多，因为信息量大，真伪难辨，因此没有必要研究影响大势走势变化的原因，只要知道利用何种方法能在股市上赚到钱、获得良好的收益就可以了。通过程序化量化智能自动化交易进行股票的进场和出场决策，能够及时地做到逢凶化吉。

程序化量化智能自动化交易的自动分析决策并不意味着是营造一个封闭的操作系统，不是要抑制交易决策过程与外部环境的关系，而是要控制这种关系。各种宏观影响和微观反应通过趋势的图表形式来反映处理，是将投资分析过程简化，使进场出场的决策直观、明朗、简单易行。

三、交易开始之际结局是未定的

随着程序化量化智能自动化交易发出进场信号时，接下来的操盘流程是依次展开的，投资者的操作越来越受到既定交易规则的限制。具体的交易一旦成为事实，就要毫不动摇地遵守真正的趋势交易规则。而起初没有形成趋势时，不确定性的价格波动也逐步被趋势的形成而吸收消化，变得顺序井然。使用趋势交易就要受趋势交易规则的约束，如果不能够自觉遵守趋势交易的规则，也就不适合使用趋势交易。因为，经过趋势自动作出的交易决策具有既定力和自缚性。因而，趋势交易是过去与未来之间的纽带，买入与卖出存在着链条式的因果关系。

从程序化量化智能自动化交易发出交易指令的那一刻开始，就与其他分析方法的因果隔离了。所谓趋势在程序之中，就意味着排斥趋势交易以外的其他交易决策。因此，要求投资者必须按照趋势交易的规则进行买卖交易。有时我们很多投资者按照程序指令进场，却不按照程序指令出场。

第三节　智能选股模式

相对于程序化量化智能自动化交易在判断大势行情走势的便捷性上，智能选股模式就要复杂得多了。虽然程序化量化智能自动化交易应用在单品种（或者多个品种之间做切换）期货市场已经很成熟，但是程序化量化智能自动化交易在股票市场上应用才刚开始起步。主要的原因在于股票的品种多，股票的走势具有很大的偶然性和不确定性，影响股票涨跌的因素所牵涉的面很广泛，这也是为何股票程序化量化智能自动化交易发展比较缓慢的重要原因。

同时，程序化量化智能自动化交易系统存在的局限性也是制约其发展的一大问题，那就是交易系统的基础是针对历史数据的统计分析，未来市场的行为不大可能正好是过去行为的重现。由于所有的模型设计都是通过历史数据外推的结果，以此来推导市场的未来行为与历史行为之间有着很强的正相关关系。

其次，程序化量化智能自动化交易系统中包含一些指标及其相关参数的设置，我们是通过对历史数据的分析研究来选取这些参数，是根据有限的规则来对包罗万象的市场进行交易，但是对市场演绎能力适应不够。这就需要开发者在实战交易总结中来不断完善，动态维护，与时俱进，评估好策略的有效性，制定好相应的反应对策，并且对市场的适合性做出科学合理的判断，来弥补这样的缺陷，从而保证系统盈利的稳健性。

随着人工智能的快速发展，世界上一些资产管理公司都在押注人工智能，甚至连古板的、管理着大量婴儿潮一代和石油国家储蓄的共同基金，现在都在急切地利用现代计算机技术和复杂的数学模型来"量化"技术。2012年，世界最大的对冲基金集团桥水公司(Bridgewater)挖走了IBM人工智能部门沃森(Watson)的负责人。他们表示，计算机科学家如今已成为金融业最炙手可热的财富，量化智能投资交易系统也正在不断被赋予主动学习的能力。

在前面的章节中，我们分别详细地讲解了不同场景应用中的三种战法的选股标准和战法形成的原理，是为了让读者朋友们能举一反三，体会到捕获股票主升浪的魅力，充分发挥资金的利用效率，保障资金的安全。当我们对这些战法进行综合归纳，用计算机语言设置成自动智能选股系统时，能方便学员在盘中更精准地买入股票，同时节省大量的盘后复盘、人工选股、阅读甄别海量信息等工作，能让股市投资越来越轻松，盈利也越来越有保障，从而享受股市投资带来的乐趣。

通常，初期的学员认为股票投资的过程很神奇，如果投资方法不够复杂就不算是一个好的投资方案。其实，投资方法千万种，能够让自己持续盈利的方法就是好方法。在盘中股票发出买入交易指令之后，还在思考买不买呢？买了会不会跌呢？万一买进去套住了不就亏钱了吗？常常内心都会很挣扎，都会有一种莫名的不安全感。在那边左思右想踌躇不前时，股票要么就直接奔涨停去了，买不上再懊悔。当然也有的股票没有按照交易指令买入，股票后续真的跌了，就庆幸当时没有买而自鸣得意。更多的时候是因为没有买入，后面持续上涨，就会出现患得患失的心理。经过一段时间的跟踪观察，发现买入之后赚钱机会多，成功的概率高，就逐渐放心买入。总体上赚多赔少，认为进退有据，心理状态自然就逐渐稳定，思想也容易放下怕亏的负担，实战交易中也就能一气呵成。放弃预测，放弃恐惧，也放弃贪婪和欢喜，拿得起也放得下，该买就买，该卖则卖，形成一种良性循环。

在进入实盘交易中为什么不让学员进行过多主观性的思考、分析呢？因为我们的交易系统是运用大数据的统计经过千锤百炼的实战交易，该系统能带来稳健的收益，证明是可行的。当系统启动时就意味着在"执行交易计划"，是在实施一套成熟的投资方案。能否带来收益，首先是要相信该系统，其次是不折不扣地执行系统的交易指令。

当然，随着实战交易经验的不断积累和丰富，该交易系统的自主学习能力将不断提升，其盈利交易模式会不断完善，其规避风险与获利能力也将不断提高。

一、"潜龙腾渊"智能选股模式

金安国纪（002636）在2015年5月8日盘中监测到之后，系统发出买入交易指令，不用多思考，自动买入后按照持股的标准持股。

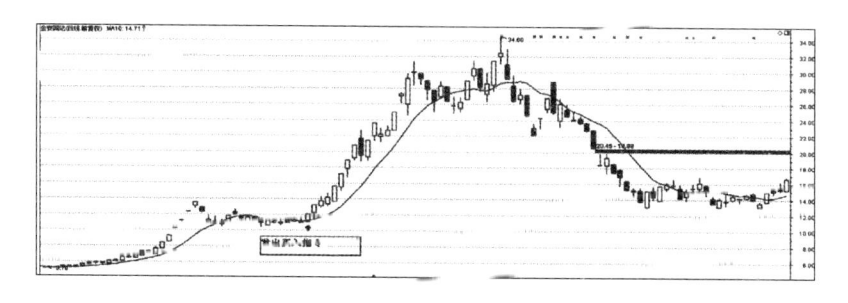

国祯环保（300388）在2015年5月8日盘中监测到之后，系统发出买入交易指令。

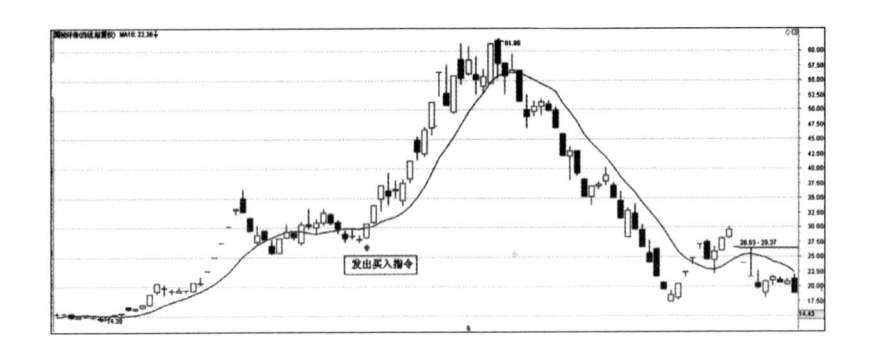

中毅达（600610）在2016年1月14日盘中监测到之后，系统发出买入交易指令。

二、"回眸一笑"智能选股模式

三元股份（600429）在2016年5月10日盘中监测到之后，系统发出买入交易指令。

西王食品（000639）在2016年2月15日盘中监测到之后，系统发出买入交易指令。

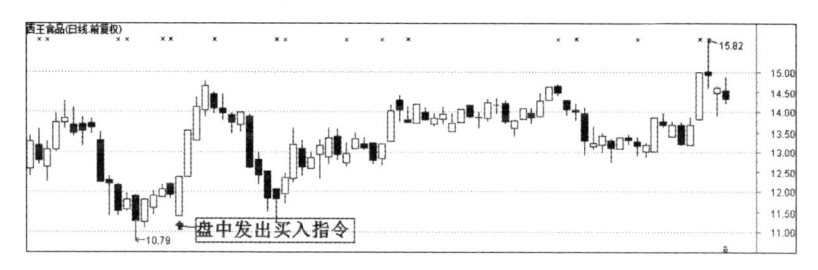

众和股份（002070）在2016年5月12日盘中监测到之后，系统发出买入交易指令。

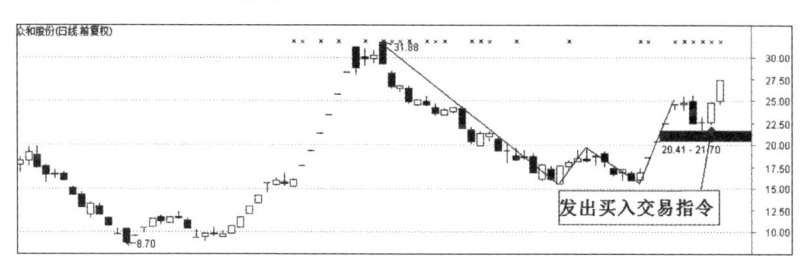

附 录

附录1　2015年神龙系列

　　A股市场，从2014年下半年至2015年的行情，被称之为"杠杆牛"、"股灾"这些名词称谓，注定会载入中国A股发展史中。这一年的行情可谓是"妖气十足"，一会天堂转瞬间落入地狱。在这波澜壮阔、暴涨暴跌诡异的一年中，涌现出了无数的"翻N倍股神"投资者，也让无数的"股神"从盈利的山峰之巅满身伤痕地跌至谷底，甚至负债累累的"负翁"。是"神股"造就了"股神"还是"股神"造就了"神股"？有一批股票与大势特立独行，短期内的上涨幅度和赚钱的效应令人羡慕、抓狂甚至疯狂。翻倍的股票横空出世，创造了一个更比一个暴涨的股市奇观。不管你愿不愿意参与其中，它始终有着自己诡异的逻辑，涨跌看似随心所欲，背后却是人性"贪嗔痴"淋漓尽致的体现。

　　这些"神股"绝大部分我们的学员都曾经拥有过，但是没有完全通吃，这也是需要在后续的学习实战培训中不断总结和提高的地方。

神股 1　特力 A（000025）

从第一轮股灾结束"国家队"开始救市之后的 7 月 9 日起，特立 A 的股价从 9.88 元一路狂奔，8 月 13 日达到第一高峰，每股最高价 51.99 元，涨幅近 426%；8 月 14 日至 9 月 7 日区间跌幅 61%；9 月 8 日，再次启动上涨模式，12 月 10 日报出历史新高 108 元；98 个交易日，涨幅近 10 倍（993%），无愧于 A 股 2015 年十大神股之王。

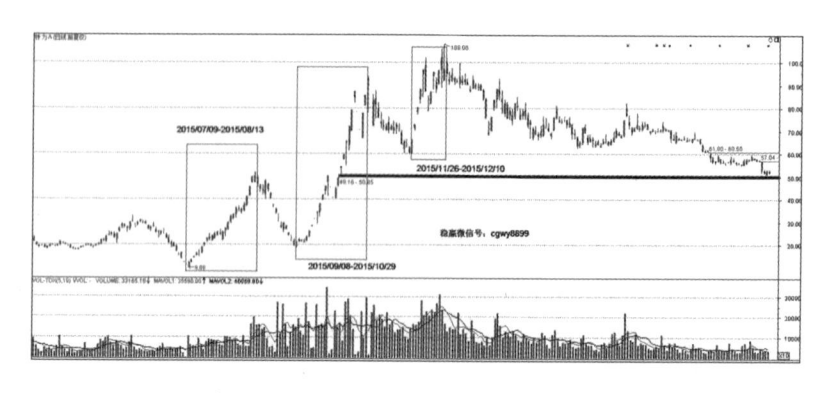

神股 2　暴风集团（300341）

踩着"互联网+"这只风口上的猪，暴风集团还坐拥虚拟现实等多重热门题材，一上市便创下 A 股次新股历史的"神话"。

该股 2015 年 3 月 24 日刚登陆深交所，开盘价 9.43 元，之后连续狂拉 29 个一字涨停板，5 月 6 日稍作一日歇息，5 月 7 日再次连续 6 个交易日涨停。到 5 月 21 日，暴风集团冲高到 327.01 元，与 7.14 元发行价相比涨幅高达 47.79 倍。55 个交易日，从开盘价到最高价，涨幅 34 倍。

之后伴随着大盘调整，暴风集团股价也受到重创，曾一路跌至 71.02 元。就在人们认为暴风集团的上涨神话已经结束的时候，公司抛出一份"10 送 12"的中报分红预案，利好刺激下股价又从 2015 年 9 月 18 日除权日最低价 39 元一路上涨，至 2016 年 3 月 29 日再次重返百元俱乐部。这期间自 2015 年 10 月 26 日停牌至 2016 年 3 月 28 日复牌，截至 2016 年 9 月 30 日，暴风集团收盘价 60.04 元。

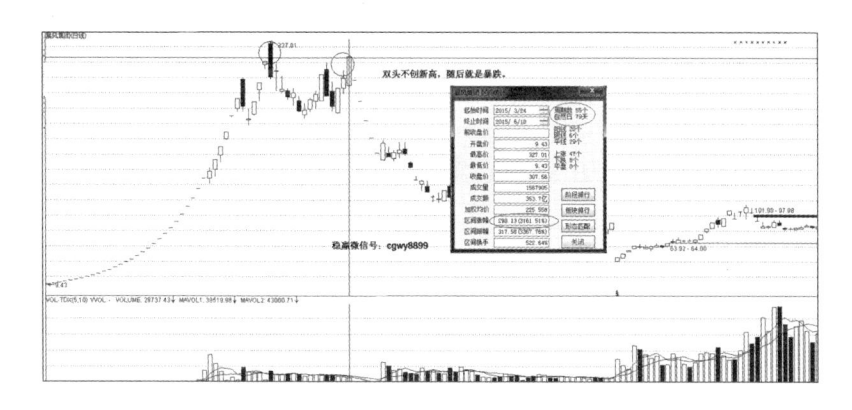

神股 3 梅雁吉祥（600868）

股价以其惊艳的表现，被称为"王"的女人。曾经一度靠卖资产度日的梅雁吉祥，在短短 12 个交易日内股价从 3.9 元飙升至 10.84 元，自 2015 年 8 月 3 日的收盘价至 8 月 18 日 12 个交易日内，区间累计涨幅近 180%。从 2016 年 7 月 9 日到 8 月 18 日的 29 个交易日，累计涨幅达到了 260%。

梅雁吉祥的暴涨出自一份公告之后，2015 年 6 月份"股灾"爆发后，"国家队"积极救市维稳，梅雁吉祥发布"证金公司以 4000 余万元的投入成为公司第一大股东"的公告，受此消息的影响，随后一路高涨。"王的女人"这一名词也由此而生。

我们当时不知道是谁在兴风作浪，只知道，该股的疯狂上涨已经无人可挡。

总而言之，被"王"宠幸的女人，自然是风光无限好。

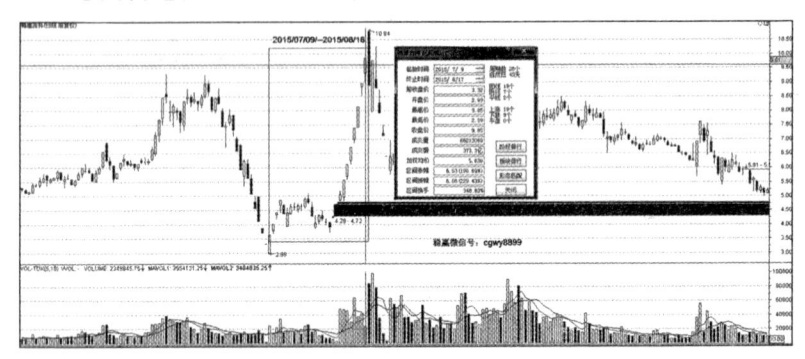

神股 4 迅游科技（300463）

相对于暴风科技、特力 A 等"妖股"动辄 10 倍的涨幅而言，迅游科技主要体现在连续"一字板"的方式突飞猛进，2015 年 5 月 27 日上市开盘价 44.55 元，此后连续 19 个一字涨停板，并在 2015 年 6 月 24 日创出 297.3 元的历史新高。就在市场投资大众期待迅游科技能迈入 300 元的时候，该股突然宣布因筹划重大事项停牌。7 月 2 日，迅游科技复牌，受"股灾"影响，该股在 5 个交易日连续走出了 4 个跌停。半个月后宣布停牌，2015 年 11 月 23 日复牌后又是 7 个连续涨停板。

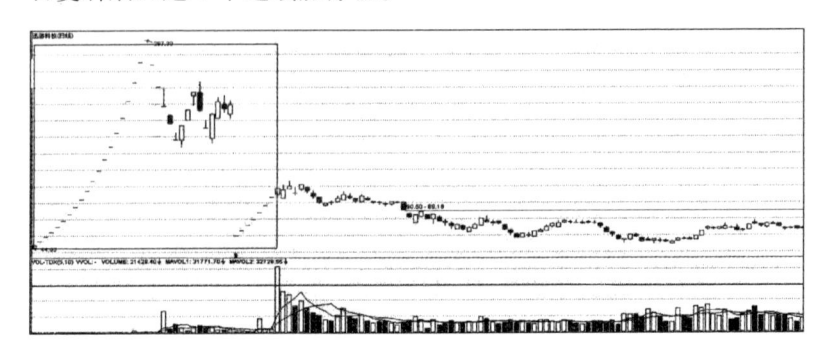

神股 5　安硕信息（300380）

安硕信息是 2015 年机构调研最多的上市公司。主营业务分为计算机软件的开发、设计、制作；销售自产产品及提供售后服务，相关技术咨询、技术服务；网络技术的开发与设计，计算机系统集成。

该股是 2014 年 1 月 28 日上市，开盘价 28.08 元，发行价 23.4 元。2015 年 5 月 13 日最高价来到 474 元。成为 A 股历史上第一只超过 400 元的股票，涨幅 1588%，收益接近 17 倍。在这期间，在合规合法的前提下，作为中小投资者，没有人会阻挡我们买入卖出，没有人会阻挡我们享受快速获取暴利的资本盛宴。股市的魅力在这里被放大到了我们所认知的极限，没有做不到只有想不到。

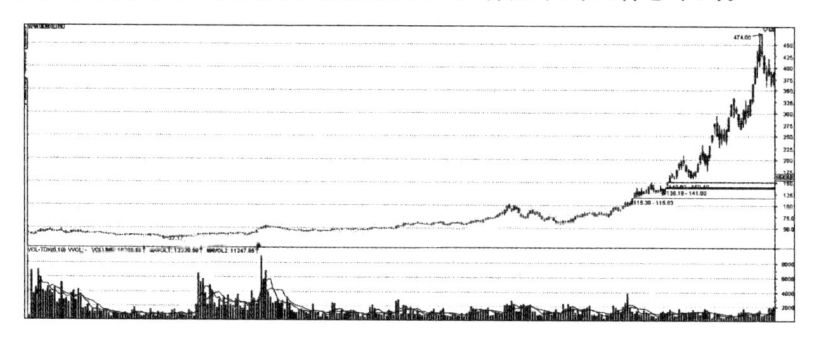

神股 6　世纪游轮（002558）

由于"世纪游轮与史玉柱的巨人网络合并"这一导火索，从而催生了 A 股市场一只一个月翻 7 倍的神股，上演了一曲"乌鸡变凤凰"的神剧。

2014 年 10 月 24 日停牌前收盘价 31.65 元，2015 年 11 月 11 日复牌，复牌后一路高歌猛进，至 12 月 8 日连续斩获 20 个涨停板，股价从 31.65 元涨到 212.94 元，区间累计涨幅高达 575%，2015 年 12 月 16 日最高价 231.1 元。

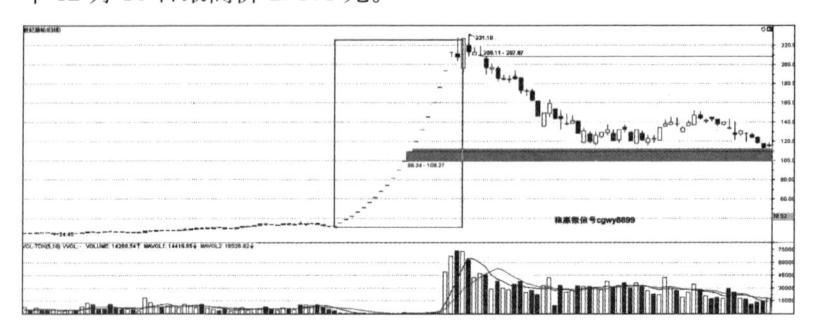

神股 7　全通教育（300359）

随着互联网教育站上风口，全通教育 2014 年 1 月 21 日上市，开盘价 36.37 元，发行价 30.31 元。2014 年 5 月 20 日，每 10 股派现金 1.25 元，并且每 10 股转送 5 股。继安硕信息突破 400 元整数关口之后，全通教育在 5 月 13 日冲至 467.57 元的高位，然而，全通教育股价接连创新高并且达到每股数百元之后，却被众多媒体和业界质疑，而公司的业绩也没有按照预想中的爆发，公司 2015 年前三季度仅实现 3299 万元的归属母公司净利润，单季度甚至出现了亏损。很显然,这又是一只被市场实力资金抱团取暖，玩击鼓传花暴力拉升的"杰作"。

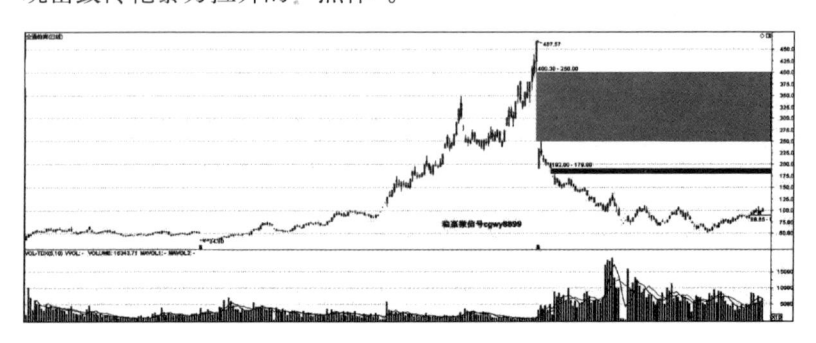

神股 8　上海普天（600680）

在锂电池、充电桩及新能源汽车支持政策这个背景下，市场资金选择了上海普天作为主攻对象。同时也是在第一次股灾之后熊市中逆势暴涨、名声大噪的神股之一。从 2014 年下半年至 2015 年整个上半年牛市，上海普天涨幅为 101.29%，与那些在牛市中动辄翻几番的个股相比，它的表现甚至是暗淡无光。而在熊市之中，上海普天却走出逆势大涨的行情，从 2015 年 7 月 9 日的 10.84 元至 11 月 16 日的最高价 64.6 元，其区间两拨反弹行情涨幅已经高达 400%。

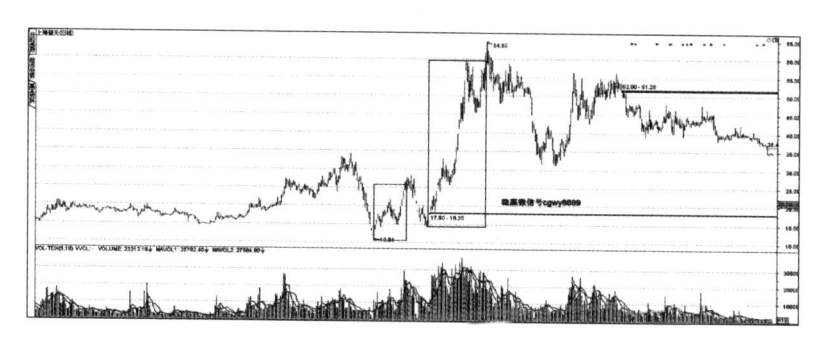

神股 9　海欣食品（002702）

公司主营业务以速冻鱼糜制品、速冻肉制品为主的速冻食品的研发、生产、销售。与其他神股狂飙不止不同，海欣食品 3 个上涨波段干脆利落，一个波段的上涨是一气呵成，节奏分明。同时也伴随着超高的换手率。高送转也是它炒作的特征之一。2015 年 5 月 7 日每 10 股派发现金 1.0 元，每 10 股送转 10 股，这一个题材直接导致了第二波段的狂飙突进，区间涨幅 110%。

调研记录显示，两年来先后有过 5 次机构调研记录，虽然每次机构数量并不多，但是其中也不乏大牌机构，如上投摩根、华宝兴业，其中国海证券的分析师是参与最为积极的，两次组织了机构调研。

2014年12月23日至2015年5月4日，区间涨幅达到惊人的160%。

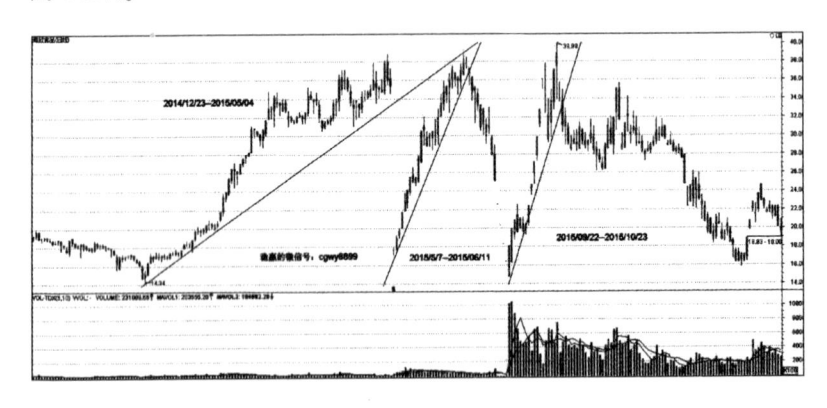

神股10　潜能恒信（300191）

公司是为石油公司提供油气勘探过程中高技术含量的地震数据处理解释服务的国家级高新技术企业。公司还是国内少数掌握国际领先的第三代地震成像技术，并且有能力提供处理解释一体化服务的企业之一。

公司于2015年7月9日停牌。在其他公司纷纷发出停牌公告之后，潜能恒信面对投资者压力而选择在这个时候停牌，但是从结果看其对停牌的时机把握似乎欠佳，因为7月9日正是"国家队"重磅救市的措施出台，由此大盘和其他个股纷纷展开强烈反弹，它却因为停牌无缘此波段的反弹行情。但是，在9月30日携带着一则微型再融资方案复牌之后，从13元一线启动，一口气拉出了13个涨停,潜能恒信连续的一字板涨停形成了V型反转之势,让市场叹为观止。

不出意外,潜能恒信股价短期的暴涨引发了监管关注,深交所就此发出问询函。潜能恒信在随后的回复中将股价上涨归功于技术反弹需要。从停牌前2015年7月8日收盘价13.24元直到复牌之后的12月23日,56个交易日期间创出了60.97元的历史新高,涨幅300%,傲视A股市场。

相比之下,潜能恒信业绩却差强人意。三季报显示,报告期内公司净利润亏损1735万元,同比降幅高达-190.87%。不过机构调研记录显示,两年来先后有6波共计30多家机构调研了这家公司,显示其仍然是一家机构比较看重的公司,而其中不乏中金公司、中信证券、博时基金、华夏人寿这些大名鼎鼎的机构。

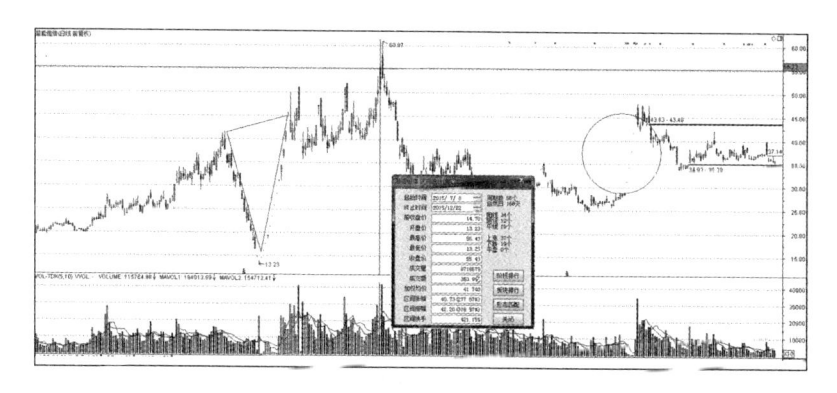

附录 2　牛市是散户的坟墓

　　A 股历史上真正意义上的大牛市本来机会就不多,即便大牛市来了,那也是又急又快,恨不得 24 小时开盘。行情大多数时候的表现就是一个震荡市况。当每一轮牛市收官之后,对投资者而言可谓悲喜交加。牛市来临之初忐忑迷茫,牛市后期就是喜悦疯狂,牛市结束后暴跌之下的惊愕无尽伤痛。

　　大多数投资者在股票投资过程中都有过这样的抱怨:"我知道那是一只好股票就是拿不住。"更有的投资者说,几乎所有翻倍的股票都曾经买过,就是涨一点就卖了。最近这些年,A 股产生了几百只翻数倍甚至几十倍的超级大牛股,但是真正能拿住这些股的人少之又少,而那些极少数孤独的坚守者最终都成了市场的大赢家。那么,为什么只有极少数投资者能够坚守住呢?在 A 股市场做中长线投资为什么那么难?也许有些人会怪这个市场不成熟,不适合做中长线投资。实际上,这显然只是失败者的借口而已,真正的原因还在于自己。彼得林奇曾经说过:"如果人们长期在股市赔钱,其实该怪的不是股票,而是自己。"一般而言,股票的价值长期是看涨的,但是 100 个人中有 99 个人却老是成为慢性输家。这是因为他们买在高位,然后持有期间失去耐心或者心生恐惧,急着把赔钱的股票杀出。

　　回到 A 股市场,大多数投资者无法长期坚持的原因主要在自己,具体表现包括以下一些方面:

　　(1) 错误地以为频繁的交易更能带来利润。有很多投资者认为高点卖出、低点买入可以挣的比长期持有更多，热衷于超短线交易甚至以 T+0 交易为主要模式。股市的本质就是涨涨跌跌波段循环，当一个趋势形成之后往往会沿着这个趋势运行一个波段。比如以日线级别在上涨波段开始买进，直到下跌波段才开始卖出，避免过度换股导致频繁交易。做得多，错的机会就增多，每位投资者对于实战操作的短线、中线和长线的定义是不同的，把长线股当作短线股操作，把本来是做短线股的但由于套牢变成了长线股，没有坚持自己的操作原则，来来回回折腾，自然交易的频率就上去了，由此产生的亏损的机会也就增大了。

（2）不能站在一定的高度看待股价的正常波动。最近这些年，A 股市场整体波动较大，一些业绩稳定的成长股也总是出现波段性的上涨、横盘和下跌，往往上涨的时候涨过了头，下跌的时候也跌过了头，虽然长期来说股价随着公司业绩的增长是上涨的，但是在大多数的时间段里走势往往不尽如人意。投资者面对这些大幅波动，往往不能正确看待，总以为自己买了业绩好的股票就应该上涨，殊不知自己是在短期暴涨后追进来的，走势长期萎靡时又忍不住割肉了，殊不知一卖就又涨了。正确的做法是要站在一些"跑来跑去跳来跳去的投机者"永远达不到的高度上来看待公司的成长和股价的波动。

（3）人性的弱点被媒体大众加以放大。长期投资最难的就是股价低迷时的坚持，这个时候，由于人性的弱点，再加上被媒体大众的误导，往往就会做出错误的选择。因为在这个时候，大众投资者本能的会把注意力集中在股价的短期走势弱的原因上，市场也总是充斥了对公司股价不利的各种利空消息；而实际上，这些利空消息往往都只是忽悠人的借口，它们或者在过去股价上涨

239

的时候也照样存在，或者根本就不存在。面对媒体宣扬的其他股票大涨，市场每天都有黑马，每周都有狂牛，你不能为之所动。

股票市场是一个零和博弈，赢家的收益必然意味着是输家的损失，博弈相关各方的收益和损失相加总和永远为"零或者是负数"，赢家和输家是一对矛盾体，不可能和谐共存。用一句很流行的话诠释："自己的幸福是建立在他人的痛苦之上的！"所以，任何一个阶段性或者历史性大顶部，主力资金都要散户去追高，他们才能全身而退；任何一个底部，主力资金都要散户踏空。也许投资者会问："牛市里，股票都在涨？大家都赚钱了，那谁亏钱呢？"不知道你是否也有此困惑，虽然是很普通的问题，但困扰了众多散户。其实，一只股票的股价从3元钱涨到10元钱，也许该公司的基本面并没有发生显著的提升，但是市值却增长了3倍多。等到一轮大牛市结束之后，股价从10元再跌回3元，公司的基本面也没有出现恶化。那么股价的变化，事实上就是一个击鼓传花的过程，卖出的投资者觉得不会再涨，买进的投资者觉得后续还会再接着涨，接最后一棒买在高位的投资者就被牢牢被套在山顶上。没有一只股票永远一直上涨，也不会一直下跌。股价涨太高了，脱离其基本面太远，必然有一个价值回归的过程。同样的，跌太多也是偏离本就良好的基本面太远，还是会涨上来的。一味长期持有或者过度频繁交易都是想当然的不可取的操作策略。因为股市运行的本质奥秘是波段循环，周而复始，生生不息。

有句话说："牛市是散户的坟墓。上帝欲让其死亡，必先让其疯狂。"倘若没有牛市的那种疯狂赚钱效应，怎么会吸引投资大众参与到这个市场呢？一直是亏钱的游戏，谁会有耐心和那么多的资金耗在里面呢？当身处于牛市赚快大钱的环境之中，信心满满的认为自己已经是"股神"了，想当然地认为在股市赚大钱是如此的容易，根本就不需要花费心血学习专业知识了。一旦牛市盛宴过去了，自己还沉浸在日进斗金的快乐中，那么距离自己挖掘的熊市坟墓也就不远了。因为牛市盛宴散席之后总要留下埋单人，倘若不及时退场，一席残羹只好自己吞下。明白了这些，相信真正的具有智慧的投资者也知道怎么做了。真正的赢家，既懂得在牛市股海中冲浪，尽情享受财富快速增长带来的快乐，又懂得在牛市结束时及时刀枪入库，做到实时锁定利润。

　　投资赚钱讲究的就是大道至简，做到了这两点八个字："买对股票，守住利润"，你就会成功。

附录3 美到极致是什么感觉

2016年9月8日股市市场全线飘红，盘面表现平稳，波动幅度较小。沪市在13:35又一波貌似跳水的样子，但是在14:30附近形成了一个分时级别的底背离，随后反弹之收盘，接近最高点收盘。

大盘的走势分析其实是一件比较简单的事情，不需要整天云里雾里地分析。好像分析得条条是道，其实你大可应用"大道至简"的交易哲学。看看下面这张图，价格包容一切。一切尽在此图中，读懂了它也就读懂了当下的行情和未来的行情。

上证指数行情：低点2条线连接成为一条上升趋势支撑（事实上该支撑屡次受到考验，说明该趋势支撑靠谱）；2个高点连线成为一条高压线，也是2016年来的2次高点筹码峰位置。没有越过此线就是高压线，越过去了也就成为很靠谱的一条回踩支撑线。你看看，现在是什么状况呢？

创业板指数行情：低点2条线连接成为一条上升趋势支撑（同样该支撑屡次受到考验，说明该趋势支撑靠谱）；2个高点连线成为一条下降趋势线，目前是不是突破三角形末端了呢？

阻力位置的水平线为2个高点连接成为箱体上沿，目前还没有突破，也说明了目前创业板指数行情相对上证和深成指指数行情，一直是较弱。这种中小盘个股表现较弱，赚钱行情也难以为继。

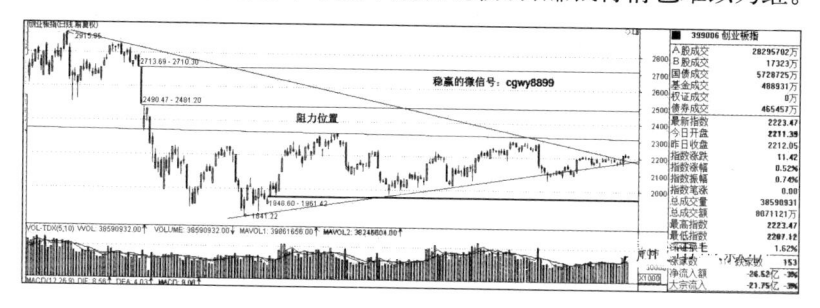

与磨叽的指数行情相比较，最近市场部分个股赚钱那是杠杠的哟，其行云流水的走势，简直是美到了极致。恰逢在厦门"股市赢家"训练基地，分享给参加集训的伙伴们，亲身感受到了这种强庄股票的震撼赚钱暴利。

例如，甘肃电投：电改概念龙头，6个交易日3个涨停板，涨幅50%；红旗飘飘，一片红彤彤的景象，美啊！

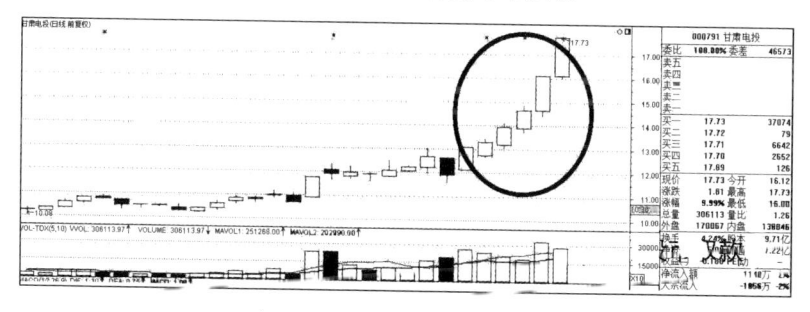

又如，四川双马：重组复牌概念，非主流热点龙头，大三浪主升行情，一马当先，红旗招展。

244

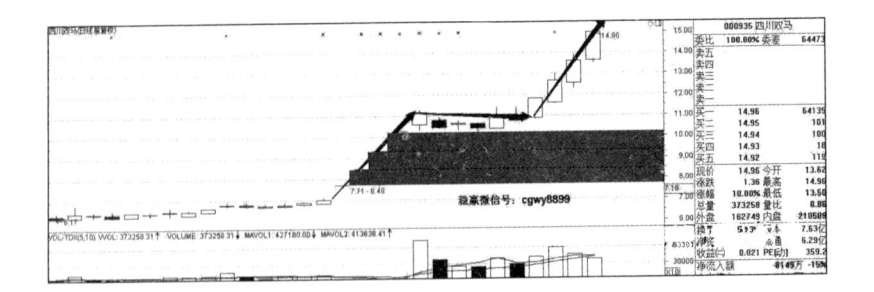

附录4　世界顶尖交易大师秘籍

无所畏惧的场内交易员——汤姆·鲍德温

理念1：1%的场内交易员与其他的99%的场内交易员之间的区别就是谁更努力，更有耐心，谁的毅力更强的问题，输家绝对不够努力。另一方面就是在市场交易这行中，你得把对金钱的顾虑抛到脑后，也就是说，你不能为金钱而交易。没有患得患失的心理才是你克敌制胜的法宝。

理念2：把成功者当作自己的标杆的人才会成功。有些交易员的自尊心过强，不愿意采纳别人的看法，这也是他们难以成功的原因。遇到交易亏损时，千万别让自我与自尊心蒙蔽了理智。你应该扔掉自尊心，放弃这笔交易。

从经纪人到交易员——布莱恩·吉尔伯

理念1：交易亏损时，千万不要靠加码找回损失，此时加码只会雪上加霜，套得更牢，输得更惨。暂停交易，摆脱过去，重新出发是一个好习惯。

理念2：善于倾听。依据业内人士对市场的看法或者对他的咨询而得出市场的非势结论，其实隐含在其中的逻辑很简单：第一，市场是人组成的；第二，大多数人总是错的。

寻宝探秘的交易员——大卫·瑞恩

理念1：需要自己从股市中学习。我每买进一只股票都会记录买进的理由,这样做有助于我记住强势的特性,更重要的是这有助于我了解自己所犯下的错误。

理念 2:宁愿买进价格已上涨一倍的股票,也不愿买长期筑底的股票。因为这表示往后该股仍会有一段不寻常的涨势。如果情势进展顺利,股价上涨一倍只不过是一个开始,也许会再涨一倍。简而言之,在股市中能够被我选中的股票无论是在盈余或在技术分析方面,都是表现得最突出而且是最强劲的。高价买进,更高价卖出。

理念 3:对任何股市新手的忠告都一样,从错误中学习,这是在股市中获胜的唯一方法。

常胜交易员——马可·威斯坦

遵循的交易原则:
(1)必须做好自己的家庭功课。
(2)千万不要有志得意满的心理和被获利的喜悦冲昏了头,最好的交易员都是最谦卑的人。
(3)不要受他人的意见左右,要有自己的主张。
(4)要知道自己的极限,耐心等待机会。
(5)交易策略必须具有弹性,以反应市场的变化。

果断冷静的交易员——小詹姆斯·罗杰斯

小詹姆斯·罗杰斯是在 1968 年以微不足道的 600 美元在股市起家的。到了 1973 年,他便与乔治·索罗斯合伙创设了"量子基金"。这个基金后来成为全美表现最优秀的基金之一。

理念 1:耐心等待大势自然发展的方式来获利。最后你会发现钱就是在脚底下,随手一捞就是一大把。

理念2:股市中没有所谓的"账面上的损失",账面上的损失就是实际的亏损。我绝不搅和,也绝不抱着玩票的心态进行交易。

理念3:好的投资决策其实只是普通的常识,但是具有这项常识的人却不多。有很多人看的是同样的资料、同样的事实,但却无法判断未来。

理念4:要非常挑剔。要耐心等待完全对自己有利的交易机会出现,千万不要为交易而交易,要耐心等待,静观其变,直到高获利的交易机会出现再投入资金。

冠军交易员——马蒂·舒华兹

舒华兹共参加过10次全美投资大赛中的四个月期交易竞赛项目,获得过9次冠军。在这9次夺得冠军的比赛中,他的平均投资报酬率高达210%,而他因此所赚到的钱也几乎是其他参赛者的总和。另外,他还参加过一次全美投资大赛中的一年期交易竞赛项目,结果他创下了投资报酬率高达781%的辉煌战绩。

理念1:市场就是竞技场,而其他的交易员都是他的死敌。

理念2:自从我能够把自尊与是否赚钱分开来以后,我在股市就如鱼得水了。我的意思是,成功从我能接受错误开始。

理念3:首先要学习如何接受亏损。要赚钱就必须学会控制亏损,亏损往往都是跟随在成功的交易之后。

理念4:最重要的交易原则就是资金管理。你必须坚持手中的好牌,减少手中的坏牌,假如你不能坚持手中的好牌,又如何弥补坏牌所造成的损失呢?有许多相当不错的交易员,最后是把赚到的钱全数吐了出来,这是因为他们在赔钱时都不愿意停止交易,我在赔钱时会对自己说:你不能再继续交易了,等待更明朗的行情吧。而当你拿到好牌的时候,则要有耐性地拿着,否则你一定无法弥补拿到坏牌所输掉的钱。

精挑细选的交易员——威廉·奥尼尔

理念1:所有的股票都不是好股票。除非股价上扬,否则没有好股票。假如股价下跌,必须当机立断,尽快止损。股市取胜的秘诀并非在于每次都选中好股,而在于选错股票时能否将亏损降到最低。

理念2:投资股票要获得成功需要三项基本要件,即一套有效的选股策略、风险管理及承认自己错误的勇气。

理念3:有些投资者经常在买进或卖出之间来回摇摆。事实上,他们之所以如此犹豫不决,是因为他们无法确定自己到底想要什么,现在又在做什么。他们没有投资计划,一套完整的投资方案就更遥不可及,这些内容的缺失使得他们对于自己的决定完全没有把握。

理念4:在股价下跌时买进股票,这是一个相当严重的错误。补仓也是一项严重的错误,这只会给你雪上加霜,让你输得更惨。把自己的资金押在一只持续下跌的股票上,这是业余人士才会使用的操作策略,会造成严重的损失,让你血本无归,连翻本的机会都没有。

以小搏大的交易员——赖瑞·海特

理念1:不注重控制风险的人最终必然失败。一般人进行交易会赔钱,原因之一是不根据市场客观现实来决定买卖,而是根据自己的偏见和喜好来交易，这样的交易缺乏理性，自然就不会有好收成。

理念2：我能够在交易中取胜，得益于以下两条基本法则。第一，如果你不下注，你就没有赢的机会；第二，如果你输得精光，你就连下注的机会都没了。

天才交易员——埃德·塞柯塔

趋势追踪加上技术形态分析与资金管理的方法构成了埃德·塞柯塔的交易风格。成功的交易系统都是根据趋势追踪的理念设计的。生命本身就是顺势而为。

理念1：基本面资讯无足轻重，因为市场早已将它反映在价格上了。除非你能比别人更早知道某些基本面的变化，否则不值一提。

理念2：失败的交易员很难经过努力能转变成成功的交易员。因为改头换面需要巨大的勇气、付出巨大的努力，而失败的人根本不会想去改变自己。

理念3：成功的交易员具备两种特质。第一，热爱交易；第二，热爱胜利。成功的交易员在任何市场上历练几年，都能成功。

隐士交易员——理查·丹尼斯

理念1：你最不愿面对的失败的交易才正是你最应该检讨的。

理念2：既能根据自己的喜好也能根据交易系统操盘的交易员可谓凤毛麟角。一般交易员并不依赖于做系统化的分析来使自己稳操胜券，他们会为某笔交易的成功沾沾自喜，却不去思考这笔交易的理由，或是思考能否沿袭这笔交易成功的方法来乘胜追击。

249